Theodor Fontanes
Briefwechsel mit
Wilhelm Wolfsohn

Aufbau-Verlag
1988

1. Auflage 1988
Alle Rechte an dieser Ausgabe Aufbau-Verlag Berlin und Weimar
Einbandgestaltung Heinz Hellmis
Typographie Katharina Hertel
Lichtsatz INTERDRUCK Graphischer Großbetrieb Leipzig – III/18/97
Druck und Binden LVZ-Druckerei „Hermann Duncker", Leipzig III/18/138
Printed in the German Democratic Republic
Lizenznummer 301.120/97/88
Bestellnummer 613 711 7
01050

ISBN 3-351-01184-9

Einleitung

In seiner Autobiographie „Von Zwanzig bis Dreißig" räumt Fontane bei der Darstellung der Mitglieder des Herwegh-Klubs seinem Jugendfreund Wilhelm Wolfsohn einen besonderen Platz ein. Der im Vergleich zur Buchausgabe umfangreichere Entwurf dieser Darstellung (vgl. S. 185–190) zeigt die Intensität seiner Beschäftigung mit dem einstigen Vertrauten, dennoch geben beide Fassungen nur ein lückenhaftes Bild ihrer Beziehungen. Immerhin machen sie deutlich, was die Wirkung hervorrief, die Wolfsohn auf den jungen Fontane ausübte: seine Weltgewandtheit, seine literarischen Kontakte und seine umfassende Bildung.

Schon als Vierzehnjähriger, der 1833 in Berlin die Klödensche Gewerbeschule besuchte, war Fontane leidenschaftlich an allem Literarischen interessiert. So manche Schulstunde schwänzte er und vertiefte sich statt dessen in der Konditorei Anthieny im Norden Berlins in die dort ausliegenden Zeitschriften. Während seiner Lehrzeit in der Roseschen Apotheke von 1836 bis 1840 wurden diese Studien der zeitgenössischen Literatur durch den Besuch der Lesekonditoreien d'Heureuse und Stehely noch intensiver fortgesetzt. In diesen Jahren entstanden auch die ersten eigenen literarischen Schöpfungen: Gedichte, die Erzählung „Geschwisterliebe", das kleine Epos „Heinrichs IV. erste Liebe" und der Roman „Du hast recht getan!" (Epos und Roman blieben nicht erhalten). Die Erzählung und 12 Gedichte sind 1839/40 im „Berliner Figaro" publiziert worden und haben dem jungen Poeten sicher den Anschluß an den „Lenau-" und „Platen-Klub" erleichtert. Solche Klubs wie auch die Lesekonditoreien ersetzten damals in Berlin die fehlende politische Öffentlichkeit. Die Diskussionen der li-

beralen und radikalen Literaten in den Cafés haben zweifellos Fontanes Interesse an politischen Fragen gefördert.
Im September 1840 verließ er das durch den Regierungsantritt Friedrich Wilhelms IV. mit enthusiastischen Hoffnungen erfüllte Berlin. Er selbst war so von der allgemeinen
Begeisterung über den politischen Aufschwung mitgeris-
sen, daß die Langeweile und Öde der Kleinstadt Burg, in
der er nun drei Monate tätig war, ihn zu einem politisch-
satirischen Epos „Burg" (in Anlehnung an Anastasius
Grün) provozierte.

Es war nur eine kontinuierliche Fortsetzung seiner litera-
risch-politischen Ambitionen, daß Fontane in Leipzig, wo
er am 1. April 1842 in die Neubertsche Apotheke eintrat,
den Anschluß an literarische Kreise suchte und auch fand.
Auf einem Teeabend beim Verleger Robert Binder, in dessen Zeitschrift „Die Eisenbahn" am 21. September 1841 Fontanes Gedicht „Mönch und Ritter" erschienen war, lernte
der junge Autor (nach seinem Bericht in „Von Zwanzig bis
Dreißig") die westfälischen Studenten Hermann Kriege
und Hermann Schauenburg kennen und fand durch sie
Aufnahme in einen politisch-literarischen Verein, den er
später, in Anlehnung an die Bezeichnungen „Lenau-" und
„Platen-Klub" und wegen der allgemein herrschenden Her-
wegh-Begeisterung und -Nachahmung, „Herwegh-Klub"
nannte. Diese Bezeichnung in der Autobiographie „Von
Zwanzig bis Dreißig" (1898) war jedoch eine Verschleie-
rung des tatsächlichen Gehalts dieser „Clique", die ihm
„Fühlung mit der Gegenwart" – und zwar der politischen
Gegenwart – vermittelte. Der Herwegh-Klub war in Wirk-
lichkeit Teil einer burschenschaftlichen Verbindung, in der
die beiden Westfalen Kriege und Schauenburg eine maß-
gebliche Rolle spielten. Die Leipziger Burschenschaft „Kochei" wurde, ungeachtet der seit 1819 und verstärkt seit dem
Frankfurter Wachensturm von 1833 bestehenden Verbote,
im August 1839 durch Robert Blum und seinen Schwager
Georg Günther, die das außerordentlich aktive politische
Leben in Leipzig weitgehend bestimmten, gegründet. Die

Theodor Fontane. Widmungsblatt für Wilhelm Wolfsohn, 1843
Kreidezeichnung von Hermann Kersting

– O, sprächen sie mit feuchten Augen:
„Aus jedem deiner Züge spricht's:
Du magst denn doch wohl etwas taugen,
Du widerspenst'ger Taugenichts!"

Ende der dreißiger/Anfang der vierziger Jahre des vorigen Jahrhunderts an verschiedenen Universitäten neu gegründeten Burschenschaften nahmen unter veränderten historischen Bedingungen die Traditionen der durch das Wartburgfest verkörperten Urburschenschaft wieder auf. Seit dem Herbst 1840 war Hermann Kriege Sprecher der Leipziger „Kochei" und zusammen mit Schauenburg die treibende Kraft der sich gerade formierenden Progreßbewegung, der dritten Etappe geistig-politischer Bewegung unter den Studierenden der Zeit von 1815 bis 1848, die die Revolution von 1848 mit vorbereiten halfen. Der von radikalen und kommunistischen Studenten wie Hermann Kriege und Hermann Semmig entscheidend mitgeprägte „Progreß" gewann durch die Bemühungen um Lösung sozialer und politischer Fragen eine weit über das Akademische hinausgehende Bedeutung. Die Vorrangstellung der Forderung nach Freiheit vor der nach Einheit des Vaterlandes, die sich bei Fontane wiederfindet, war Teil des progressistischen Ideengutes. Eine Besonderheit war der Versuch, sowohl in Leipzig als auch an anderen Universitäten (z. B. Halle und München) sogenannte „Allgemeinheiten" zu bilden, in denen sich Nichtverbindungsstudenten in bewußter Opposition gegen das rohe und unsittliche Treiben der sie tyrannisierenden reaktionären Korps und Landsmannschaften zusammenfanden. Kontakte zwischen den einzelnen Universitäten und Beseitigung der Isolierung des Studentenstandes von den übrigen Bürgern waren, als Ausdruck der Forderung nach Einheit und Gleichheit, Ziele dieser Progreßbewegung. Folgerichtig waren daher auch Nichtstudenten zu den „Allgemeinheiten" zugelassen. „Sie deklamieren viel von goldener Freiheit, versprechen Gut und Blut zu opfern, feinden die bestehenden Regierungssysteme an", heißt es über die Initiatoren des „Progreß" in Leipzig in einem Bericht der Münchner Polizeidirektion vom März 1843, als die „Allgemeinheit" aufgedeckt und die Burschenschaften endgültig verboten worden waren. In dem Bericht heißt es weiter: „Besondere Wirksamkeit legen sie auf Versammlungen, die sie Kränzchen nennen, in welchen Vereinsansichten besprochen, Aufsätze geliefert werden." In Lesekränzchen wurden die Schriften des Jungen Deutschlands und oppositionelle Zeitungen gelesen, in Ausbildungskränzchen die politische und wissenschaftliche Weiterbildung der Jugend, auch der nichtstudierenden, gefördert.

In einem solchen „Kränzchen" begegnete Fontane im Herbst 1841 Wilhelm Wolfsohn und hörte im Kreise der Studenten Max Müller, Ludwig Köhler, Christian Albert Cruziger, Friedrich Hermann Semmig, Wilhelm Albert Friedensburg, Georg Pritzel u. a. die Vorträge des Deutsch-Russen über die Altmeister der russischen Literatur sowie über Puschkin, Lermontow und Gogol. Zu jener Zeit wurden – im Wintersemester 1841/42 – durch Cybulski in Berlin erstmals slawistische Vorlesungen an einer deutschen Universität gehalten. Fontane hatte das Glück, auf unkonventionellem Wege zu einem frühen Zeitpunkt in eine Literatur eingeweiht zu werden, die sich im Laufe des Jahrhunderts zur „großen russischen Literatur" herausbilden sollte. Seine späten Erinnerungen an Wolfsohn sind das einzige überlieferte Zeugnis dieses Zusammenklangs von burschenschaftlichem Progreß und vormärzlicher, vom Wunsch nach Verständigung zwischen dem deutschen und dem russischen Volk getragener Vermittlertätigkeit.

Der in dem geschilderten Kreis in so besonderer Weise wirkende Karl (eigentlich Cajus) Wilhelm Wolfsohn war zum Herbstsemester 1837 nach Leipzig gekommen, um sich an der Universität für das Medizinstudium einzuschreiben. Er war zu dem Zweck mit einem Befreiungszeugnis von der Bürgergemeinde seiner Heimatstadt Odessa, in der er am 20. Oktober 1820 geboren worden war, ausgestattet (seit 1834 verbot ein allerhöchster Ukas die Auswanderung aus Rußland ohne staatliche Genehmigung). Beide Eltern gehörten der jüdischen Glaubensgemeinschaft an. Wolfsohns Vater stammte aus Charkow, die Mutter aus Brody in Galizien, das damals zur österreichisch-ungarischen Monarchie gehörte. Odessa, einst türkische Festung und erst Ende des 18. Jahrhunderts von Rußland erobert, zog im ersten Viertel des 19. Jahrhunderts durch seinen aufblühenden Wohlstand die Bevölkerung aus nah und fern an. Jüdische Ansiedler, von den günstigen Handelsmöglichkeiten der Hafenstadt angelockt, bildeten einen großen Prozentsatz der Gesamtbevölkerung. Wolfsohns Vater war russischer Untertan, so daß auch der junge Wolfsohn diese Staatsangehörigkeit besaß, ohne selbst den Untertaneneid geleistet zu haben.

Der kleine Karl Wilhelm und seine Geschwister (ein älterer Bruder und eine zwei Jahre jüngere Schwester, Ernestine) wuchsen von Kindheit an zweisprachig auf; die Sprache im Elternhaus war deutsch. Seit 1826 besuchte Karl Wilhelm das eben erst durch Privatinitiative gegründete jüdische Gymnasium in Odessa. Diese Schule – die erste israelitische Schule in Rußland überhaupt – vermittelte eine gründliche Bildung: Unterricht in hebräischer, russischer, deutscher und französischer Sprache und Literatur, in Weltgeschichte, Physik, Rhetorik, Geographie, Buchhaltung, Arithmetik usw. Schon früh widmete sich der junge Wolfsohn den Wissenschaften, wie er in einem überlieferten, in Leipzig verfaßten Tagebuch aus dem Herbst 1837 schreibt; er erhielt neben der Schule und nach deren Absolvierung Privatunterricht in Latein und Griechisch. Mit Bewunderung – so heißt es im Tagebuch – hing er an „den Heroen des klassischen Altertums" und ergötzte sich gemeinsam mit einem gleichgesinnten Freund „an der edlen Erhabenheit eines Homer, eines Horaz, Plutarch, Cicero". Moritz Lazarus, seit Anfang der fünfziger Jahre mit Wolfsohn befreundet, schreibt in seinen Erinnerungen, Wolfsohn sei „ganz in der Weise des jungen russischen Adels erzogen" worden und habe „im studentischen Umgang mit jungen Aristokraten ebenso die feinen Manieren wie die sorgfältige Pflege des Körpers angenommen".

Als Wolfsohn nach Leipzig ging, war der einst wohlhabende Vater jedoch bereits verarmt, und Geldnöte mögen dazu beigetragen haben, daß der junge Student das lang-

Wilhelm Wolfsohn. Dresden, 6. Mai 1842
Bleistiftzeichnung von V. Meyer

Der mißt des Schmerzes unermeßne Weiten,
Der Sehnsucht tief in sich nach Menschen trug,
Und späht und blickt umher nach allen Seiten,
Und sagen muß: ich bin mir selbst genug!

wierige Medizinstudium aufgab und schon im Wintersemester 1839/40 sich ganz dem Literaturstudium zuwandte. Der Ägyptologe Georg Ebers nennt in seinem Nachruf auf den Freund einen weiteren Grund für die Aufgabe des Medizinstudiums: Wolfsohns „zarte Natur, sein empfindliches Auge, seinen weichen Sinn", die „sich nicht an den Anatomiesaal und die chirurgische Klinik gewöhnen" konnten. Wolfsohns schöngeistige und philosophische Neigungen dürften von Anfang an überwogen haben, denn bereits bei Beginn seines Studiums weist das Kollegheft neben medizinischen Vorlesungen auch solche über „Auserlesene Gedichte des Catullus" und „Logik" auf, die in den folgenden Jahren u. a. durch „Geschichte der Philosophie seit Cartesius", „Geschichte der alten Philosophie vorchristlicher Zeit" und „Geschichte der französischen Revolution" ergänzt wurden. Bereits 1839/40 kamen Wolfsohns erste Buchveröffentlichungen (unter Pseudonymen) in Leipzig heraus, die ihm nicht nur den momentanen Lebensunterhalt sicherten, sondern auch die Aussicht eröffneten, schneller eine auskömmliche Existenz aufbauen zu können. Dies war um so mehr geboten, als er seit Mai 1840 mit Emilie Gey, der ältesten Tochter seines Wirtes, des Tischlermeisters Gey im Schrötergäßchen, verlobt war. Dieser Frau aus dem Volke galt über ihren Tod hinaus Fontanes besondere Verehrung.

Als Fontane im April 1841 nach Leipzig kam, studierte Wolfsohn also bereits seit anderthalb Jahren Philosophie, und auch seine Beziehungen zu Leipziger Verlegern wie Louis Fort und Robert Binder waren fest geknüpft; erste Gedicht- und Prosaübersetzungen aus dem Russischen erschienen in Zeitschriften und Sammlungen. Dieser Umstand imponierte dem konditionierenden Apothekergehilfen, der seinen Beruf nicht aus Neigung, sondern lediglich auf Veranlassung seines Vaters ergriffen hatte. 1896 erinnerte sich der alte Fontane mit Respekt daran, daß der Student Wolfsohn „schon allerhand ediert" hatte; besonders beeindruckte ihn ein Taschenbuch, das „unglaublich, aber

Wilhelm Wolfsohns Zimmer in Leipzig
Aquarell von Daniel Ottensooser. 1843

wahr, eine Art christlich-jüdischer Religionsunion anstrebte". Dieses Taschenbuch „Jeschurun", das bereits vor
Fontanes Ankunft in Leipzig, unter der Herausgeberschaft
von Siegmund Frankenberg und Carl Maien (Wolfsohns
Pseudonym) erschienen war, entstand aus der Enttäu-
schung heraus, die das Land, in das es Wolfsohn in „nie ge-
kannter Sehnsucht" getrieben, ihm bereitet hatte. Seine
Hoffnung, in Deutschland als Bruder empfangen zu wer-
den, hatte sich nicht erfüllt. So wandte er sich seinen Glau-
bensgenossen zu. Im „Jüdischen Restaurant zu Marcus" in
Leipzig bestärkte er den sechzehnjährigen Handelsschüler
Ferdinand Lassalle, „des Herzens Stimme" zu folgen, den
Kaufmannsberuf aufzugeben und „einem edleren Zwecke
Geist, Kräfte, Streben zu widmen" (Tagebuch Lassalles,
5. April 1841). Karl Beck, der der drohenden Verhaftung in
Österreich (seiner Gedichtsammlung „Nächte. Gepanzerte
Lieder" wegen) durch Flucht nach Sachsen entgangen war
und sich den Aufenthalt in Leipzig durch Einschreibung
an der Universität sicherte, wurde Mitarbeiter des Ta-
schenbuches „Jeschurun". Auch Becks Freund Jakob Kaufmann, dem Fontane später als Mitarbeiter Max Schlesin-
gers in London begegnete, und der österreichische
Schriftsteller Ludwig August Frankl waren Mitarbeiter des
Taschenbuchs. In seinen eigenen Beiträgen verherrlichte
Wolfsohn herausragende jüdische Persönlichkeiten, die
für die bürgerliche Gleichstellung der Juden in Deutschland kämpften, wie den Juristen Gabriel Rießer (1806–1863)
und Ludwig Börne; letzterem galten auch die Widmungs-
verse der ersten Gedichtsammlung Wolfsohns, „Veilchen"
(1840). Fontanes Bekanntschaft mit dem Werk Börnes hat
sicher hier ihre Wurzeln. Ein Jahr später erinnert er in seiner Korrespondenz aus Dresden vom 3. Oktober 1842 für
die „Eisenbahn", zur Bekräftigung seiner eigenen Ansichten über die Notwendigkeit einer dem Volk verständlichen
Sprache, an Börnes Worte über die eigentliche aufkläreri-
sche Bestimmung des Gelehrten aus der Schrift „Menzel
der Franzosenfresser" (1837). Einen breiten Raum nehmen

in Wolfsohns Taschenbuch die Klagen über das Vorhandensein verschiedener Glaubensrichtungen, über den Konflikt zwischen Glauben und Liebe (seine Braut war Christin) und die Aufforderung zur Überwindung dieser Gegensätze ein.

Die Messestadt Leipzig bot den geeigneten Raum für derartige um Gleichstellung und Gleichberechtigung aller Menschen bemühten Unternehmungen. Hier herrschte eine geistig freiere Atmosphäre als in anderen, durch die Karlsbader Beschlüsse von 1819 und die daraufhin einsetzende Demagogenverfolgung eingeengten deutschen Städten. Der seit 1840 immer vernehmlichere Ruf nach Freiheit und Einheit der deutschen Staaten bekam hier überdies durch Robert Blums politisches Wirken einen besonders kräftigen Klang. Blum rief nicht nur den Literatenverein ins Leben – die erste deutsche Schriftstellervereinigung –, er gründete auch den Leipziger Schillerverein. Die zu Schillers Geburtstagen seit 1840 veranstalteten Feiern waren der gesamten Bevölkerung zugänglich. Schiller trug – wie Blum es in seiner Festrede zum 10. November 1842 formulierte – „in seinem reichen Herzen all die gärenden Elemente einer neuen Zeit, einer werdenden Weltgestaltung" und legte so den Grundstein für die „moralischen Bewegungen der Zukunft" („Die Eisenbahn", 17. November 1842). Von Blums Verdiensten um die Leipziger Burschenschaft war schon die Rede. Fontane hat in seiner Autobiographie Blums Bedeutung als Politiker gewürdigt, doch war dessen Schwager, Georg Günther, von dem er auf „meilenweiten" Spaziergängen „mancherlei gelernt hat", als Persönlichkeit, als literarischer Berater und als politischer Kopf in den Leipziger Tagen von größerem Einfluß auf den jungen Dichter.

Die Teilnahme Fontanes am politischen Leben Leipzigs wurde im Februar 1842 jäh unterbrochen; der junge Dichter erkrankte an Gelenkrheumatismus. Wir dürfen uns vorstellen, daß Wolfsohn zu den Besuchern seines langweiligen Krankenlagers in der Hainstraße und später auch in der Poststraße zählte, wohin Fontane zu Tante Pinchen und Onkel August später übersiedelte. Überlieferte Briefe Philippine Fontanes an Wolfsohn aus den vierziger Jahren und eine Widmung Wolfsohns an sie in seinem zweiten Übersetzungsband von „Rußlands Novellendichter" (mit Puschkins „Kapitänstochter", 1848) zeugen von einem vertrauten Verhältnis des jungen Deutsch-Russen zu Fontanes Tante, der er auch im Dezember 1845 und im Januar/Februar 1848 erneut in Berlin begegnete.

Was Fontane damals gerade an Wolfsohn so stark anzog, waren nicht jugendlich ungestüme Forderungen nach politischer Freiheit, wie sie die meisten der in Herwegh-Verehrung dichtenden Klubmitglieder und ihn selbst kennzeichneten, sondern das imposante Wissen, die Gewandtheit im Vortrag und schließlich – wie sich in späteren Jahren noch deutlicher zeigen sollte – auch die bereits ausgeprägten geschäftlichen Verbindungen. Nach Hans-Heinrich Reuter war der „politisch und weltanschaulich gefestigte, fortschrittliche Jude" für Fontane der erste Freund, „der in der zeitgenössischen Weltliteratur zu Hause war" und diese an Fontane weitergab. Selbst von unregelmäßiger und lückenhafter Schulbildung, doch von leidenschaftlichem Lerneifer für alles besessen, was seinen Neigungen und seinem noch unklaren, aber doch schon erhofften Lebensweg als „Literat" entsprach, nahm Fontane auch in Leipzig jede sich in dieser Hinsicht bietende Gelegenheit wahr. Wolfsohn besaß menschliche Qualitäten – Ernst und Zielstrebigkeit –, deren der junge Fontane, der im Vaterhause und bei Onkel August in einer legeren, mitunter allzu leichten Lebensauffassung großgeworden war (in Verhältnissen, „in denen nie etwas stimmte"), sich damals nicht rühmen konnte. Fontane gewann rasch die Zuneigung des jungen Deutsch-Russen. Beide waren sie Außenseiter, Wolfsohn als gebürtiger Russe und Jude, Fontane als nicht in das Akademikermilieu gehörender und gesellschaftlich nicht ebenbürtiger Apothekergehilfe. Mit einem warmherzigen, leicht überströmenden Wesen ausgestattet, mag sich Wolfsohn als Mentor und Beschützer des, wie er, allein in der Fremde lebenden „widerspenstigen Taugenichts" gefühlt und einen ähnlichen Herzensbund ersehnt haben, wie er ihn in Odessa mit seinem Freund in der Verehrung der Heroen des Altertums geschlossen hatte. Noch viereinhalb Jahre nach seiner Ankunft in Leipzig, im Mai 1842, als Wolfsohn den Freund, Tante Pinchen und Onkel August auf einer Reise in die Sächsische Schweiz begleitete, gab der in Deutschland vielfach Enttäuschte und innerlich Einsame auf einem „Dresden, 6. Mai 1842" datierten Bild seiner „tief in sich verborgenen Sehnsucht nach Menschen" Ausdruck. Von Fontanes Fähigkeiten als Poet war Wolfsohn schon damals überzeugt und bewahrte die hohe Meinung von dessen Talent bis an sein frühes Ende; sie war Anlaß, daß er dem oft unduldsamen Freund manches nachsah. Fontane war jedoch – wie sich zeigen sollte – kein Partner für eine innige Seelengemeinschaft.

In Leipzig erfuhr Fontane in der Gesellschaft dichtender Studenten für seine spätere Zukunft als Schriftsteller einen entscheidenden Impuls, der nicht geringer anzuschlagen ist als der politische Einfluß, den Georg Günther, Hermann Kriege und Hermann Schauenburg auf ihn ausübten. Seit September 1841 veröffentlichte er ja (vermutlich durch Georg Günthers Vermittlung) Gedichte in der „Eisenbahn", einem „Unterhaltungsblatt für die gebildete Welt", das seinen Lesern mit Beginn der „Neuen Folge" im Juli 1841 (damals übernahm Robert Binder die Herausgeberschaft der seit 1838 bestehenden Zeitschrift, Günther wurde ihr Redakteur) u. a. versprochen hatte, „in ernster, leidenschaftsloser und gehaltener Weise die Kritik neu auftauchender Schöpfungen der Literatur und Kunst verwalten und [...] alle interessanten Zeitvorkommnisse zur Kenntnis ihrer Leser" zu bringen sowie „nicht nur eine unterhaltende, sondern zugleich eine bildende und unterrichtende Lektüre" zu bieten. Ein Teil der im „Kränzchen" Versammelten fand sich in den Spalten dieser dreimal wöchentlich erscheinenden Zeitung wieder. Ein Hauptmitar-

beiter war Ludwig Köhler, der sowohl Lyrik als auch Prosa
in der „Eisenbahn" publizierte. In seinem dort vorabge-
druckten „Neuen Ahasver" hatte auch er – wie Wolfsohn
in seinen Beiträgen zum Taschenbuch „Jeschurun" und seinen Gedichten – Ludwig Börne seine besondere Verehrung gezollt. Hermann Schauenburgs zahlreiche Gedichte
erschienen unter dem Pseudonym H. Auen, Wolfsohn verwandte für seine poetischen und publizistischen Beiträge
das Pseudonym Carl Maien, nur seine Übersetzungen aus
dem Russischen (u. a. Dershawins) zeichnete er mit seinem
wirklichen Namen. Jean Paul, dem literarischen Vorbild
der vormärzlichen Literatur, dem Wolfsohns besondere
Liebe galt, ist seine „Denkrede" zum 14. November 1841 gewidmet. In seinem kurz zuvor erschienenen Gedichtband
„Sternbilder" hatte er schon von seiner großen Verehrung
für Jean Paul Zeugnis abgelegt. G[ünther?]s Aufsatz „Die
geistigen Vorkämpfer des Radikalismus in England" in der
„Eisenbahn" (eingefügt waren Übersetzungen einiger Gedichte von John Prince, die Ludwig Köhler beigesteuert
hatte) und die Gedichtabdrucke englischer Arbeiterdichter
in der ebenfalls seit Juli 1841 von Robert Binder herausgegebenen Zeitschrift „The German and Continental Exami-
ner" machten die englische Arbeiterdichtung dem deutschen Publikum bekannt. Ihr Einfluß auf Fontanes
Bemühungen um Leben und Werk von John Prince ist evi-
dent. Nachdem das „Athenäum" im Dezember 1841 in Berlin verboten worden war, publizierten Mitarbeiter dieser
Zeitschrift ihre Beiträge in Binders „Eisenbahn": so erschienen hier Kritiken politischer Bücher aus der Feder
Max Stirners, Eduard Meyens und des Mitarbeiters der
„Rheinischen Zeitung" Karl Nauwerck. Friedrich Engels'
1842 anonym bei Binder erschienene Schrift „Schelling
und die Offenbarung" wurde zustimmend besprochen (von
W. Gr...). Neben Wolfsohn publizierte auch der Sorbe Jan-
Peter Jordan in der „Eisenbahn" Übersetzungen aus dem
Russischen (z. B. Gogol und ukrainische Folklore); er hatte
als erster an der Leipziger Universität mit einem slawisti-

schen Thema promoviert und als Herausgeber der bei Binder erscheinenden „Jahrbücher für slawische Literatur und
Kunst" (seit 1843) Bedeutung erlangt. Mitteilungen und
Gedichte aus der „Rheinischen Zeitung" wurden wiederholt nachgedruckt, Gedichte von Herwegh und Hoffmann
von Fallersleben erneut publiziert (so z. B. von letzterem
am 27. Januar 1842 „An die deutschen Frauen"; Fontane zitiert in seinem kurz danach entstandenen Gedicht „Studenten. Eine Epistel an H[ermann] Sch[auenburg]" daraus
einen Vers). Für den 5. Jahrgang (1842) versprach Robert
Binder, daß die „Eisenbahn" gegenüber „der mattherzigen
und gesinnungsleeren Richtung, wie sie ein großer Teil unserer schöngeistigen Presse eingeschlagen hat [...] auch ferner Fronte machen und – den Ideen der Gegenwart zugetan – deren Tendenzen in ihren Spalten abspiegeln" soll.

Das einst Fontane gehörende Exemplar dieser Zeitschrift (Juli 1841–Dezember 1842) befindet sich heute in
der Staatsbibliothek der Stiftung Preußischer Kulturbesitz
in Berlin-West.

Fontane verrät nirgends, was sich Anfang 1842 zugetra-
gen hat, als Georg Günther seinen Redaktionsposten bei
der „Eisenbahn" Fontane anbot, weil er selbst auf Wunsch
seines Schwagers Robert Blum die Redaktion der „Sächsischen Vaterlandsblätter" übernahm. Aus den wenigen erhalten gebliebenen Zeugnissen dieser Zeit – so z. B. dem
nachfolgend zitierten Brief Max Müllers an Fontane vom
Dezember 1842 – kann man schließen, daß Müller und vor
allem Wolfsohn, die als enge Vertraute um Fontanes innere
Unzufriedenheit, ja Gespaltenheit wußten, ihm dringend
zur Annahme des Postens rieten. Doch Fontane wurde
krank und – alles verlief im Sande. Ende Mai 1842 fuhr
er – noch ganz an das Elternhaus gebundener Sohn – zur
vollständigen Genesung zu seinen Eltern, die seit 1838 die
Apotheke in Letschin (Oderbruch) besaßen. Er versprach lediglich, der „Eisenbahn" Berichte über die politischen Zustände seiner „speziellen Heimat" zu schicken. Die Anstellung bei dem Apotheker Struve in Dresden war für den 1. Juli

brieflich abgesprochen, die Nichtannahme des Redakteur-
postens also entschieden. Die an seinem Werdegang anteil-
nehmenden Freunde waren von dieser Entscheidung enttäuscht, sahen sie doch die journalistische Laufbahn für
einen literarischen Anfänger als günstigen Ausgangspunkt
an. Max Müller war, wie er in seinem Brief an Fontane
(Dezember 1842) unumwunden ausspricht, „eine Zeitlang
nicht gut" auf den Freund zu sprechen gewesen und hatte
„so manches auf dem Herzen", was er ihm sagen wollte. Er
fährt fort: „Nun viel haben Sie daran nicht verloren, besonders da Wolfsohn, wie ich höre, Ihnen offen seine Meinung
gesagt hat. Wir wollen das Redaktionsthema auf sich beruhen lassen, obgleich ich Ihnen sage, daß ich mich gefreut
hätte, wenn Sie das Anerbieten unter besseren Bedingungen hätten annehmen können. Sie würden allerdings mit
mancher Not zu kämpfen gehabt haben, aber ich glaube,
wenn Sie körperlich stark geblieben wären, so hätten Sie
auch wohl die Kraft gehabt, sich durchzuarbeiten. Nun es
nicht so geworden ist, können Sie auch zufrieden sein,
denn auf jeden Fall befinden Sie sich jetzt wohler wie als
Redakteur der ‚Eisenbahn'."

Fontane zog als 22jähriger das wenn auch schmale, so
doch sichere Auskommen als Apothekergehilfe einem un-
gewissen Journalistenberuf vor. Er traute sich im Frühjahr
1842 nicht zu, neben der schlecht bezahlten Tätigkeit als
Redakteur einer liberalen Zeitung den notwendigen Lebensunterhalt durch seine Feder zuzuverdienen. Sieben
Jahre sollte es noch dauern, bis er dieses Wagnis einging.
Fontanes Erklärung für sein Handeln in einem Korrespondenzbericht aus Dresden von Mitte September 1842 an die
„Eisenbahn" macht jedoch deutlich, daß nicht nur materielle Erwägungen den jungen Dichter einen Berufswechsel
ablehnen ließen. Er hatte auch Einwände gegen den „Enthusiasmus" der „liberalen Partei", der sich mit „Hoffnungen schmeichelt", die der Realität entbehren. (Diese Vor-
behalte hatte im Mai 1842 sein „Beitrag zur Hamburger
Brandliteratur", das Gedicht „Einigkeit", formuliert; es er-

schien folgerichtig nicht in der „Eisenbahn", sondern in
Laubes „Zeitung für die elegante Welt".) Fontane konsta-
tierte in dem Bericht: „Ketten bleiben Ketten allerorten.
Die Hände des Zaren schmieden sie nicht fester wie die
Schergen der Republik, und wer Mut genug besitzt, selbständig zu denken und zu handeln, wird leider ein Opfer
überzeugungstreuer *verkannter* Neutralität. Es ist nicht klug,
keiner Partei anzugehören, aber brav ist es, wenn das eigne
Herz sich frei von niederer Selbstsucht weiß. – Wozu dies
Abschweifen, werden Sie fragen. Ich war Ihnen diese Lösung manchen Rätsels in meiner Handlungsweise schuldig.
Man kann ein freiheitglühend Herz im Busen tragen und
vermag es dennoch nicht, unter einer Fahne zu kämpfen,
die *Uniformen* verlangt. Ich aber lasse mir meine Gedanken
vielleicht noch weniger gern zustutzen und verschneiden
wie meine Haare und kleide meine Überzeugungen nicht
lieber nach vorschriftsmäßiger Form, als ich in die zu en-
gen oder zu weiten Beinkleider der preußischen Landwehr
kriechen würde."

Ungeachtet seiner Sympathie für die Leipziger Demokraten waren die leidenschaftlichen Freiheitsforderungen
des ungestümen, kritischen Jünglings ebenso von dem Verlangen nach Freiheit der eigenen Person und Meinung diktiert wie von dem nach der politischen Freiheit des Volkes.
Schon für diese Zeit gilt im Ansatz, was Fontane im Juni
1883 – Bilanz ziehend – nicht ohne Stolz seiner Frau bekannte: „Ich bin absolut *einsam* durchs Leben gegangen,
ohne Klüngel, Partei, Clique, Koterie, Klub, Weinkneipe,
Kegelbahn, Skat und Freimaurerschaft, ohne rechts und
ohne links, ohne Sitzungen und Vereine. [...] Ich habe den
Schaden davon gehabt, aber auch den Vorteil."

Fontanes zweiter Brief an Wolfsohn, der kurz nach Beginn
seiner Tätigkeit in der Dresdner Apotheke Struves, also
etwa nach einem Dreivierteljahr Bekanntschaft, Anfang
Juli 1842 geschrieben wurde, ist das einzige überlieferte
Schreiben aus seiner Dresdner Zeit (Juli 1842–April 1843).

Der Brief wurde angeregt durch Wolfsohns sich ganz auf
die Interessen des Freundes einstellende Aufforderung,
ihm doch über das literarische Leben in Dresden zu berichten, der er jedoch nur unlustig und gelangweilt nach-
kam. Der Brief hat einen Vertraulichkeitscharakter, der
später die Erben vor einer Veröffentlichung zurückschrek-
ken ließ, gibt er doch Fontanes Sehnsucht nach Frauen-
liebe und zugleich der Befürchtung Ausdruck, sich an je-
manden zu verlieren, der seiner nicht wert ist. War den
Erben zu Ende des Jahrhunderts schon bekannt gewesen,
daß ein solches Verhältnis in Dresden nicht ohne Folgen
geblieben war und in den fünfziger Jahren Fontanes ohnehin schwierige materielle Lage noch verschlimmert hatte?
Die Unzufriedenheit, die aus diesem Brief spricht, ist aber
auch von dem voraufgegangenen Schwanken zwischen zwei
beruflichen Möglichkeiten und dem nicht mehr befriedi-
genden Entschluß zugunsten des Apothekerberufs diktiert.
„Ach, ich hätte Ursache, so recht überglücklich zu sein" –
doch er ist es nicht. Das ganze Dreivierteljahr in Dresden
träumt Fontane davon, in Leipzig dennoch einen endgültigen Start ins literarische Berufsleben zu unternehmen;
hierauf richtet er einen außergewöhnlichen Fleiß. Aus der
Uneinigkeit mit sich selbst fließt auch schon der später
häufig in den Briefen anzutreffende spöttisch-ironische
Ton, der nicht nur die Sache, sondern mitunter auch den
„herzinnigen" Freund aufs Korn nimmt. So wird das Geständnis, daß er auf der Brühlschen Terrasse Wolfsohns
„in Liebe und Freundschaft gedacht habe", sofort durch
den Zusatz eingeschränkt, „weil es eben nichts Beßres zu
tun gab". Auch während Fontanes Dresdner Zeit trafen
sich die Freunde. Fontane fuhr nach Leipzig, wo er bei
Tante Pinchen stets ein Unterkommen fand; Wolfsohn seinerseits kam nach Dresden, so z. B. am Wochenende des
29./30. Oktober 1842, an dem er – wir vermuten in Fontanes Begleitung – seine Landsleute, die Brüder Michail und
Pawel Bakunin, besuchte. Wolfsohn nutzte jede der sel-
tenen Gelegenheiten, seine „Heimatsprache" Russisch

(Deutsch war ihm Muttersprache) sprechen zu können und literarische Neuigkeiten aus Rußland zu erfahren. Die Brüder Bakunin beherbergten an dem genannten Wochenende in ihrer geräumigen Dresdner Wohnung den Dichter Georg Herwegh, der sich auf seinem Triumphzug durch Deutschland befand. Michail Bakunin, der seit April 1842 in der Elbestadt lebte, mußte sie gegen Jahresende wegen seiner Gastfreundschaft für Herwegh verlassen. Der Dresdner Korrespondent der „Sächsischen Vaterlandsblätter" empörte sich – den Vergleich zu Leipzig ziehend, wo Herwegh vom 22. bis 25. Oktober 1842 überschwengliche Ovationen bereitet worden waren – über die Aufnahme des Dichters in Dresden. Er schrieb: „[...] es kommt einem vor, als ob die beiden Schwesterstädte hundert Meilen voneinander lägen. Weder das ‚Deutsche Jahrbuch' noch sonst ein deutscher Dresdner hat sich inkommodiert, Herwegh zu beherbergen. Dr. Ruge brachte ihn bei Fremden, welche sich hier zu ihrem Vergnügen aufhalten, zweien jungen russischen Herren, welche ihre Leibeigenen für sich arbeiten lassen, unter" (Nr. 136, 12. November 1842). Es ist nicht unmöglich, daß Wolfsohn und Fontane zu dem „kleinen Kreis von Verehrern des Dichters" gehörten, die sich am „Morgen des 31. Oktobers in freundlicher Privatwohnung" (Nr. 133, 5. November 1842) versammelten, wo Herwegh „in Begleitung zweier Freunde" [Ruge und Michail Bakunin] erschien. Eine solche Situation würde erklären, an welchem Ort und zu welcher Zeit es Fontane in jungen Jahren – wie er in seiner Autobiographie schreibt – „zubestimmt war [...], Bakunin in die Arme zu laufen".

Gegen Mittag des 31. Oktober brachen Ruge und Herwegh aus Dresden auf, um sich mit Studenten der Hallenser Universität zu treffen. Wolfsohn und Fontane fuhren in das Dresden benachbarte Städtchen Pirna. Dieser gemeinsame Aufenthalt der Freunde in Pirna am Montag, dem 31. Oktober 1842 (der als Reformationstag Feiertag war), ist in den erhaltenen Resten der Wolfsohnschen Blättersammlung belegt (vgl. S. 24). Der junge Deutsch-Russe besuchte

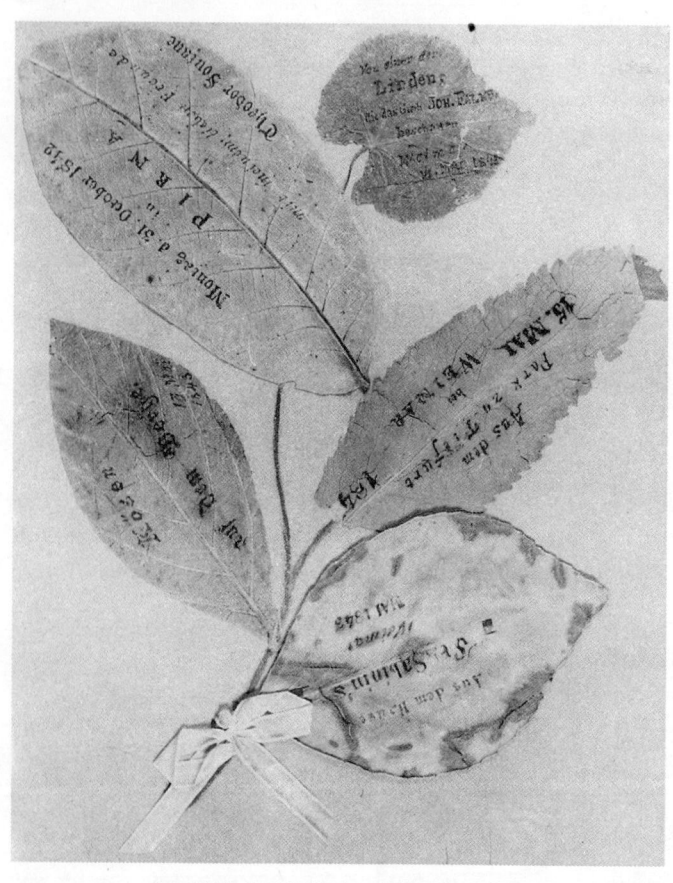

Aus Wilhelm Wolfsohns Blättersammlung

dort den Arzt der Irrenanstalt auf dem Sonnenstein, Anton Dietrich, der aus Liebhaberei aus dem Russischen übersetzte und dem Examenskandidaten mit Büchern aushalf. Wolfsohn mußte sich sputen, sein Studium zu beenden, denn seine Inskriptionszeit an der Leipziger Universität lief mit dem 15. Dezember 1842 nach zehn Semestern Studium ab; sein Odessaer Befreiungszeugnis war ohnehin überzogen. Am 2. April 1843 promovierte Wolfsohn unter Vorlage seiner seit dem 19. März des Jahres gedruckt vorliegenden Dissertationsschrift „Die schönwissenschaftliche Literatur der Russen". Es war das erste unter seinem Namen veröffentlichte Buch (erschienen bei Louis Fort in Leipzig). Um diese Zeit kehrte auch Fontane aus Dresden nach Leipzig zurück und konnte die ihm schon durch Wolfsohns mündliche Vorträge bekannte „vor-Turgenjewsche russische Literatur" in dieser Literaturgeschichte, die auch Gogols damals bereits erschienene Werke behandelte, weiter verfolgen. Nach einem Vierteljahr gemeinsamen Aufenthalts in Leipzig reiste Wolfsohn Ende Juni nach Odessa, um in Rußland „das geistige Leben seiner Heimat auf vaterländischem Boden zu beschreiben und nachzusingen", d. h. Material für seine auf vier Bände berechnete Literaturgeschichte zu sammeln. Seine Zukunft war ungeachtet der soliden Ausbildung genauso ungewiß wie die Fontanes; Wolfsohn wußte nicht einmal, wo er festen Fuß fassen würde, in Rußland oder in Deutschland.

In diesem Vierteljahr machte Fontane in Leipzig einen „ganz ernsthaften Versuch", sich „als Schriftsteller zu etablieren". In der späten Erinnerung, ja schon 1850 in dem Gustav Schwab mitgeteilten Lebenslauf, sind die beiden „Umsattelungsgedanken" von 1842 und 1843 zu einem zusammengeflossen. Das Angebot Binders, Redakteur der „Eisenbahn" zu werden, fiel mit Sicherheit in das Jahr 1842, auch wenn Fontane es sowohl 1896 (bei der Niederschrift der Autobiographie) als auch schon 1850 in das Jahr 1843 verlegt. Im Frühjahr und Sommer 1843 strebte er keine kräftezehrende und verpflichtende Tätigkeit als Redakteur an; er hoffte mit den in Dresden verfaßten „verschiedenen Skripta", wie er in „Von Zwanzig bis Dreißig" schreibt, in der Messestadt festen Fuß zu fassen und sich ausschließlich der Dichtkunst und vielleicht auch der Übersetzertätigkeit zu widmen.

Als Fontane im Mai 1843 nach Leipzig zurückkehrte, durchlebten die ihm befreundeten Studenten eine unruhige Zeit. Fast gegen alle Mitglieder des einstigen „Kränzchens" liefen seit März polizeiliche und universitätsrichterliche Untersuchungen. Im Februar war ein Brief des seit Oktober 1842 in München studierenden Hermann Kriege an Wilhelm Friedensburg in Halle in die Hände der Polizei gefallen. Er enthielt die Darlegung eines Planes, in den kommenden Semesterferien Privatkollegia bei Ludwig Feuerbach in Bruckberg abzuhalten und dadurch die Professoren zu zwingen, „entweder Vernünftiges zu bringen oder die Bude zu schließen" und auch „die Stellung abgesetzter Dozenten, deren alle Tage mehr werden", zu sichern. Der Brief löste die letzte große Demagogenverfolgung an allen deutschen Universitäten aus, die sich bis zum Juli 1843 hinzog. Selbst bei Ludwig Feuerbach wurde im April 1843 eine Haussuchung vorgenommen und nach Briefen von Studenten geforscht. Im Ergebnis der Untersuchungen wurden die Studenten Ludwig Köhler und Hermann Semmig in Leipzig, Hermann Kriege in München, Friedensburg in Halle und Hermann Schauenburg in Berlin hart bestraft und zum Teil von den Universitäten relegiert. Max Müller gehörte der Burschenschaft nicht direkt an, doch ist auch sein Name zusammen mit dem Fontanes in eine Akte des Leipziger Universitätsgerichtes eingegangen. Es heißt dort auf Grund der Vernehmung Krieges und eines bei ihm gefundenen Briefes von Schauenburg vom 17. November 1842 über Müller: „Kriege nennt ihn einen Literaten, und Schauenburg schreibt von ihm, daß er einen politischen Musenalmanach mit Fontaine herauszugeben projektiere". Gemeint ist ein von verschiedenen Studenten belieferter Almanach, zu dem Schauenburg ein „geharnischtes Gedicht" eingeschickt hatte und von dem Müller in dem bereits zitierten Brief an Fontane (Dezember 1842) schreibt: „Das Manuskript zu unsrem Almanach liegt noch in meinem Kasten. Ich wollte Sie nicht wieder dazu auffordern, weil Sie Ihre Gedichte ungern dazu herzugeben scheinen. Ich mache Ihnen durchaus keine Vorwürfe, wenn Sie besser darüber zu disponieren glauben; wenn Sie aber noch lange warten, so werden viele ihren Wert ganz verlieren."

Von Max Müller, der zwischen 1841 und 1844 so vertraut mit Fontane war, daß er diesem anbot, gemeinsam eine Novelle zu schreiben, ist eine der wenigen Charakteristiken des jungen Apothekergehilfen und werdenden Poeten überliefert, die er nach dessen Tod niederschrieb: „Als junger Mann war er charmant, sorglos und unüberlegt und erschien genau als das, was er war, ohne jeden Lebensplan, ohne jede Reserve. [...] Sein poetisches Talent war bemerkenswert." Diese Einschätzung des begabten jungen Fontane als eines sorg- und planlosen reizenden Jungen geht konform mit der des Apothekerlehrlings Richard Kersting vom September 1842 und März 1843 in Briefen an seine Familie. Bei aller Zuneigung und Anerkennung sowohl des poetischen Könnens als auch der gewissenhaften Arbeit als Apotheker meinte der Kollege in der Struveschen Apotheke bei dem jungen Fontane neben Sanftheit, Gutmütigkeit und großer Liebenswürdigkeit schwankende Grundsätze, innere Haltlosigkeit, eine gewisse geistige Unreife und als größten Fehler die von Fontane später selbstkritisch verurteilte Eitelkeit zu erkennen.

Das Scheitern des „ernsthaften Versuchs", sich als Schriftsteller zu etablieren, auf dessen Verwirklichung der junge Fontane fest gehofft hatte, stürzte ihn ins Leere – er wußte buchstäblich nicht, was er nun tun sollte. Nach Wolfsohns Abreise verbrachte er noch einen knappen Monat in Leipzig, nachdem er sich – angeregt von seinem Umgang mit Studenten, besonders von Max Müllers und Wolfsohns Vorbild – vorgenommen hatte, eine akademische Laufbahn einzuschlagen und das hierfür erforderliche

Abitur nachzuholen. Daß diese Absicht sehr ernsthaft gewesen sein soll, erscheint in Anbetracht des tatsächlichen
weiteren Lebensganges nicht überzeugend, denn schon ein
halbes Jahr später hatte Fontane sich vorübergehend für
das auf zwei Semester beschränkte Studium der Pharmazie,
das bei dem Nachweis von drei Jahren Gehilfentätigkeit
kein Abitur verlangte, entschieden. Das Abitur-Vorhaben
ist wohl dadurch zu erklären, daß Fontane in der zweiten
Hälfte 1843 auf gar keinen Fall eine neue Apothekergehil-
fenstelle, die sicher zu finden gewesen wäre, annehmen
wollte. Im Grunde hatte er diesem Beruf für den Moment
bereits ade gesagt; das klingt noch durch, wenn er Ende
Dezember 1851 schreibt, die Verbindungen, die er in Leipzig angeknüpft hatte, seien nicht ohne Einfluß auf sein
späteres „völliges Quittieren der Pharmazie" gewesen (an
Ignaz Hub). Zunächst zog sich Fontane Anfang August 1843
wieder ins Elternhaus zurück; auf der Reise dorthin unternahm er in Berlin Schritte, seine bevorstehende Militär-
dienstpflicht nicht in Frankfurt/Oder, dem für ihn zustän-
digen Kreis, ableisten zu müssen, sondern als Einjährig-
Freiwilliger in Berlin gemustert zu werden. Für die Zeit bis
zum Eintritt ins „Kaiser-Franz"-Regiment im April 1844
einschließlich der „vertrödelten" Monate in Leipzig be-
scheinigte Vater Louis Henry später (im Juli 1846) mit
einem nicht den Tatsachen entsprechenden, aber vom Küstriner Kreisphysikus bestätigten Zeugnis dem Sohn von
April 1843 bis März 1844 eine Defektarstelle in der Letschiner Apotheke. Er tat dies in der wohlgemeinten Absicht,
die für die Ablegung des Apothekerexamens (ohne akade-
misches Studium) erforderlichen fünf Jahre Gesellentätig-
keit zu „komplettieren". Dies Dokument führte später bei
der Erforschung der Jugendzeit Fontanes zu einiger Ver-
wirrung.

Das Militärjahr erwies sich für den jungen Apotheker
nicht nur als Ausweg, sondern unter den gegebenen Umständen geradezu als Rettung. Es löste die Niedergeschla-
genheit, die sich in Letschin infolge der unklaren Zu-

kunftsabsichten und -aussichten in Fontane angestaut
hatte. Das an die Onkel-August-Biographie gemahnende
Ungeordnete und in der Rückbesinnung des zum Verant-
wortungsbewußtsein Gereiften mitunter wohl auch als be-
schämend Empfundene dieses Lebensabschnittes erklärt,
warum Fontanes Darlegungen in den wenige Jahre darauf
verfaßten, an verschiedene Adressaten gerichteten Lebens-
läufen, im Bemühen um einen guten Eindruck, vertu-
schend, beschönigend und daher auch unrichtig sind und
warum die späten Erinnerungen sich gar nicht erst in Einzelheiten verlieren.

Nach dem Abschied von Fontane im Sommer 1843 lebte
Wolfsohn zweieinhalb Jahre – von August 1843 bis Dezember 1845 – in Rußland, wo er in Odessa und Moskau (nicht
in Petersburg, wie gelegentlich behauptet worden ist) Vorlesungen über deutsche Literatur hielt und auch auf Fontane als einen vielversprechenden Lyriker aufmerksam
machte. Aus dieser Zeit ist nur ein einziger Brief Fontanes
überliefert. Er ergänzt sein erstes an Wolfsohn gerichtetes
Gedicht vom Februar 1844, „Einem Freunde in Odessa"
(vgl. S. 68 f.), das wiederum die Antwort auf Wolfsohns
Verse vom 28. Oktober 1843, „Meinem Theodor", darstellt
(vgl. S. 64 f. und S. 173 ff.). Ein Briefwechsel in Versen also,
der Interesse verdient, weil er die Unterschiedlichkeit der
Charaktere beider Schreiber deutlich macht. Wolfsohn war
wenig glücklich in Odessa; die unfreien Verhältnisse im zaristischen Rußland belasteten den empfindsamen Ideali-
sten schwer. Er erkannte in der „Steppenresidenz" seiner
Geburtsstadt eine „Zungen- und Ideenverwirrung, in der
nur eine Sprache vernehmlich, nur eine Idee klar ist, die
des Gewinns und materiellen Genusses" (Vorwort zu „Rußlands Novellendichter", 1. Teil, 1848). Aus Rücksicht auf die
Zensur kann er im Gedicht nicht alles aussprechen, was
ihn bedrückt; um so mehr verströmt er seine Gefühle für
die ferne „Bruderseele"; „ich war und bin der Deine .../
Und bleib auch Du der meine", schließt seine Klage. Kein

Zweifel, im fernen Rußland verkörpert der Freund für ihn, der zwischen zwei Vaterländern – dem der Geburt und dem des Geistes – hin- und hergerissen wird, die deutsche Heimat; er vergewissert sich des Besitzes des nächst seiner Braut ihm liebsten Menschen, den er im Land seiner Bildung zurückgelassen hat. Fontanes Antwort vom Februar 1844 aus Letschin erscheint, gemessen an Wolfsohns Gefühlsüberschwang, nüchtern, fast kalt. Und das lag nicht nur an der eigenen unbefriedigenden Situation im Hause des Vaters und an der bitteren Erkenntnis, daß sein Leipziger „Versuch im Literatentum" ihn „bedeutend heruntergebracht" hatte. Es war seiner Natur nicht gegeben, sich in eine ideale Seelengemeinschaft hineinzusteigern. Wolfsohns exaltiertes Bekenntnis: „Doch immer denke dessen, / Daß ich Dich nie vergaß / Und nie Dich kann vergessen, / Den ich so ganz besessen / Und der mich ganz besaß", mag ihm bestenfalls ein halb spöttisches, halb gutmütiges Lächeln abgenötigt haben, wenn er sie nicht gar als künstlich heraufgeschraubte Gefühlsduselei abtat. (Zwei Jahre später wird er dem in Italien weilenden Freund Bernhard von Lepel schreiben: „Wir gehören beide nicht zu den Leuten, die mit Liebesversicherungen wie mit Brotkugeln spielen.") So sind fast gönnerhafte Anreden an Wolfsohn wie „mein armer alter Freund" und „mein guter alter Kerl" das höchste, wozu Fontane sich versteigt. Den sachlichen versifizierten Ratschlag an Wolfsohn, nach Deutschland zurückzukehren („Drum zerreiße kühn die Bande ...,/ Und entflieh dem Heimatlande"), ergänzt im dazugehörigen Brief die etwas ungeduldige Aufforderung: „Denk e bissel nach und tu schließlich, was Du nicht lassen kannst." Der gleiche Rat zur Rückkehr folgt noch einmal in Versen, als Wolfsohn nach seiner Übersiedlung von Odessa nach Moskau mit dem Gedanken umging, das Angebot einer Professur für alte Sprachen und deutsche Literatur in dieser Stadt anzunehmen, also für immer in Rußland zu bleiben. Fontanes Gedicht „An Rußland" (vgl. S. 69 und S. 175 f.) entbehrt jeden Bezugs auf eine bestimmte Person. Es stellt sich dar als eine Parallele zwischen dem hoffnungsträchtigen vormärzlichen Deutschland und dem zaristischen Rußland, in dem, im Gegensatz zu ersterem, „jede Hoffnung eitel Torheit ist". In der handschriftlichen Gedichtsammlung (um 1845) im Fontane-Archiv Potsdam besitzt das Gedicht ein auf das zaristische Rußland gemünztes Motto aus Dantes „Göttlicher Komödie": „Laßt, die ihr eintretet, alle Hoffnung fahren". Das Fehlen des Mottos in der Gedichtausgabe von 1851 (hier erschien das Gedicht unter dem Titel „Rußland. Einem Freunde, als er nach Moskau übersiedeln wollte") ist als Konzession an die Nachmärz-Reaktion zu werten; es ging nicht mehr an, das knuteschwingende Zarenregime unverhüllt anzugreifen.

Wir wissen nicht, ob Fontanes versifizierte Ratschläge Wolfsohn in Rußland erreicht und seine Rückkehr beeinflußt haben. Sie bezeugen jedoch ein weiteres Mal die äußerst enge Beziehung der Freunde in dieser Zeit. Wolfsohns (nicht überlieferte) briefliche Hinwendung an den Freund aus der „dunklen Haft" seines Rußland-Aufenthalts hatte beide Gedichte Fontanes angeregt.

Anfang Dezember 1845 – aus Petersburg über Berlin nach Sachsen zurückkehrend – sah Wolfsohn den Freund, der nun in der Schachtschen Apotheke tätig war, in der preußischen Hauptstadt wieder. Weder aus der Militärzeit (April 1844 bis Ende März 1845) noch aus der Zeit in der Schachtschen Apotheke (Juli 1845 bis Ende Juni 1846) sind Briefe Fontanes an Wolfsohn überliefert. Erst nach dem Entschluß, „mit einer kleinen Summe" gesparten Geldes sich auf das Apothekerexamen, das zum Erwerb einer Apotheke berechtigte, vorzubereiten, zeugen wieder Briefe von einem Kontakt zwischen den Freunden. Fontane war im Juli 1846 in das „angenehme Haus" in der Dorotheenstraße gezogen, in dem Tante Pinchen und Onkel August seit ihrer Übersiedlung aus Leipzig wohnten; das Leben führte ihn „eben immer wieder mit ihnen zusammen", fast als ob sie „zusammengehört hätten". Von hier aus erfolgte im August 1846 eine Einladung an den Freund zu einem Besuch in der

„ziemlich anständigen" Unterkunft – eine Einladung, die allerdings von Wolfsohn nicht genutzt werden konnte. Schon nach wenigen Monaten war es mit dem „gefälligen Zusammenleben" bei Fontanes vorbei; der Examenskandidat mußte vom November 1846 „privatim" seine Studien in Letschin fortsetzen. Ein unveröffentlichter Brief der Braut Emilie (Fontane hatte sich am 8. Dezember 1845 mit Emilie Rouanet-Kummer verlobt) an die Adoptiveltern Kummer vom 28. Dezember 1846 aus Letschin, wohin sie zum Jahreswechsel zu einem längeren Besuch gefahren war, läßt ein Zerwürfnis mit den Fontanes in der Dorotheenstraße erkennen. Er zeigt auch die Schwierigkeiten, die sich ohne deren Entgegenkommen für Fontane ergaben, in Berlin ein Unterkommen zu finden. Emilie schreibt: „Theo und Max [Fontane] sind fest entschlossen, nie wieder zu Fontanes zu gehen, mir ist es recht, kann ich doch auch nur dadurch gewinnen. Theodor kommt am 7 oder 8ten nach Berlin, ich habe mit ihm gesprochen, ob er bei Lepel wohnen wird, es schien mir aber, daß es ihm nicht ganz recht ist, weil dort so vielerlei ist, was ihn von seinem Examen ablenkt. Du, mein lieber, teurer Vater hast Dich ja immer so liebevoll und aufopfernd gegen mich benommen, daß ich fest überzeugt bin, wenn ich Dich recht herzlich bitte und Dir sage, Du erfüllst mir einen großen Wunsch, Du nimmst meinen Geliebten so lange bei Dir auf; Du bist ja so gut, und auch gegen Theodor stets so gewesen, daß Du es auch noch diesmal sein wirst. Wenn Du es mir erlaubst, so sage ich es ihm an seinem Geburtstag [30. Dezember]."

Die ersten drei Monate des Jahres 1847 (in den Anfang des März fiel das Examen) hielt sich Fontane bei Karl und Bertha Kummer auf, anschließend ging er wieder nach Letschin und half dem Vater im Geschäft. Ende Juli 1847 besuchte er seine Braut für eine Woche in Ludwigslust, wohin sie für die Sommermonate zu ihrer dort verheirateten Halbschwester Clara Below gefahren war. Anfang September war Emilie wieder in Letschin und schrieb an ihre Adoptivmutter (19. September): „Theo kommt nicht nach

Berlin, er hat noch gar keine Stellung, die einigermaßen passend für ihn wäre und wird, bis sich etwas findet, hier verweilen." Erst zum Dezember 1847 fand sich eine passende Stellung in der Jungschen Apotheke, doch schon Anfang November 1847 lautete Fontanes Adresse wieder: bei Rat Kummer, Zimmerstraße 2. Von hier aus nahm er den unterbrochenen Kontakt zu Wolfsohn erneut auf. Das Scheitern des Apothekenankaufs in Frankfurt/Oder (zu diesem Zweck hatte sich Fontane dem Examen unterzogen), die ständige Lebensunsicherheit mochten ihm für eine Weile den Schwung zum Schreiben genommen haben. In der vielzitierten „Beichte eines Freundes dem Freunde gegenüber" vom 10. November 1847 schwingt noch die Enttäuschung und Deprimiertheit vergangener Monate nach. Diese rückhaltlose Offenbarung bietet nicht nur „Material zur Biographie" in einer an Quellen armen Epoche. Fontane fixiert hier seinen Standort am Beginn eines neuen Lebensabschnittes. Der Brief mutet an wie eine Rechtfertigung sich selbst gegenüber im vertraulichen Gespräch mit dem Freund, von dem er sich aus vergangenen Tagen her am meisten verstanden weiß. Ihm stellt er sich als ein Andersgewordener vor, sowohl was seine Kunst als auch sein nun „ernstes Streben" anlangt. Ungeachtet der männlich-starken Töne klingt eine verdeckte Wehmut durch die Zeilen. Fontane, jetzt Ende Zwanzig, nimmt Abschied von Träumen und Hoffnungen, die er in den vergleichsweise glücklichen und ungebundenen Leipziger Tagen gehegt hat. Damals glaubte er fest daran, „Poet von Fach" zu werden. Nicht zuletzt der Braut zuliebe, die ihm das Wichtigste im Leben, den inneren Halt, zu geben vermochte, hat er seinen Traum „für alle Zeit begraben" und sich statt dessen entschlossen, dem ungeliebten Apothekerberuf treu zu bleiben. Die Vorstellung, „in drei Wochen wieder hinterm Tische" der Jungschen Apotheke stehen zu müssen, versuchte er sich durch die Zuversicht erträglich zu gestalten, bald „selbständig, d. h. Apothekenbesitzer", Gatte und Familienvater zu werden. Die in seinem Brief ausgesprochene

Selbsttäuschung, daß ein „Poet allemal Dilettant sein und bleiben" müsse, ließ ihn den bevorstehenden Schritt leichter ertragen.

Dieser offenherzige Brief Fontanes mag Wolfsohn veranlaßt haben, nun auch die persönliche, wenn möglich dauerhafte Nähe des Jugendfreundes zu suchen. Wolfsohns Lebensunterhalt war durch die Übersetzungen aus dem Russischen keineswegs gesichert, und so plante er, die Vorlesungen über deutsche Literatur, mit denen er in Leipzig und Dresden Erfolg gehabt hatte, auch in Berlin zu halten und damit vielleicht in der preußischen Hauptstadt eine sichere Existenz zu begründen. Fontane mußte Wolfsohns Bitte um Unterkunft ablehnen und dessen enthusiastische Vorstellungen über ein Zusammenleben dämpfen: „So himmlisch ich es mir denke, mit Dir ein Stück Leben zusammenleben zu können, so unmöglich ist es doch: ich bewohne eine Schandkneipe [...] mit noch zwei andern deutschen Jünglingen" (10. Januar 1848). Vermutlich war es das Haus von Fontanes Braut und ihren Adoptiveltern, in dem Wolfsohn nun eine vorübergehende Heimstätte fand. Ein Vierteljahr später bedankte er sich überschwänglich bei Bertha Kummer für all „das Gute und Liebe", das sie ihm erwiesen hatte. Auch an Bertha Kummer gerichtete Briefe Emilies, die am 8. Februar 1848 nach Liegnitz zu ihrer Halbschwester Therese Fels gereist war, bezeugen gemeinsam im Kreise der Familie Kummer verbrachte Stunden Wolfsohns und Fontanes. Als Emilie in Liegnitz eine Gesellschaft mitmachen mußte, schrieb sie wehmütig an die Adoptivmutter (16. Februar): „Gern vertauschte ich diese Festlichkeit mit einem Teeabend bei Dir, meinen Theo zur Seite und Hermann [Müller] und Wolfsohn im interessanten Gespräch." Ihr Brief vom 1. März 1848, in dem es heißt: „Gewiß hat Dich die traurige Lage unseres guten Wolfsohns auch recht betrübt. Du warst doch in seiner zweiten Vorlesung?", läßt vermuten, daß Wolfsohns Vorträge nicht von materiellem Erfolg gekrönt waren, ungeachtet der wärmsten Empfehlungen des Kritikers Ludwig Rellstab, der am 12. Februar in der „Vossischen Zeitung" geschrieben hatte, daß der Vortragende „in einer einzelnen Vorlesung hierselbst sich die Anerkennung der Anwesenden entschieden erworben habe". Einen aufrichtigen Bewunderer fand Wolfsohn auch in dem österreichischen Schriftsteller Hieronymus Lorm (Heinrich Landesmann), der damals in Berlin lebte und sich anderthalb Jahre später im „Abendblatt der Wiener Zeitung" vom 17. Oktober 1850 an die Berliner Lesungen erinnerte: „Ja, selbst in der Stadt, die sich so gern die der Intelligenz nennen läßt und in der Tat durch die Vorträge berühmter Literaturforscher auf diesem Gebiet sehr verwöhnt worden ist, gelang es Dr. Wolfsohn, Anerkennung und lohnende Teilnahme zu erringen, und dies in einem Augenblicke, als die politische Aufregung alle geistige Kraft der Bevölkerung ausschließlich in Anspruch zu nehmen schien, in den ersten Märzwochen 1848. Freilich unterbrachen die dann eingetretenen Ereignisse seine Wirksamkeit, wie sie denn momentan überhaupt jedes literarische und künstlerische Interesse verdrängten." Die (Gratis-)Vorlesung Wolfsohns im „Hotel de Russie" über „Luther und Lessing" am 8. Februar 1848 hatte auch Bernhard von Lepel besucht. Er schrieb daraufhin am 14. Februar, Fontane mit Wolfsohn zu sich einladend und um ein Billet für die erste Vorlesung über „Deutsche Dichter und Dichtwerke" am 16. Februar bittend, an Fontane: „Eins für mich nehm ich jedenfalls und bedaure, wenn Dein Freund kein zahlreiches Auditorium haben sollte, weniger ihn als unsere berühmte Residenz, da sie so ungebildet erschiene, sich einen solchen Genuß entgehen zu lassen. Denn ein Genuß ist es wirklich, diesen beredten Menschen zu hören, mag das, was er sagt, nun ihm allein angehören oder ein Resultat seiner Studien des Gervinus oder sonst wessen sein. – Bring ihn doch Sonntag mit in den Tunnel, wenn es ihm bei uns gefällt, so tritt er vielleicht ein und wir machen eine gute Acquisition, die unsere verlorenen kritischen Elemente ersetzen dürfte." Lepel nahm auch an den Besuchen teil, die Wolfsohn und Fontane damals der von ihm als „schöne Russin" bezeichneten Sophie Melgunow, der deutschen Frau des mit Wolfsohn befreundeten Nikolaj Melgunow, abstatteten.

Wolfsohns Aufenthalt in Berlin fiel in die Zeit der angespanntesten politischen Situation. Über den Inhalt der interessanten Gespräche, die die Freunde am Teetisch bei Kummers führten, wissen wir nichts. Zweifellos aber spielte in den Vormärztagen die Politik eine wesentliche Rolle. In Erinnerung an diese Gespräche und die Ansichten des Halbbruders und des Bräutigams schrieb Emilie am 28. März an Bertha Kummer: „Du kannst wohl denken, mein Mütterchen, welche entsetzliche Angst ich während der Schreckenstage ausgestanden habe. Ich entsinne mich nicht, in meinem Leben schon einmal solche Pein ausgestanden zu haben. Denke nur, daß ich von meinem Theo sowohl wie von Hermann denken mußte, sie können ebensogut tot wie lebend sein. Ach, liebes Herz, ich habe auch kniend dem lieben Gott gedankt. Daß Ihr in Eurer Straße so ganz bewahrt geblieben seid, ist doch auch sehr erfreulich. [...] wenn doch Hermann seine Meinung her schreiben wollte, denn wahrhaftig, hier urteilt alles ins Blaue, man sehnt sich ordentlich nach einem vernünftigen Urteil. [...] Könnte ich doch auf 8 Tage wieder zu Euch kommen, ist denn Wolfsohn noch da?"

Fontane hat seine Teilnahme an den Märzereignissen später in „Von Zwanzig bis Dreißig" ironisch geschildert; sein Briefwechsel mit Lepel aus jenen Tagen und seine seit August 1848 (noch während der Anstellung in der Jungschen Apotheke, später von Bethanien aus) verfaßten Artikel für die „Zeitungshalle" belegen eine andere Haltung. In der Zeit seines größten inneren „Revoluzzertums" fand Fontane, durch Vermittlung eines Freundes seiner Eltern, des Pastors Schultz, im Krankenhaus Bethanien eine gesicherte, ihm Ruhe und Beschaulichkeit gebende Existenz. Wolfsohn hat Berlin am 25. März verlassen. Die revolutionären Ereignisse hatten seine Erwartungen in bezug auf seine berufliche Zukunft in der Hauptstadt zunichte gemacht. Über seine Beteiligung und Haltung bei diesen Ereignissen ist wenig bekannt. Wolfsohn war in erster Linie mitfühlender Beobachter. Das einzige von seiner Hand stammende Zeugnis, das seine Gedanken über die miterlebte Berliner Revolution kundtut, datiert vom 22. März 1848; er befand sich an diesem Tage in dem endlosen Trauerzug, der die Gefallenen zum Friedrichshain geleitete. Auf einem Baumblättchen für seine Sammlung notierte er: „Aus den Händen einer der Leidtragenden bei der Bestattung der Opfer der grauenvollen Nacht vom 18.–19. März." Wolfsohn hielt auch in seinem Freiheitsstreben „Maß [...] wie in all und jedem". Dieses Maßhalten begleitete den gebürtigen Russen jüdischer Herkunft sein ganzes Leben; es war für ihn nicht nur Lebens-, sondern Überlebensgebot. Seine Sympathie für die Volksbewegung und sein tiefes Mitgefühl für die Hinterbliebenen der Märzgefallenen stehen außer Zweifel. Ein Dreivierteljahr später war Wolfsohn in der zweiten Januarhälfte 1849 erneut 14 Tage in Berlin. In seinem „Brief des Leipziger Korrespondenten vom 14. Februar 1849" für die russische Zeitschrift „Moskwitjanin" (Der Moskauer) schreibt er über die Zustände in dem inzwischen von General Wrangel besetzten Berlin u. a.: *„An den Häusern* sind alle Spuren der Zerstörung geschwunden, aber schaut man *in die Häuser,* so sieht man viele Spuren: verwaiste, ins Elend geratene, von Leidenschaften und Verfolgungen vernichtete Familien; Männer und Frauen, die ihr Vermögen, ihre Ehre, ihren Verstand verloren haben [...], alles, was man menschliches Unglück nennt." In der darauffolgenden Beschreibung der wohltätigen „Diakonie-Einrichtung ‚Bethanien' (auf dem Köpenicker Felde), dieses beispielhaften Hospitals, das sich unter der Schirmherrschaft des Fräuleins von Rantzau befindet", heißt es weiterhin: „Man kann wohl behaupten, daß sich im übrigen Europa eine solche Einrichtung nicht finden läßt. Alles, was Wissenschaft und Technik, der Geist der Liebe und des Mitgefühls zum Wohl der Einrichtung tun konnten, ist mit äußerster Sorgfalt und möglichster Vollständigkeit ausgeführt. Angestellte, Ärzte, Apotheker, Schwestern sind gewissenhaft ausgewählt, mit Sachkenntnis und Umsicht. Der Apotheker Theodor Fontane unterrichtet einige Frauen der Einrichtung in Chemie und Pharmazie. Er ist ein junger Mann mit großen Talenten und überdies ein ausgezeichneter Lyriker." Wolfsohns Beschreibung der Diakonie-Einrichtung enthält die erste Erwähnung des Apothekers und Poeten Fontane in einer russischen Zeitschrift. Sie ist überdies das einzige Zeugnis für die Begegnung der Freunde in der zweiten Januarhälfte 1849 in Berlin. Wolfsohns Ausführungen im „Moskwitjanin" über Bethanien liegen zweifellos Auskünfte Fontanes zugrunde.

Bei diesem Besuch in Bethanien nahm Wolfsohn wohl auch Rücksprache mit Fontane über dessen Manuskript des Romanzen-Zyklus' „Von der schönen Rosamunde", das er ein Dreivierteljahr zuvor bei einer Lesung im Kummerschen Kreise kennengelernt und am 25. März 1848 mit nach Dresden genommen hatte. Er bemühte sich, einen Verleger zu finden, was allerdings in der für Gedichtveröffentlichungen ungünstigen Zeit des Nachmärz sehr schwierig war. Erst Ende 1849 erschienen die Romanzen bei dem Wolfsohn befreundeten Verleger Moritz Katz in Dessau. Wolfsohns Bemühungen um die Herausgabe der „Schönen Rosamunde" bewirkten einen häufigeren Briefwechsel. Erst von nun an blieben Brief und Gegenbrief überliefert. Aus den zurückliegenden Jahren (1841–1848) ist nur je ein Brief Fontanes erhalten geblieben (1845 keiner), nun liegen für die Jahre von Ende 1849 bis Ende 1854 25 Schreiben Fontanes vor, denen 11 von Wolfsohn gegenüberstehen. Für beide Briefpartner waren es Jahre härtesten Ringens um die Sicherung der Existenz. Fontanes Versuch, nach Beendigung seiner Tätigkeit im Krankenhaus Bethanien im Herbst 1849 sich als „freier Schriftsteller" zu etablieren, scheiterte; er mußte froh sein, ein Jahr später durch Protektion seines „Tunnel"-Kollegen und väterlichen Freundes Wilhelm von Merckel in dem von der Regierung eingerichteten „Literarischen Kabinett" unterzukommen. Seine Eheschließung im Oktober 1850 schien dadurch gerechtfertigt, doch schon nach drei Monaten erfolgte die Auflösung der Kabinetts, und Fontane war gezwungen, zur Bestreitung des Lebensunterhaltes Pensionäre in seine Wohnung auf- zunehmen und Privatstunden zu geben. Die Not zwang ihn schließlich, aller Gewissensskrupel ungeachtet, erneut in Regierungsdienste zu treten. Am 1. November 1851 wurde Fontane Mitarbeiter der „Zentralstelle für Preßangelegen- heiten", in deren Auftrag er auf eigenen Wunsch 1852 für ein halbes Jahr, im September 1855 für drei Jahre nach London ging.

Wolfsohns Schicksale waren, was das Auf und Ab der Laufbahn betraf, denen Fontanes nicht unähnlich. Da er nirgends wirklich ansässig war, hatte er es in mancher Hin- sicht noch schwerer. Seine Hoffnung, ständiger Korrespon- dent russischer Zeitungen zu werden, zu denen er ja schon 1843/45 Kontakte aufgenommen hatte, erfüllte sich nicht. Nur zwei seiner Korrespondenzen erschienen im „Moskwit- janin", eine Anzahl weiterer verbot die Zensur. Mit der Zeitschrift „Otetschestwennyje zapiski" (Vaterländische Annalen) vereinbarte Besprechungen neuerschienener deutscher Bücher zerschlugen sich, weil ausländische Bü- cher im zaristischen Rußland erst einem „Komitee für aus- ländische Zensur" vorgelegen haben mußten, bevor Rezen- sionen über sie erscheinen durften; auf diese Weise verloren sie den Reiz der Neuheit. Wolfsohns Vorlesungen über deutsche Literatur in Leipzig, Dresden, Berlin und andernorts brachten wenig Ertrag. Der Leipziger Berichter- statter des „Morgenblatts für gebildete Leser" schrieb z. B. am 12. Mai 1849: „Dr. Wolfsohns Vorlesungen über deut- sche Dichter des 16. und 17. Jahrhunderts sind leider kaum beachtet worden. Der kleine Kreis von Zuhörern schmolz gegen das Ende noch zusammen, so daß es wirklich der lie- bevollen Aufopferung des Vortragenden und seiner war- men Begeisterung für die Sache bedurfte, um die Vorträge überhaupt fortzusetzen." Durch Übersetzungen russischer Literatur allein konnte Wolfsohn in der der Literatur wenig zugeneigten Reaktionszeit seinen Lebensunterhalt ebenfalls nicht bestreiten, wenn auch sein Kontakt zu den Verlegern Heinrich Brockhaus und Moritz Katz zur Veröffentlichung von fünf Übersetzungsbänden zwischen 1848 und 1851 führte („Rußlands Novellendichter", 3 Bände; „Erzählungen aus Rußland", 2 Bände), in denen Werke Gogols, Herzens, Puschkins u. a. Autoren, zum Teil mit ausführlichen Einleitungen, vorgestellt wurden. Bei diesen Arbeiten durfte Wolfsohn seinem Herzensbedürfnis folgen, die Literatur seines Geburtslandes den deutschen Lesern nahezubringen; doch gab es auch Übersetzungen, die dem bloßen Broterwerb dienten, wie z. B. die Übertragung des historischen Romans von Igor Lashetschnikow „Die Eroberung Livlands unter Peter dem Großen" (Dessau 1852). In Fällen, wo die Qualität der Übertragung seinen eigenen hohen Ansprüchen nicht gerecht wurde, verschwieg er seine Übersetzerschaft. Die Verwirklichung eines langgehegten Lieblingswunsches, eine Zeitschrift herauszugeben, war Wolfsohn wegen der fehlenden Staatsbürgerschaft nur in Gemeinschaft mit einem anderen Herausgeber möglich. In der zweiten Hälfte des Jahres 1850 fand er in Robert Prutz, der seit Frühjahr 1849 eine Professur für Literaturgeschichte in Halle innehatte, einen Partner, um das „Deutsche Museum" zu gründen, das anfangs im Verlag von J. C. Hinrichs erschien, zu dem Wolfsohn in guten Beziehungen stand. „Innere sowie äußere Verhältnisse" bestimmten ihn jedoch – nach seinen eigenen Worten im „Deutschen Museum" – bereits nach einem Jahr die Herausgeberschaft aufzugeben. Die „inneren" Gründe lagen in Meinungsverschiedenheiten mit Prutz, überhaupt ganz allgemein in den Schwierigkeiten, die eine Doppelredaktion mit sich bringt. So gelang es Wolfsohn ja auch nicht, Fontane gegen den Willen von Robert Prutz als Berliner Korrespondenten der Zeitschrift einzusetzen. Die „äußeren" Gründe lagen in Wolfsohns ungeklärten staatsbürgerlichen Verhältnissen, unter denen er im Grunde ein solches Unternehmen gar nicht hätte in Angriff nehmen dürfen. Am

31. Dezember 1850 (fünf Monate zuvor hatten bereits die Vorarbeiten für die Herausgabe des „Deutschen Museums" begonnen) schrieb er seinem Vorläufer auf dem Wege der Vermittlung russischer Literatur in Deutschland, Karl August Varnhagen von Ense, in dem Wunsch, der Zeitschrift die Treue halten zu können: „Als Redakteur einer Zeitschrift, die ich nun einmal nicht anders als in liberalster Richtung führen kann, laufe ich jeden Augenblick Gefahr, der heiligen Inquisition in die Hände zu geraten; ja, schon bei einem strengen Paßexamen würde ich bis zum Nimmerwiederaufstehen durchfallen. Wüßten Sie [...] in dieser Bedrängnis einen Rat?" Acht Monate später war ihm noch immer keine Klärung dieser Angelegenheit geglückt, und er bekannte dem Redakteur der „Otetschestwennyje zapiski", Andrej Alexandrowitsch Krajewski (31. August 1851): „Meine Angelegenheiten haben sich auf das allerunangenehmste kompliziert [...]. Schon in den nächsten Tagen werde ich von der Redaktion des ‚Deutschen Museums' zurücktreten (die Umstände zwingen mich dazu)." Wie wenig Robert Prutz an der Doppelredaktion gelegen war, zeigt sein Brief an Adolf Stahr vom 16. September 1851, in dem er unverhohlen seine Zufriedenheit ausspricht, seinen „bisherigen Mitredakteur glücklich losgeworden" zu sein; er hofft, „jetzt weniger Ärger und Umstände" zu haben und „die Haltung des Blattes" werde dadurch gewinnen.

Nach vergeblichen Versuchen in verschiedenen deutschen Städten (er reiste Ende September 1851 nach Hannover, Braunschweig, Köln und Bonn) fand Wolfsohn Ende Dezember 1851 im Herzogtum Anhalt-Dessau die ersehnte Hilfe: trotz fehlendem Emigrationsschein wurde er Staatsbürger des Herzogtums. Die Eheschließung mit der ihm seit elf Jahren anverlobten Emilie Gey war nun endlich möglich. Da die Verleihung der Staatsbürgerschaft die Ansiedlung im Herzogtum zur Voraussetzung hatte, nahm Wolfsohn zunächst seinen Wohnsitz in Dessau; aber schon im Mai 1852 siedelte er mit seiner jungen Frau nach Dresden über. Hier fand er, den seine Braunschweiger Freun-

din Jeanette Aronheim als einen mit einem „unabweisba-
ren Bedürfnis nach geistigen Anregungen [...], Großartig-
keit und Vielseitigkeit des äußeren Lebens" begabten
Menschen schildert, seine eigentliche geistige Heimat.
Schon 1849/50 war Wolfsohn der „Dresdner Montagsge-
sellschaft" beigetreten, in der er mit dort ansässigen Män-
nern wie dem Bildhauer Ernst Rietschel, dem Maler Ludwig Richter, den Schriftstellern Berthold Auerbach und
Karl Gutzkow, dem Schauspieler Emil Devrient, dem Ga-
leriedirektor Julius Schnorr von Carolsfeld, dem Shake-
speare-Übersetzer Graf Wolf von Baudissin und anderen
in Beziehung getreten war. Die Akten der „Dresdner Mon-
tagsgesellschaft" verzeichnen für das Winterhalbjahr
1849/50 als durch Abstimmung aufgenommene Mitglieder
u. a. Dr. Pritzel, einst – nach Fontane – der „Geistreichste
und Witzigste" des „Herwegh-Klubs", Wilhelm Wolfsohn
und Otto Ludwig aus Eisfeld, der Anfang April 1850, ohne
sein Wissen auf Antrag des Malers Pecht zugelassen wurde.

Wolfsohns Bekanntschaft mit Otto Ludwig war für sein
nächstes Lebensjahrzehnt von großer Bedeutung, darum
soll hier auf einige Details eingegangen werden. Die beiden
Schriftsteller lernten sich vermutlich am 9. April 1850 in
Dresden im Saale der „Harmonie" kennen, wo eine „Aka-
demie" zur finanziellen Unterstützung für die Errichtung
des von Ernst Rietschel entworfenen Lessing-Denkmals in
Braunschweig stattfand (es wurde am 29. September 1853
auf dem dortigen Lessing-Platz enthüllt). Wolfsohn hielt
bei dieser Gelegenheit „einen beredten allgemein einleiten-
den Vortrag", wie es in einem Bericht des Cottaschen
„Morgenblattes" vom 2. Mai 1850 heißt. Von da an verzeichnet Ludwigs Schreibkalender des öfteren Besuche von
Wolfsohn. Am 15. April 1850 findet sich die Eintragung:
„Dem Dr. Wolfsohn die biographischen Notizen gegeben."
Wolfsohn benötigte sie für seine Vorrede zu der Lesung
aus Ludwigs „Erbförster", die er z.B. auch in Berlin im Oktober 1850 hielt, als er zu Fontanes Hochzeit in die Stadt
gekommen war. Wolfsohn tat alles, was in seinen Kräften

stand, um dem kränklichen, oft am Rande der Not existie-
renden Dichter zur Popularität zu verhelfen. Er machte
auch Moritz Lazarus auf Ludwig aufmerksam, der später in
Friedrich Eggers' „Kunstblatt" die Erzählung „Zwischen
Himmel und Erde" (1856) besprach. August Viedert,
Deutsch-Russe wie Wolfsohn, empfing von diesem die Anregung, sich mit Otto Ludwig zu beschäftigen, und so entstand im März 1853 die wohl früheste in einer russischen
Zeitung („Moskowskije wedomosti"/Moskauer Nachrichten) publizierte Besprechung von Ludwigs Dramen „Der
Erbförster" und „Die Makkabäer". Ein erhalten gebliebe-
ner Brief Ludwigs an Wolfsohn vom 18. Oktober 1852, aus
dem hervorgeht, daß er diesem als einzigem unter seinen
Freunden ein Exemplar der „Makkabäer" vor der Aufführung des Stückes überlassen hat, das zweifellos auch Viedert einsehen durfte, zeugt von dem freundschaftlichen
Verhältnis zwischen Wolfsohn und Ludwig. Es ist dem Einfluß Ludwigs zuzuschreiben, daß Wolfsohn sich von 1852
bis gegen Ende des Jahrzehnts dem dramatischen Schaffen
zuwandte. Zwei der in diesen Jahren entstandenen Dramen
behandeln russische Themen, das dritte („Die Osternacht")
gestaltet ein jüdisches Sujet. Das Drama „Zar und Bürger"
empfahl Otto Ludwig im Mai 1853 an den Direktor der
Karlsruher Hofbühne, Eduard Devrient, der es bald darauf
aufführte; in seinen nachgelassenen dramatischen Studien
setzte Ludwig sich auch mit einer „äußerst interessanten
Aufführung" des Stückes, die ihm jedoch keine „dramatische Illusion" vermittelte, auseinander. Mit dem seinem
Freunde Theodor Fontane gewidmeten Schauspiel „Nur
eine Seele", das die in Rußland damals noch bestehende
Leibeigenschaft (bis 1861) behandelt, errang Wolfsohn
einen über die Grenzen Sachsens hinausgehenden Erfolg.

In noch stärkerem Maße, als sich Wolfsohn für die Be-
lange Otto Ludwigs einsetzte, geschah dies zwischen 1849
und 1854 für Fontane. Lag die Hauptbedeutung der ersten
Jahre ihrer Freundschaft in dem Einfluß, den Wolfsohn als
Mensch und Wissensvermittler auf den noch ungefestigten

Freund ausübte, so ist der Schwerpunkt nun in der Unterstützung zu sehen, die Wolfsohn dem jungen Dichter in
dessen materieller Not zu geben bemüht war und vielfach
auch geben konnte. Von dem Augenblick an, da im Oktober 1849 Fontanes Anstellung im Krankenhaus Bethanien
beendet war, er als „bummelnder Freiherr" in der Berliner
Louisenstraße lebte und „alles alle geworden" war, wurde
der „liebe alte Wolfsohn" zum ständig um Hilfe Angerufe-
nen und zum unermüdlichen Helfer. „Du weißt zu gut, wie
sehr ich Dich liebe", heißt es wie ein Leitmotiv in Wolfsohns Brief an den Freund vom 13. November 1849. Und
dieser war sich in der Tat bewußt, daß er nicht nur ohne
Bedenken anklopfen, sondern sogar ungehalten werden
durfte, wenn nicht alles nach Wunsch verlief. Wolfsohn
vermittelte nicht nur den Verleger für die Romanzen „Von
der schönen Rosamunde", er verschaffte auch dem Freund
die Möglichkeit, Korrespondenzen für die „Dresdner Zeitung" und für Brockhaus' „Deutsche Allgemeine Zeitung"
zu schreiben. Er bemühte sich um manches andere, was
Fontane jedoch nicht immer genehm war. So ging er nicht
auf die von Wolfsohn angeregte Mitarbeit bei dem „roten"
Keil ein, und Themenvorschläge für das „Deutsche Museum" erschienen ihm nicht annehmbar. Als die Ausliefe-
rung der „Rosamunde", die zum Weihnachtsgeschäft 1849
auf den Markt kommen sollte, nicht rasch genug erfolgte
und etwa um die gleiche Zeit die „Dresdner Zeitung" den
Artikel „Preußen – ein Militär- oder Polizeistaat?" zurückwies, schrieb Fontane dem nur als Vermittler fungierenden
Freund: „Ich habe nach mehreren Seiten hin meine Not zu
klagen." Einen Besuch bei Wolfsohn in Dresden (auf der
Fahrt nach Liegnitz zu seiner Braut) stellte er – sollte die
„Rosamunde" nicht rechtzeitig gedruckt und gebunden
vorliegen – „wie eine drohende Kokette" mit den Worten
in Frage: „Du kriegst mich sonst vor dem Fest gar nicht
mehr zu sehen." Auch Beschwerden über ungenügende An-
kündigungen der „Schönen Rosamunde" von seiten des
Verlegers gingen an Wolfsohn, der hierauf kaum Einfluß

gehabt haben kann. Mit dem Egoismus des von seinem
Künstlertum zutiefst Überzeugten suchte Fontane sich in
seiner Notlage den ergebenen Freund mitunter fast rück-
sichtslos dienstbar zu machen. Dabei verkannte er beinahe
naiv die tatsächlichen Möglichkeiten Wolfsohns. Als dieser
Ende 1850 Mitherausgeber des „Deutschen Museums" geworden war, glaubte Fontane – wohl nicht ganz ohne
Neid – daß er „ja jetzt die Buchhändler an der Hand haben [muß] wie Kasperles im Puppentheater". Wolfsohn,
der von Herzen bereit war, Fontanes Hoffnungen auf aus-
gedehnte Mitarbeit an dieser Zeitschrift zu verwirklichen,
konnte dennoch dessen eingesandtes flüchtiges „Gekohle
über Theater, Bücher und ähnliche unschuldige Gegenstände" mit Rücksicht auf seinen Mitherausgeber Robert
Prutz und auch in Fontanes Interesse nicht verwenden, so
daß schließlich – ungeachtet des ausgedehnten Briefwechsels über dieses Thema – „Der Tag von Hemmingstedt"
das einzige von Fontane abgedruckte Werk in dieser schon
bald renommierten Zeitschrift geblieben ist. Fast in jedem
seiner Briefe gibt Fontane dem Wunsch nach einem „Redaktionspöstchen" Ausdruck. „Sorge für mich" und „alter
Freund, Du wirst alles besorgen, ich weiß das", sind in der
„harten und freudlosen" materiellen Lage des Jungver-
mählten die ständigen Beschwörungsformeln. Geduldig
versuchte Wolfsohn auf den reizbaren Freund einzugehen,
ohne ihn mit eigenen Sorgen und Schwierigkeiten zu be-
helligen. Erst als Fontane des Freundes Zurückhaltung in
der Darlegung eigener Nöte, seiner Neigung zum Spott
und seiner Vorliebe für gelungene Formulierungen an fal-
scher Stelle Raum gebend, als „Manie für Andeutungen,
Winke und vorbereitete Überraschungen" bewitzelte und
sie auf „den Müllhaufen allgemeiner Redensarten" verwarf,
reagierte dieser verstimmt. Fontanes unkontrolliert und ungerecht über Wolfsohn ausgegossener Unmut entsprang sowohl seiner Alltagsmisere als Ernährer der eben gegründeten Familie als auch seiner durch Selbstvorwürfe, sich der
Reaktion „verkauft" zu haben, manchmal bis an die Ver-

zweiflung grenzenden seelischen Verfassung. In dieser
Situation staute sich der Ärger über Wolfsohns offen ausgesprochene Kritik an dem „Gekohle" fürs „Deutsche
Museum" und über die „zwei sächsischen Kassenscheine in
jeder Hand", mit denen seiner Meinung nach das Gedicht
„Der Tag von Hemmingstedt" zu schlecht bezahlt worden
war, über Gebühr an, so daß er sich – einer momentanen
Stimmung folgend – um seinen „würdigen Wolfsohn" gar
nicht mehr kümmern wollte. „Solche Freundschaft kann
mir gestohlen bleiben", schrieb er am 1. Juli 1851 an Friedrich Witte in Rostock. Der eigentliche, ihm selbst kaum
bewußte Grund für diese Abkehr von einem Freund, der
sich stets nur als treu erwiesen hatte, lag jedoch tiefer. Da
er „als anständiger Mensch nicht durchzukommen" ver-
meinte (an Lepel, 30. Oktober 1851), reizte ihn die unantast-
bare und geradlinige Haltung des „würdigen" Wolfsohn,
den er doch belächeln zu können glaubte; sie reizte ihn um
so mehr, als seine eigenen Versuche „rechts und links und
in der Mitte" (an Lepel, 7. Januar 1851) und schließlich die
„Ottaven zu Ehren Manteuffels" ihn zu der bitteren Selbst-
anklage führten, daß der „pp Fontane überhaupt der Wür-
digkeit entbehrt" (an Lepel, 6. November 1851). Doch gab
es, als Wolfsohn ihm die Hand entgegenstreckte, einen „Auferstehungstag Wolfsohn-Fontanescher Liebe und Freundschaft", dem schon bald ein Besuch Fontanes im Februar
1852 in Dessau folgte. Noch einmal schien die Beziehung eine
Vertiefung zu erfahren, obgleich es zu denken gibt,
daß Fontane dem Freund dringend abriet, den endgültigen
Wohnsitz in seiner Nähe in Berlin zu nehmen. Im Juni 1854
fuhr Emilie Fontane in Begleitung von Lisbeth Scherz
nach Dresden und fand in Wolfsohns Dresdner Heim herzliche Aufnahme. Wolfsohn war im August 1854 ein letztes
Mal für längere Zeit Gast bei Theodor und Emilie Fontane.

Fontanes Aufenthalt in England vom September 1855 bis
Januar 1859 unterbrach die Korrespondenz mit Wolfsohn.
Räumliche Entfernung und unterschiedliche Lebenskreise

führten nun zwangsläufig zu einer Lockerung der Beziehung. Wolfsohn hatte ungeachtet seiner anerkannten Position in Dresden als Kritiker, Dramatiker, Übersetzer und Redner immer noch mit finanziellen Nöten zu kämpfen. Am 20. März 1857 bat er Moritz Lazarus, Berliner Rezensenten wie Max Ring, Titus Ulrich, Friedrich Eggers und Ernst Kossak, die schon seine beiden ersten Stücke positiv beurteilt hatten, für sein Drama „Die Osternacht" zu interessieren. Wolfsohn schrieb: „Die erste Hälfte des Winters war für mich eine schwere drangvolle Zeit, in die nur der beispiellose Dresdner Erfolg von ‚Nur eine Seele' Erleichterung und Freude brachte. Es knüpfte sich daran der Verkauf meiner Dramen an einen hiesigen Verlagsbuchhändler, und mit dem Januar begann mein Engagement für die ‚Wissenschaftliche Beilage' der ‚Leipziger Zeitung', wovon Sie jedenfalls durch Auerbach des Näheren werden erfahren haben. Dazu kamen gleichzeitig wöchentlich mehrere Privatvorträge über deutsche, russische und allgemeine Literaturgeschichte, die noch ihren Fortgang haben. Ohne alte und schmerzlich lastende Rückstände hätte ich in diesen Monaten mich ganz hübsch bewegen können, wenn auch die fortdauernd kritische Beschäftigung, auf so viele Gegenstände gerichtet, mich ein wenig zersplitterte und zu keiner neuen Produktion gelangen ließ, zu der es mich sehr drängt. Aber die hübsche Einnahme verschlang größtenteils die jüngste schuldenreiche Vergangenheit – so daß ich [...] aus der Verlegenheit nicht herauskam."

Nach Fontanes Rückkehr aus London im Januar 1859 nahm Wolfsohn den brieflichen Kontakt im Frühjahr wieder auf. Dieses nun beginnende dritte und letzte Kapitel ihrer Freundschaft mutet wie ein Nachspiel an. Zwar währte es bis zu Wolfsohns Tod im August 1865, doch sind Briefe nur bis Anfang 1861 überliefert: fünf Schreiben Fontanes und drei von Wolfsohn. Wieder richteten sich Fontanes Wünsche auf „Mitarbeiterschaft hier und dort und Herausgabe von Büchern" (28. November 1859). Noch einmal konnte Wolfsohn als Vermittler wirken: 1860 erschie-

nen in verschiedenen Lieferungen von Lorcks „Männer der
Zeit" die ersten Biographien von Zeitgenossen aus Fontanes Feder. Das Fehlen von Briefen in Wolfsohns letzten
vier Lebensjahren bedeutet nicht, daß die Verbindung ganz
abgerissen war, aber die überlieferten Schreiben aus den
Jahren 1859–1861 machen trotz Fontanes Dank (im Mai
1859) für den „Ausdruck alter, unveränderter Liebe und
Freundschaft" die inzwischen eingetretene Distanz erkenn-
bar. Die drückendsten Nahrungssorgen waren in Fontanes
Leben geschwunden, und in Bernhard von Lepel hatte er
längst einen ihm gemäßen Freund gefunden, mit dem er
sich ständig über persönliche Dinge und poetische Fragen
austauschen konnte. Auch Wolfsohn war Mitte der fünfziger Jahre in Berthold Auerbach einem Menschen begegnet,
dem er sich ganz öffnen konnte, der auf ihn einging und
ihn zu konzentrierter Arbeit ermahnte. Mit manchem Ratschlag stand ihm Auerbach zur Seite, als er Anfang der
sechziger Jahre (nach den Jahren der Dramenproduktion)
als Herausgeber einer „Russischen Revue" ganz zu seiner
verdienstvollen Tätigkeit als Vermittler russischer Literatur
und Kultur in Deutschland zurückkehrte – einer Tätigkeit,
die ihm bleibende Bedeutung sichern sollte. Gemeinsam
förderten Auerbach und Wolfsohn das Schaffen Otto Ludwigs; beide waren sie 1859 an der Gründung der Deutschen
Schiller-Stiftung beteiligt. Eines Sinnes wußten sie sich im
Kampf um die Emanzipation des Judentums, der in der
Nachfolge Ludwig Börnes nicht isoliert, sondern als Teil
des Ringens um Gerechtigkeit für alle geführt wurde.
Wolfsohn blieb durch seinen frühen Tod eine bittere Erfahrung erspart, die Auerbach an seinem Lebensabend machen mußte: die Propagierung des Antisemitismus in Bis-
marcks Gründerstaat. Als Auerbach Anfang 1860 von
Dresden nach Berlin übersiedelte, nahm er Wolfsohns Auftrag mit, diesem über Fontane zu berichten und die lose ge-
wordene Verbindung wieder zu festigen. Am 29. Januar
1860 schrieb Auerbach nach Besuch und Gegenbesuch
Fontanes an Wolfsohn: „Ich will Ihnen nur noch sagen,

daß ich auch Fontane gesprochen habe. Er scheint mir eine chevevaleneske Natur, leider ein wirklicher Kreuzzeitungs- mann. Es verlohnt sich, dem psychologisch nachzugehen, wenn man nur hier Zeit dazu hätte." Über die dürftigen Mitteilungen enttäuscht, die alles Persönliche vermissen ließen, forderte Wolfsohn Auerbach daraufhin am 9. April 1860 erneut auf: „Wäre es nicht möglich, daß Sie [...] noch einmal Fontane sprechen? Es hat mir recht weh getan, daß Sie mir nichts weiter von ihm zu sagen wußten. Sie glauben nicht, was das für ein braver, liebenswürdiger Mensch war, und gewiß, er muß es noch sein, ich darf ihn noch so lie- ben, wie ich ihn liebe." Wolfsohns herzliches Gefühl für den Jugendfreund blieb unverändert, auch wenn bei seinen Aufenthalten in Berlin nun Auerbach sein Gastgeber war, so z. B. im Januar 1861, als Wolfsohn im Zusammenhang mit der Gründung der „Russischen Revue" über Berlin nach Petersburg reiste. Die Begegnungen mit Fontane be- schränkten sich jetzt darauf, „mal mittags zu Tisch oder abends beim Tee zusammenzusitzen". Diese Aufforderung enthält der letzte überlieferte Brief Fontanes an Wolfsohn vom 1. Januar 1861, der auch belegt, daß sich die Freunde seit Wolfsohns Besuch im August 1854 in Berlin nicht gese- hen hatten. Wolfsohns Aufenthalte in Berlin bei seinen Reisen nach Petersburg und von dort zurück in den Jahren 1861, 1863 und 1864 boten Möglichkeiten zu Begegnungen. Daß solche auch nach 1861 stattgefunden haben, geht aus einem Brief Fontanes an seinen Verleger Wilhelm Hertz hervor, der überdies von seiner guten Kenntnis der von Wolfsohn herausgegebenen „Russischen Revue" (das 1. Heft mit Turgenjews Erzählung „Faust" war ihm durch Auerbach im Mai 1862 zugegangen) zeugt. Fontane schrieb am 21. November 1864 an Hertz: „Dr. Wolfsohn, der Her- ausgeber der ‚Russischen Revue', außerdem ein alter Be- kannter von mir, hat vor, einen längeren Artikel über mich und meine Bücher zu schreiben. Ich würde mich sehr freuen, wenn Sie ihm von dem ganzen Fontane, der bei Ihnen erschienen ist, ein Exemplar schicken wollten [...].

Da die ‚Revue' ihren Hauptabsatz in Petersburg und in
den Ostseeprovinzen hat, wo meine besten Freunde wohnen, so denke ich, werden Sie gegen Opfrung dieser
3 Exemplare [„Balladen", 1861; „Wanderungen durch die
Mark Brandenburg", Teil 1 und 2, 1862, 1863] nichts einzu-
wenden haben. P. S. Erwähnen Sie bitte Wolfsohns nicht
zu Paul [Heyse]. Jener hat die ‚Elisabeth Charlotte' seinerzeit in einer Weise rezensiert [in der „Wissenschaftlichen
Beilage" der „Leipziger Zeitung", Nr. 41—43, 1860], die mindestens Mißstimmung erzeugt haben muß." Etwas später
erinnert Fontane an die „Opfrung 3er Freiexemplare" und
fügt hinzu: „Die Sache ist nicht soso; es ist ein gut und fein
redigiertes Journal und durchaus nicht ohne Einfluß." Ob
Hertz die Exemplare geschickt hat, ist nicht bekannt. Wolfsohn war wegen seiner tödlichen Erkrankung ohnehin
nicht mehr imstande, einen Artikel über Fontane zu schreiben.

„Fontane verlor in Wolfsohn nicht einen seiner nächsten
Herzensfreunde wie Lepel oder Zöllner, dazu fehlte der
ständige Verkehr von Mund zu Mund, aber sicher einen
derjenigen, die es am treuesten mit ihm gemeint hatten,
eine anima candida von seltener Selbstlosigkeit und Hin-
gabe, deren Anhänglichkeit sich gerade in der für Fontane
härtesten Zeit als sturmfest erprobt hat", schrieb Josef Ettlinger 1910 in seiner Rezension von Wolters' Briefausgabe.
Die unermüdliche Hilfsbereitschaft des Freundes und die
durch zwei Jahrzehnte empfangene Liebe hat Fontane dreißig Jahre nach Wolfsohns Tod nicht vergessen: „Wolfsohn
war mir sehr zugetan, über mein Verdienst hinaus, und hat
mir diese Zuneigung vielfach bestätigt." Man mag bekla-
gen, daß Fontane in seinen Erinnerungen das Verhältnis zu
Wolfsohn nicht ausführlicher dargestellt hat. Die Briefe
zeigen, wie sehr Wolfsohn immer der Gebende, Fontane
meist der Empfangende war. Fontanes Briefe (die sich
schon ankündigende Eigenart seines späteren Briefstils
macht ihre Lektüre zum Genuß) stellen ein Denkmal dar

für den, an den sie gerichtet waren, den gütigen und vornehmen Menschen, auf dessen Grabstein in Dresden der
Mendelssohn-Verein die Aufschrift setzen ließ: „Dem
edeln Dichter und Priester der Humanität."

Am Grab des so früh Dahingegangenen stellte der Ober-
rabbiner Wolf Landau „den bescheidenen liebenswürdigen
Mann von feinster Sitte und edler Rede" als lebenden Pro-
test gegen das nie verstummte Vorurteil dar, daß „der Geist
des Judentums und der deutsche Geist sich unvereinbar gegenüberstehen [...]. Das Losungswort des Judentums ist
das Wort des Weisen: Liebe und Treue mögen dich nie
verlassen! [...] Diese Liebe und Treue führten seine Hand
bei seinen Bestrebungen, deutsche Kultur auf russischen
Boden zu verpflanzen, und ließen ihn an jedem Unternehmen zur Förderung deutscher Kunst und Wissenschaft den
regsten tätigen Anteil nehmen." Edmund Judeich gedachte
als Vertreter des „Literarischen Vereins" Dresdens des verstorbenen Mitbegründers dieses Vereins als eines Kritikers,
Kulturhistorikers und Dichters, der – „gebildet durch die
Gedanken seines Vorbildes Lessing, eines Schiller und
Goethe – das Wesen seines Geburtslandes Rußland zu fassen und einen elektrischen Strom gegenseitigen Austau-
sches zwischen Deutschland und Rußland herzustellen verstand." Die zahlreichen Nachrufe auf Wolfsohn heben
immer wieder seine ungewöhnliche Rednergabe hervor, auf
Grund derer er zu ungezählten kulturellen Veranstaltun-
gen vor allem Dresdens und Leipzigs als Festredner gebeten worden war. Georg Ebers behauptete von dieser Gabe,
daß „keiner von den Lebenden den antiken Rednern so na-
hegekommen als Wilhelm Wolfsohn. Wie Pallas glänzend
gerüstet dem Haupte des Zeus entsprang, so der im Worte
fertige und schön gekleidete Gedanke den Lippen Wolfsohns".

Bis zum Tode blieb Wolfsohn den Lebenszielen seiner
Jugend treu: Als Jude für die Emanzipation seiner Glau-
bensgenossen einzutreten, als Übersetzer und Kritiker die
Literatur und Kultur seines Geburtslandes den Deutschen

nahezubringen. Sein Briefwechsel mit Fontane ist auch ein
Zeugnis für den Dienst, den Wolfsohn einem höher begabten Schriftsteller in dieser Hinsicht leistete. Die Propagie-
rung der jungen aufblühenden russischen Literatur im
„Herwegh-Klub" war zugleich eine historische Lektion
über die unglaubliche Unterdrückung des Volkes in einem
Staat, der ohnehin von allen freiheitlich und demokratisch
gesinnten Studenten als Knute Europas angesehen wurde.
Die Leiden des Volkes, die Verbiegung der Charaktere, die
Flachheit der Adelsgesellschaft, die großen Sorgen und die
kleinen Freuden der Bauern, die ganze Unmoralität der
Leibeigenschaft waren Themen der neuen russischen Lite-
ratur. Die wirklichen Dichter standen auf der Seite des
Volkes. Für die Übersetzung und Popularisierung ihrer
Werke setzte sich Wolfsohn ein. In den vierziger Jahren
übertrug er den heute nur noch wenig bekannten Nikolaj
Pawlow, der – selbst ein ehemaliger Leibeigener – in seinen Novellen die Hohlheit und den moralischen Tiefstand
des Adels, die Qualen der Leibeigenschaft aus eigenem Er-
leben zu gestalten vermochte. Frauenprobleme sind es, die
Wolfsohn durch seine Übertragungen der Werke Helena
Hahns dem deutschen Publikum nahebrachte. In seiner ge-
druckten Dissertation „Die Schönwissenschaftliche Literatur der Russen" bezog Wolfsohn schon 1842/43 entschieden Stellung gegen den aus Polen gebürtigen „Roman-
skribler" Thaddeus Bulgarin, der „nur die niedrigste Seite
des Lebens aufzufassen versteht", den man aber „dem
deutschen Publikum zu wiederholten Malen vorzuführen
gesucht, während es keinem einfiel, die genialen Werke
eines Gogol u. a. den Deutschen bekanntzumachen. Wie
wenig konnte dies eine richtige Kenntnis der russischen Literatur im Auslande herbeiführen." Seine Empörung über
die Verbreitung der Werke Bulgarins in Deutschland veranlaßte ihn schon 1841, Puschkins Epigramm „An Thaddej
Bulgarin", in dem der große russische Dichter mit Bulgarin
ins Gericht geht und ihm vorwirft, er habe „Rußland durch
die Brüderschaft geschändet", zu übersetzen und zu ver-

öffentlichen. Sympathie und Anerkennung der fortschritt-
lichen Kräfte in Rußland wurden Wolfsohn uneinge-
schränkt zuteil; während seines Aufenthaltes in Petersburg
fand er Eingang in literarische Zirkel und machte u. a. die
Bekanntschaft Belinskis. Mit seinen Übertragungen, Vorträgen und der „Schönwissenschaftlichen Literatur der
Russen" trug Wolfsohn in wesentlichem Maße zur Richtig-
stellung des Bildes von der russischen Literatur in
Deutschland bei – zu einer Zeit, da als glaubwürdig gel-
tende Kritiker wie Maximilian Heine der russischen Literatur jede Originalität absprachen und nur die von Heinrich
König und Nikolaj Melgunow herausgegebenen „Literarischen Bilder aus Rußland" eine erste Wende einzuleiten
suchten. Fontane hatte daher schon in den vierziger und
fünfziger Jahren des vorigen Jahrhunderts Gelegenheit, neben den Altmeistern Dershawin, Karamsin und Shukowski
in Wolfsohns Übersetzungen russische Volkslieder und das
aus dem 12. Jahrhundert stammende „Lied vom Herzog
Igor" kennenzulernen. Von Nikolaj Philippowitsch Pawlow
lagen ihm die Erzählungen „Eine Million", „Der Namenstag", „Der Yatagan" und „Der Maskenball", von Helena
Hahn „Utballa", „Dschellaleddin" und „Zwei Frauen",
von Gogol „Kleinrussische Volksgeschichten", von Herzen
„Wer ist schuld?", ferner Puschkins Gedichte und dessen
Erzählung „Die Kapitänstochter" sowie Odojewskis „Se-
neida" zur Lektüre vor. Fontane erlebte den Prozeß der
Entwicklung der russischen Literatur zur Weltliteratur von
Anfang an mit; für ihn war es nichts Überraschendes, als in
den sechziger Jahren Turgenjew und zum Ausgang des
vorigen Jahrhunderts Tolstoi und Dostojewski den Ruhm
der russischen Literatur in alle Welt trugen. Alle drei Autoren hatte er schon in Wolfsohns „Russischer Revue"
(1862–1865) kennengelernt; von Turgenjew erschienen hier
„Faust", „Der Gasthof", „Väter und Söhne"; von Tolstoi
„Polikuschka" (unter dem Titel: „Paul"); von Dostojewski
Teile aus dem Roman „Arme Leute" und aus den „Aufzeichnungen aus einem Totenhause". Seine gute Kenntnis

der „Russischen Revue" bezeugt Fontane ja im bereits zitierten Brief an Hertz. Mit Turgenjews „Aufzeichnungen
eines Jägers", Kolzows „Russischen Liedern" sowie Gogols
„Revisor" und dessen „Aufzeichnungen eines Wahnsinni-
gen" machte ihn Mitte der fünfziger Jahre der Freund
Wolfsohns, August Viedert, vertraut. So nimmt es nicht
wunder, daß Fontane sich mit der Absicht trug, kritisch gerade über Gogol, Turgenjew und Tolstoi zu schreiben. Eine
solche Absicht konnte – auch wenn sie später nicht ver-
wirklicht wurde – nur bei guter Kenntnis des zu behan-
delnden Gegenstandes gefaßt werden. Fontane war sich seiner besonderen Stellung als Kenner der russischen
Literatur auch durchaus bewußt. In der Manuskript-Fas-
sung der Autobiographie (vgl. S.188) wird das ganz deutlich
ausgesprochen. Schon 1873 hatte er bei Gelegenheit der
Konzeption eines Artikels über Bret Harte notiert: „Die
Frage, ob die Weltliteratur etwas von ihm hat. Vielleicht
auch Parallele mit der ‚Russischen Literatur', die sich auch
auf der europäischen aufbaut und entweder deutsch, eng-
lisch oder französisch, aber au fond doch *viel* eigenartiger,
viel sorgfältiger, künstlerischer, unjournalistischer, ungrün-
derhafter ist." Für Fontane selbst war die Auseinanderset-
zung mit der russischen Literatur, ganz besonders mit Turgenjew, richtunggebend auf dem eigenen Wege zum
Realismus. Der Anteil, den der Jugendfreund Wilhelm
Wolfsohn durch seine Vermittlung daran hat, soll nicht
vergessen sein.

Christa Schultze

Briefwechsel

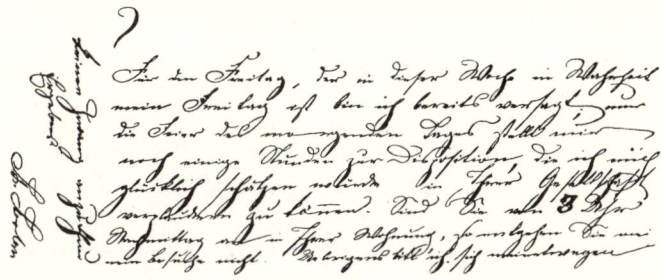

1 FONTANE AN WOLFSOHN

[Leipzig, 16. November? 1841]

Für den Freitag, der in dieser Woche in Wahrheit mein
Freitag ist, bin ich bereits versagt; nur die Feier des mor-
genden Tages stellt mir noch einige Stunden zur Disposi-
tion, die ich mich glücklich schätzen würde, in Ihrer Ge-
sellschaft verplaudern zu können. Sind Sie von 3 Uhr
Nachmittag an in Ihrer Wohnung, so entgehen Sie meinem
Besuche nicht. Übrigens bitt ich, sich meinetwegen keinen
Zwang anzutun.

Ergebenst

Th. Fontan

2 FONTANE AN WOLFSOHN

[Dresden, zwischen 5. und 8. Juli 1842]

Lieber Wolfsohn!

Soeben komme ich von der vielbesprochenen Terrasse, wo ich mich sattsam gelangweilt und – weil es eben nichts Beßres zu tun gab – Deiner in Liebe und Freundschaft gedacht habe.

Ich soll Dir schreiben, Dir Geschichten erzählen, so wunderbar romantisch wie aus „Tausend und einer Nacht", denn ich lebe ja inmitten des poetischen Dresdens, inmitten des Elbflorenz, das einen Baron Lorenz gebar und einen Hofrat Winkler großgezogen. Aber ach, mir fehlt die Poesie, die Scheherezade, die mir die „märchenhafte Zauberwelt" erst wahrhaft erschließt, und solang ich mit Prosa behaftet, o mehr – von ihr durchdrungen bin, werd ich blind sein für die Reize, die Kunst und Natur vereint mir bieten. Du darfst mir jetzt mit Recht zurufen:

„Dein Sinn ist zu, Dein Herz ist tot",

und ich selbst lebe der Hoffnung, erst in Zukunft würdigen zu lernen, was mir die Gegenwart schon beut.

Ach, ich hätte Ursache, so recht überglücklich zu sein, und doch ist meine Seele gedrückt, ich habe so viel, ich habe fast mehr, als wonach Abertausende streben und ringen, und doch empfind ich es, mir fehlt ein Etwas, was weder Kitzel der Eitelkeit noch der Sinne mir zu ersetzen vermag. Oft hab ich mich in meinem Übermut vermessen, wahres Erdenglück von wahrer Liebe unabhängig zu wähnen, und immer wieder werd ich durch ein nicht zu ertötendes Gefühl Lügen gestraft. Diese Leere, die mich so häufig beschleicht, und eben dann mich am ehsten erfüllt, wenn mir die Gegenwart äußere Glücksgüter mit vollen Händen in den Schoß wirft – sie wird nicht eher enden, als bis ich die Unbekannte, die Namenlose gefunden habe, die mich mit Sehnsucht erfüllt, nach der mein Herz in unglücklicher Liebe schmachtet, wenn man mich prosaisch schilt: „schlechter Laune" zu sein. – Werd ich jene Unbe-

Hotel de Saxe am Dresdner Neumarkt
Tuschzeichnung von G. Täubert

kannte, mein zweites Ich, werd ich sie finden? Ich werd es
wähnen und – mich getäuscht sehen. So oft mich ein liebe-
verwandtes Gefühl beschlichen, ward es plötzlich öde und
leer in meiner Seele; die Lippen, die eben noch von begei-
sterten Worten, vom Ausdruck tiefster Empfindung über-
geströmt waren, unterdrückten mühsam ein Gähnen, und
das Bewußtsein, daß alles eitel, wohl gar schal und abge-
schmackt sei, gewann mehr und mehr Leben in mir. – Es
ist traurige Wahrheit, was ich Dir bekenne; wie leicht ist es
möglich, daß die Täuschung statt weniger Stunden monde-
lang währt, daß ich ein Band für das Leben knüpfe und
dann erwachend schmerzlich meinen Irrtum gewahre. –
Doch wozu dies „Bekenntnis einer unschönen Seele", daß
ich ebensogut auf Kamschatka, vielleicht sogar mit größerem Rechte, machen dürfte. Du willst von meinem Briefe,
er soll den Stempel Dresdens, und zwar einen andern als
den des Postamts, tragen; so laß mich denn zu nähergelege-
nen Dingen übergehn. Ich schreibe absichtlich nähergele-
gen und gedenke dabei meiner Nachbarschaft, in der
Du ein gut Teil unsrer deutschen Literatur repräsentiert
siehst. Als Licht erster Größe macht sich der Fürst Pückler
bemerkbar, der hier in Sehnsucht seines Schnelläufers
Mensen Ernst harrt, der im Auftrage seines Herrn die
Quellen des Nil entdecken und eine Wasserprobe mitbringen soll, damit die Tutti Fruttis des Verstorbenen einmal
mit einer neuen Sorte Wasser aufwarten können. Durch
die Abwesenheit seines Lieblings ist die Menagerie fremd-
ländischer Geschöpfe um ein wesentliches Mitglied ver-
mindert worden; er begnügt sich jetzt mit einem Mohren
und einem Russen, da der Pair von England, der eine
Etage höher wohnt, die Galerie von Merkwürdigkeiten –
trotz der vorteilhaftesten Anerbietungen – nicht vermehren will. – Von Braun von Braunthal hab ich einen blon-
den Ziegenbart, von Adolf Bube eine Ballade, von Tieck
aber ein früheres Dienstmädchen gesehn, die etwas sehr
klassisch und durchaus nicht novellistisch war. Wenn ich
diese Glücksumstände erwäge und hinzurechne, daß ich

täglich den „Dresdner Anzeiger" mit ähnlichen Gedichten lese wie z. B.

> Wasser trinkt wohl niemand gern,
> Drum herbei von nah und fern,
> Bier, Bier, Bier,
> Her zu mir! (welch kategorischer Imperativ!)

so begreif ich's kaum, daß ich binnen acht Tagen noch zu keinem Liede begeistert worden bin. Beifolgend noch einige wohlgelungene Verse desselben ehrenwerten Organs, dessen Hauptmitarbeiter hoffentlich mein Freund Milo ist. Leb wohl.

Dein Th. Fontane

3   Hermann Jellinek, Max Müller und Fontane an Wolfsohn

[Leipzig, Ende Juni/Anfang Juli 1843]

Bester Doktor! Mein Unternehmen ist schon abgemacht. Ich rechne auf Sie. Ich werde Ihnen bald ausführlich schreiben. Jellinek.

Mein lieber Wolfsohn! Nur wenige Worte rufe ich Dir entgegen und wünsche Dir ein frohes Leben auf Deinem Wege zur Heimat, wenn auch Dein Körper müde und Dein Herz schwer ist, denke zuweilen an die schöne Vergangenheit, von der Du träumen kannst. Denke auch an Dein männliches Wirken, dem Du entgegengehst, und der lange Weg, so langweilig er ist, wird Dir eine stärkende Ruhe werden. Denke auch zuweilen an vergangene Stunden, wo wir beisammen froh gewesen und schicke uns bald ein Blatt, daß wir sehen, daß Du auch an uns gedacht. – Indem ich Dir viele Grüße von der Mutter sage, verspreche ich Dir bald das Stammbuchblatt zu schicken und bleibe Dein treuer Freund M[ax] M[üller].

Jetzt komm ich! sagt der Hanswurst.

Hinter mir dreschen Müller und Jellinek auf eine entsetzliche Weise; Bruno Bauer ist bereits totgeschlagen, und
Prof. Weiße auf dem besten Wege, durch Jellinek zum
„dummen Jungen" kreiert zu werden – o Himmel, jetzt
kommt Hegel an die Reihe, Gott sei mir und dem toten
Philosophen gnädig. De mortuis et absentibus nil nisi bene
gehört nicht zu Jellineks Lebensmaximen, und alles aus rei-
nem wissenschaftlichen Eifer! – Wie geht es Dir? Die
Schmerzen des Abschieds zu durchfühlen wurde mir durch
die Schmerzen der Zähne unmöglich – sie waren sehr hef-
tig, und kaum weiß ich, was vorzuziehn ist. Verzeihung von
wegen der Malice. Übrigens könnt ich mich mit meiner
Trauer brüsten, wenn ich ein Heuchler wäre; wer wüßt es
denn, ob es dem Freunde oder dem zurückempfangenen
Manuskripte gelte, nur die Brille Gottes ist scharf genug,
durch Rock usw. bis ins Herz zu sehn. Im übrigen könnt
ich auch eine total durchnäßte Nachtjacke vorzeigen und
etwaige Zweifler in ähnlicher Weise wie die Brüder Josephs
den alten Jakob hintergehn; ich glaube – obschon das Naß
nur dem Fliedertee sein Dasein verdankt –, daß es von
einer Tränenflut ebenso schwer zu unterscheiden ist wie
das Blut eines Knäblein von dem eines Böcklein. – Ich
hoffe, Du hast an diesem Gekohle bereits genug. Wenn
zwei Ultra-Hegelianer dreschen, wer kann dabei vernünftiges Zeug schreiben. Auch mußt Du mir meine Kinderein
verzeihn, heut über vier Wochen bin ich ja wieder Schuljunge, und die dürfen sich nicht überreif gebärden.

Jellinek begrüßte mich (in Folge Deiner Bemühungen)
als Dichter. Es war sehr rührend! – „Woher wissen Sie
das?" fragt ich. „Nun, der Dr. Wolfsohn hat ... usw." – „Ah
so!" erwiderte ich, „da kann ich Ihnen ganz genau sagen,
welche Lieder er Ihnen vorgetragen." Darauf steckt ich
eine begeisterte Physiognomie auf, streckte alle zehn Finger
aus, stand dann und wann (bei Deinen Lieblingsstellen)
auf einem Bein und rezitierte Verschiedenes. – Er lachte –
Du hattest ihm *totaliter* dasselbe vorgetragen. Außerdem

sucht ich Deine Manieren nachzuahmen, und wie mir's schien – es gelang. – Nachher kam ich jedoch in die Dinte. – „Wissen Sie auch, daß sich unser Müller in Versen versündigt?" – fragt ich: „erlauben Sie mir", fuhr ich fort, ohne eine Antwort abzuwarten, „daß ich Ihnen eine Probe gebe." Ich trug „Einigkeit" vor und tat so, als wäre es Müllers Produkt, der selbst sehr konsterniert bei der Gelegenheit war. „Oh", meinte Jellinek, „das hat mir der Dr. W. *auch* vorgetragen, er meinte, das hätten *Sie* geschrieben." Da hatten wir die Bescherung; anstandshalber mußt ich mein eigen Kind verschwören und ableugnen und wiederholentlich versichern, daß er im Irrtum sei oder W. unsre Namen zufällig verwechselt habe. – Nimm mir's nicht übel, daß ich Dich heut mit solchen Schnurren heimsuche, aber ich denke, die *Rührung* wird Dir ohnehin nicht fehlen, wozu dieselbe durch sentimentales Gedudele ohne Not vermehren. Auch bin ich heut seit vielen Wochen zum ersten Male wieder gut bei Laune, da ist mir eine Ausgelassenheit zu verzeihn, die ich nachgerade in mir gestorben wähnte. Gott sei Dank, daß sie noch zappelt – aber ach, vielleicht nur noch kurze Zeit.

Mein nächster Brief wird wahrscheinlich ernsterer Art sein. – Die Novelle Puschkins (von D. Sabinin) hab ich gelesen, ich bin entzückt davon und habe sie meiner Tante gegeben, die meine Ansicht darüber teilt. Der Buchhändler, der *die* nicht nimmt, ist ein Esel entre nous soit dit. Empfiehl mich unbekannterweise den Deinen herzlichst.

Dein Th. Fontane

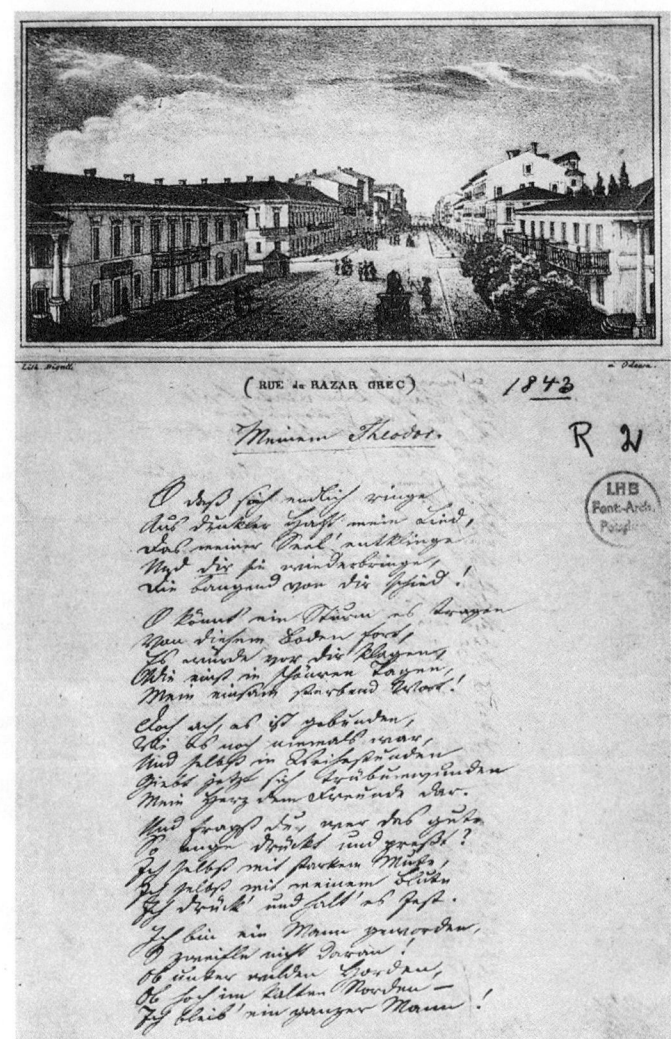

(RUE de BAZAR GREC)   1843

Wilhelm Wolfsohn an Theodor Fontane, Odessa 28./16. Oktober 1843

Odessa,
16/28 October 1843.

W. W.

4 FONTANE AN WOLFSOHN

Letschin, d. 29. Febr. 44

Lieber Wolfsohn! Gott zum Gruß, mein armer, alter
Freund, von dem es mir auch zu heißen scheint, wer für
den Kittel geboren ist, kommt nimmer zum Rock. Indessen
gutes Mutes! solange die Sackpaletots modern sind, spielt
man auch in einem Kittel eine ganz erträgliche Rolle, da
diese beiden Gebilde der Schneiderkunst mindestens Ge-
schwisterkind sind. Wie lebst Du? – welche Frage! Ich
glaube, Dein Lied verstanden zu haben. Soll ich Dich trö-
sten? Das versteh ich viel schlechter als das Schimpfen.
Soll ich Dich zu einem kühnen Entschluß zu begeistern
versuchen? es würde wenig helfen; Du kannst selbst eine
gotische Kirche von einem Backofen unterscheiden und
ißt – ohne meinen Rat – die gebratne Gänsehaut lieber als
eine Schuhsohle. Schlimm ist es, wenn man sich mit Baum-
rinde begnügen *muß*, weil es an Besserem fehlt; ach ja, *muß*
ist eine harte Nuß; indessen das Geringste ist besser als von
sich selbst zehren. Du weißt das aus Erfahrung – Not und
Gram haben einen Magen wie die römische Kirche, sie
sind unersättlich; und zehren grade dann am meisten,
wenn man ohnehin nichts zu verzehren hat als sich selbst.
Ich weiß nicht, ob Du Dich jetzt in einem Silberschacht
befindest, doch glaub ich's kaum, und ist's eben nicht bedeutend, was schlimmsten Falls bei einem kühnen Wagen
eingeschustert wird, so – – – nun, Du verstehst mich wohl;
Louis Fort lebt ja noch und der alte Gott auch noch. Du
bist nicht auf den Kopf gefallen; Deine Sprachkenntnisse
kommen Dir trefflichst zu Statten, und das Unglück hat
den Literaten in Dir nie verfolgt; die russische Literatur ist
nicht überreich, aber ein Werk wie „Finnland und die
Finnländer" wird gewiß alljährlich in Rußland geschrieben
und Hinrichs steht auch noch auf zwei Beinen. Ich kann
und mag mich nicht deutlicher erklären; soviel ist gewiß,
kettet Dich nicht der Magen – so müßtest Du nicht *der*

sein, der Du bist; Dein Geist ist hier und Dein Herz mindestens stückweise. Denk e bissel nach und tu schließlich,
was Du nicht lassen kannst; ein Hundsfott macht's besser,
als er kann.

Glaub übrigens nicht, daß ich's verschmäht habe, auf
Deine Verse in Versen zu erwidern; Du könntest durch dieselben in Fatalitäten verwickelt werden, drum erfolgen sie
nicht anbei; doch schick ich meine versifizierte Erwiderung
auf Deinen Brief gleichzeitig mit diesen Zeilen nach Leipzig, um jene in der „Eleganten" abdrucken zu lassen.
Nimmt sie Laube auf, was er dreist tun darf, da man sie allenfalls lesen kann (Künstlereitelkeit, schöne Sache!), so
wirst Du die eigentlichste und jedenfalls *verständlichste* Beantwortung Deines Briefes in den März, April- oder Mai-
Nummern der „Eleganten" finden. Ich weiß, daß sich diese
mitunter nach Odessa verirrt. „Einem Freunde" lautet die
Überschrift.

Schließlich die kurze Anzeige, daß ich mich wieder der
Giftmischer-Zunft zugesellt habe und vom 1. April ab in
Berlin Pharmazie studiere. Mit mir also war's nichts im Literatentum, der bloße Versuch hat mich bedeutend runter-
gebracht. Adieu, mein guter alter Kerl.

Th. Fontane

Theodor Fontane. 1844
Handschriften aus dem Gedichtmanuskript

An Rußland.

Lasciate ogni speranza voi ch'entrate.

Dante.

5 FONTANE AN WOLFSOHN

[Berlin, Anfang August 1846]

Mein lieber, guter Wolfsohn.

Der an und für sich unerquickliche Umstand, daß ich meine Wohnung verrammelt und keine Menschenseele zu Hause fand, hat mich heut – vielleicht zum ersten Mal in meinem Leben – zu einem guten Commissionair gemacht. Ich empfing Deinen lieben Brief auf dem Stettiner Bahnhof, wo ich mich zu einer Abschieds- und Familienszene (meine Tante wurde entführt, natürlich mit Wissen von Dero Gemahl) eingefunden hatte; – ohne obenerwähnte Hindernisse bei beabsichtigter Besitznahme meines Schlafsofas (in seiner Doppeleigenschaft als Bett und Diwan doppelt anziehend) würd ich die Besorgung Deines Auftrages ein paar Stunden hinausgeschoben haben, so aber trat ich unter unzähligen Verwünschungen und Donnerwettern auf unsre ausgekniffne Köchin von Humanitäts wegen – meine Expedition nach dem Anhaltischen Bahnhof an.

Über das Ergebnis dieser Entdeckungsreise (durch den stillen Ozean der Langenweile, welcher unausgesetzt in der Berliner Wilhelmstraße flutet) – brauch ich Dir nicht zu berichten; Koffer und Reisesack sind in diesem Augenblick hoffentlich schon in Deines Freundes Händen. –

Die für den Notfall beigefügten Pläne und Signalements zur Auffindung des Kneipiers Methfessel haben mich tief gerührt. Da links vom Tore gar keine Straße und mithin auch kein drittes und viertes Haus existiert, Kneipier Methfessel überdies auch keine Zierde des Berliner Wohnungsanzeigers ist, so fiel mir dabei die Anekdote von dem neu engagierten Polizisten ein, der, als er den Schneidergesellen Müller im Bullenwinkel arretieren sollte, den Droschkenkutscher Schulze aus der Paddengasse herbeischleppte und sich viel auf dies sein erstes Debut als Jagdhund zu Gute tat.

Gott sei Dank durften jene Detail-Angaben unbenutzt bleiben.

Nun zu was andrem als Koffer und Schnappsäcke, Methfessels und unerbaute Straßen.

Du schreibst: „Wenn Du deutsche Zeitungen liest, wirst Du von mir gehört haben!" Lieber Junge, verwechselst Du mich vielleicht mit dem Abbate Mezzofanti, der 33 Sprachen spricht, oder bezweifelst Du, daß ich überhaupt Zeitungen lese? Freilich les ich die Tagesblätter, und weil der Knüppel beim Hunde liegt, auch natürlich in gutem Deutsch; hab auch die Berichte darin über Deine Dresdner Vorlesungen gefunden. Onkel sprach auch von Deinem Auftreten in Leipzig; hat das seine Richtigkeit? ich habe sonst noch nichts davon gehört, woran ein mehrwöchentlicher Aufenthalt bei meinen Eltern schuld sein mag. Vielleicht würfelt auch der Onkel bunt durcheinander, es kommt ihm auf eine Hand voll Noten niemals an.

Führe Deinen Plan aus und komm nach Berlin; es wird Dir auch hier nicht fehlschlagen; Du hast in Prutz einen Vorgänger gehabt, der sich allem Lind-Enthusiasmus zum Trotz ein volles Auditorium zu verschaffen wußte. Berlin ist groß und wimmelt zu allen Zeiten von Literaturfreunden beiderlei Geschlechts; dilettierende Lieutenants, Studenten mit erster Liebe und poetischen Frühgeburten, sentimentale Jungfrauen im Schillerstadium und emanzipationssüchtige mit der George Sand auf der Lippe und der Hahn-Hahn in der Tasche – füllen hier bald einen Hörsaal und sollte auch zu gleicher Zeit Corso gefahren, Tschech II. hingerichtet und im Opernhause eine neue Polka getanzt werden. Daß ich Dir ein beßres Publikum als obiges wünsche, liegt am Tage. Für Deine Johannes-Rolle betreffs des Dichter-Messias Theodor Fontane sage ich Dir meinen Dank; sollt ich bei der Gelegenheit ohne alle weiteren Bemühungen zur Unsterblichkeit gelangen, so würde mir das so angenehm sein, daß ich mich zu einem Sonett an C. W. Wolfsohn entschließen könnte. Übrigens bin ich der Meinung, daß Du klug tätest, Dich bei mir einzufin-

den; meine Kneipe steht zu Deiner Disposition. Ich wohne
ziemlich anständig im Hause meines Onkels. Leb wohl.

Dein Th. Fontane

6   Fontane an Wolfsohn

[Berlin, Anfang August 1846]

Als ich gestern Abend von meiner Braut (ich bin jetzt unter andern auch verlobt) nach Hause kam, fand ich Deinen
zweiten Brief; beiliegendes Prachtstück ist daher sehr überflüssig; da ich indes eitel genug bin, mir einzubilden, daß
einige Zeilen von mir immer ein bißchen Wert in Deinen
Augen haben, schick ich Dir diese Depesche oder „Pike-
sche" wie mein ewig wortverdrehender Onkel zu sagen
pflegt.

Dein Theodor

7   Fontane an Wolfsohn

Berlin, d. 10. November 47
Mein lieber alter Freund!

Letschin im Oderbruch, Kirchdorf mit 3500 Seelen (?)
und Residenz zweier dort stationierter Gensdarmen, hängt
durch Vermittelung eines sogenannten Rippenbrechers
von Postwagen nur lose mit der zivilisierten Welt zusammen. Es ist ein zweites Klein-Sibirien; die Lebenszeichen
einer Welt da draußen sind selten, aber – sie kommen
doch vor. – Wenn ich vorhin den Postwagen als die Brücke
bezeichnete, die der verstorbene Staatsminister Nagler zwischen dem Diesseits und Jenseits schlug, so war das zwar
Wahrheit, aber nicht die *ganze* Wahrheit. Der geistige, mithin der bedeutsamere Verkehr wird durch ein altes Weib
unterhalten, das nicht unähnlich der Norne im Scottschen

„Piraten" allsonnabendlich ein Felleisen in die Apotheke wirft und in Nacht und Grauen gespensterhaft verschwindet. Das alte Weib trägt einen geflickten Rock und Schmierstiefel, ihr „guten Abend" klingt wie das Donnerwetter eines Bootsknechts – ihre Reise geht auch nicht durch die Lüfte, sondern knietief durch dicksten Dreck, dennoch erscheint sie allen Hausbewohnern stets wie ein Engel vom Himmel, reizend wie Schillers Mädchen aus der Fremde. Die Stetserwartete, Immergesegnete (was ich nicht auf interessante Leibeszustände zu beziehen bitte) ist die Küstriner Bücherfrau, die allwöchentlich im Dienst ergraute Journale wie altbackenen Kuchen aus ihrem Füllhorn auszuschütten pflegt. Unter diesen glänzt als ein Stern erster Größe die „Europa", dann und wann mit Beiträgen von Carl Wilhelm Wolfsohn. – Ja, mein lieber Freund, vor ungefähr vier Wochen gab mir die von Dir übersetzte russische Novelle den Beweis Deines Daseins und Deiner literarischen Tätigkeit. Als ich bloß Deinen Namen las, trat mir die schöne alte Zeit wieder frisch vor die Seele – Dein bloßer Name wurde mir zur laterna magica oder, um klassischer zu vergleichen, zum Kessel der Hekate, aus dem ein Dutzend lieber Gestalten vor mir aufstieg. Ich wollte gleich schreiben und Dich mit den geistreichen Fragen: wo bist Du? wie tust Du? was willst Du? bestürmen; indes es kam dies und das dazwischen, und ohne einen scheußlichen Schnupfen, der mich heut ans Zimmer fesselt, wären vielleicht noch Monate vergangen, bevor ich meine Absicht von damals ausgeführt hätte.

Indem ich nun den herzlichen Wunsch ausspreche, recht bald von Dir und Deinem Tun zu hören, indem ich ferner bitte, mir soviel wie möglich über die lieben, alten Jungen (Schnupfen-Sentimentalität! ich schreibe sonst nie so) mitzuteilen, mit denen wir oftmals so traulich und heiter zusammen waren, geh ich dazu über, Dir etwas Material zu meiner Biographie zu liefern. Schließe übrigens aus dieser Äußerung nicht, daß ich wie Wallenstein nächstens „einen langen Schlaf zu tun" oder wie Hamlet „in das Land zu reisen" gedenke, von dannen keine Wiederkehr – nein, gegenteils! ich bin mit den Jahren jünger geworden, und die Lebenslust, die eigentlich ein Erbteil der Jugend ist, scheint in mir zu wachsen, je länger der *abgewickelte* Faden wird.

Daß ich verlobt bin, weißt Du. In diesem Faktum liegt noch kein Grund zur Gratulation, wohl aber darin, daß ich mich glücklich fühle in meiner Wahl und meiner Liebe. Du hast das junge Mädchen bei Deinem Hiersein gesehn. Das Hervorstechende ihres Wesens ist, körperlich und geistig, das *Interessante*, sie wird mich auch da zu fesseln wissen, wo mir größere Schönheit, umfassenderes Wissen und selbst tieferes Gefühl auf meinem Lebenswege begegnen sollten. Mit einem Wort, sie ist „liebenswürdig", sie hat jenes unerklärbare Etwas, was allem einen Reiz verleiht; die Schwächen selbst werden so zu Tugenden gestempelt; Unkenntnis gibt sich als herzgewinnende Natürlichkeit; launenhafte Wünsche und Einfälle kleiden sich in das Gewand des Eigentümlichen. – Ich habe in meiner Liebe viele Kämpfe durchgemacht; ich habe (ohne deshalb meine Braut je minder geliebt zu haben) meine Verlobung wie eine Übereilung betrachtet, ich habe mir die Befähigung abgesprochen, je ein Weib glücklich machen zu können, und habe gleichzeitig meinen eignen Untergang als eine Gewißheit vor Augen gesehn; zu dem allen hab ich den Höllensoff brennender, verzweifelnder Eifersucht gekostet, oder richtiger, meine Seele monatelang damit getränkt. Diese Zeiten sind vorüber; unter allen diesen Stürmen hat sich meine Liebe bewährt; ich darf sie als einen geklärten Wein betrachten, der, wenn auch nicht feuriger mit den Jahren wie Rheinwein, doch auch nicht schlechter wie Medoc werden wird. – Um einen passenden Übergang für das Folgende zu finden, muß ich meine obigen Mitteilungen durch das Geständnis ergänzen, daß namentlich der Poet in mir oft blutige Tränen über den verlobten Bräutigam vergoß. Auch diese Mißhelligkeiten sind beigelegt; meine Braut, die sonst in meinen dichterischen Gelüsten nur eine

verhaßte Nebenbuhlerin sah, hat diese plötzlich von Her-
zen lieb gewonnen, und so hoff ich in Zukunft wie der Graf
von Gleichen zu leben, bei welchem Bild ich freilich in
Zweifel gerate, ob ich meine Muse oder meine Braut mit
der feurigen, schwarzäugigen Orientalin vergleichen soll.
Stände meine Braut jetzt hinter mir und guckte über die
Schulter, so wäre eine Maulschelle mein unzweifelhaftes
Los.

Nun aber ein weniges von der Poeterei. In meinem Eifer,
vielleicht darf ich sagen, in meiner Begeisterung – bin ich
der alte; in dem, was ich leiste, hab ich die Leipziger Staffel
hoffentlich weit hinter mir. Es fehlt mir möglicherweise
jetzt die Unbefangenheit und Natürlichkeit, mir der ich damals Schlechtes und Gutes in friedlicher Gemeinschaft
aufs Papier kritzelte, dafür aber hat sich ein gewisses Bewußtsein, eine Kenntnis dessen, worauf es ankommt, eingestellt, die vielleicht keinen besseren Poeten, aber zweifellos
bessere Verse schafft. – Du würdest mich in *dieser* Beziehung sehr verändert finden; ich bin jetzt von meinem *Recht*
durchdrungen, ein Gedicht zu machen; das mag Dir an-
deuten, daß ich ein anderer geworden bin. Du lächelst vielleicht; Du frägst, worauf sich dieses Selbstvertrauen stützt,
und lächelst wieder, wenn ich sage, *das fühlt sich.* Ich
könnte Dir erzählen, daß ich mit dem Cottaschen „Morgenblatt" auf dem besten Fuße stehe, könnte Dir mitteilen,
daß man in mich dringt, meine Sachen zusammenzustellen
und rauszugeben – indessen wiederhol ich Dir, es ist nicht
diese Anerkennung von außen, sondern die tief innere
Überzeugung, daß ich einen Vers schreiben kann, was
mein Fiduzit erweckt. Diese Überzeugung läßt mich ruhig
und bedachtsam handeln; ich laufe mir nicht nur nicht die
Beine ab, um einen Buchhändler zu ergattern, sondern ich
danke sogar für diejenigen, die mir unter der Hand angeboten werden. Was gut ist, bleibt gut, und das andre mag
fallen, wenn es vor der eignen, gereifteren Kritik nicht
mehr bestehen kann. – Das Lyrische hab ich aufgegeben,
ich möchte sagen, blutenden Herzens. Ich liebe eigentlich

nichts so sehr und innig wie ein schönes Lied, und doch ward mir gerade die Gabe für das Lied versagt. Mein Bestes, was ich bis jetzt geschrieben habe, sind Balladen und Charakterzeichnungen historischer Personen; ich habe dadurch eine natürliche Übergangsstufe zum Epos und Drama eingenommen und diesen Sommer bereits ein episches Gedicht in neun (kleinen) Gesängen geschrieben, das hier auf die Berliner Herzen seines Eindrucks nicht verfehlte und Dir vielleicht mit nächstem im „Morgenblatte" zu Gesicht kommen wird, wenn nicht die größere Ausdehnung des Gedichts seine Aufnahme unmöglich macht. Titel: „Von der schönen Rosamunde". – Mit heiligem Eifer würd ich mich unverzüglich an die Gestaltung eines Dramas machen, das bereits im Geiste in mir lebt, wenn ich nicht zwischen heut und drei Wochen wieder hinterm Tische stünde und dem Publikum statt fünffüßiger Jamben Dekokte u. a. m. zu bieten hätte. Es erbaut mich diese Aussicht wenig, aber sie macht mich nicht unglücklich. Ich habe den Wunsch, Poet von Fach zu sein, lange und für alle Zeit begraben. Nach meiner Meinung muß ein Dichter allemal *Dilettant* sein und bleiben; sowie der Fall mit der melkenden Kuh eintritt, ist es mit der Poesie Matthäi am letzten. In zwei Jahren hoff ich selbständig, d. h. Apothekenbesitzer, Gatte und resp. Familienvater zu sein; trotz vieler Sorgen, die von dem Augenblicke an auf mich einstürmen werden, hoff ich doch in meinen Grundfesten unerschüttert zu bleiben und wenn auch langsam, so doch sicher ein Ziel zu erreichen, das sich jedes ernste Streben stecken muß.

Ich wundere mich nicht, wenn diese Sprache Dich stutzig macht; soviel aber hoff ich von Deiner Freundschaft und guten Meinung von mir, daß Du das Vorstehende nicht als die Herzensergießungen eines arroganten Schlingels betrachten wirst.

Betrachte meinen Brief wie die Beichte eines Freundes dem Freunde gegenüber und mache mir die unendliche Freude, ihn recht bald in gleicher Weise beantwortet zu sehn. Was Du über M. Müller, Schauenburg, Kriege, Köhler und andere Kumpane gehört hast, teile mir ausführlichst mit; Müllern verfehlte ich im vorigen Jahr und bin somit ohne alle Nachricht.

Noch eins. Wolltest Du zu meinem lieben Georg Günther gehn und ihm in meinem Namen versichern, daß ich mit unveränderter Liebe und Dankbarkeit an ihm hinge, so würdest Du mir einen rechten Freundschaftsdienst erweisen. Teil ihm aus meinem Briefe mit, was Du für passend hältst. Schreiben an ihn kann ich nicht; einesteils ist *diese* Leidenschaft überhaupt dahin, dann aber zweimal dasselbe, ist fast zuviel verlangt. Was machen die liebenswürdigen Melgunows? Leb wohl.

Dein Th. Fontane

Berlin, Zimmerstr. No. 2, p[er] Adresse Kummer

8   Fontane an Wolfsohn

Berlin, d. 10. 1. 48

Mein lieber Wolfsohn.

Soeben komm ich aus dem Guerraschen Zirkus nach Haus und finde Deinen Cito-Brief, der mir eine große Freude macht und eine größere – Dein Kommen, in Aussicht stellt. So freilich, wie Du Dir das ausmalst, geht es nicht; keiner ist betrübter darüber wie ich selbst. Hast Du denn aus den Leipziger und Dresdner Tagen her ganz vergessen, daß ein konditionierender Giftmischer ähnlich wohnt wie der Salzhering in seiner Tonne?! Mein lieber Wolfsohn, so himmlisch ich es mir denke, mit Dir ein Stück Leben zusammen leben zu können, so unmöglich ist es doch: ich bewohne eine Schandkneipe, einen Hundestall, eine Räuberhöhle mit noch zwei andern deutschen Jünglingen und habe keine freie Verfügung über diese Schlafstelle, die viel vor Erfindung dessen, was man Ge-

schmack, Eleganz und Komfort heißt, vermutlich von
einem Vandalen erbaut wurde.

Dies alles schadet aber gar nichts. Du kommst! das steht
fest. Gib mir Auftrag und Du findest eine anständige Wohnung vor. Hast Du kein Geld, so schadet das wieder nichts,
ich mache mir in diesem Fall ein Vergnügen daraus, den
ganzen Schwamm zu bezahlen. Bist Du reich – nun dann
tant mieux; jedenfalls wirst Du kein Teekessel sein und
mein ehrliches Anerbieten übelnehmen. *Schreiben mußt Du
unbedingt* noch mal. Richte Dich so ein, daß Du am Freitag,
Sonntag oder in nächster Woche am Dienstag usw.
kommst; ich gehe nämlich immer nur einen Tag um den
andern aus. Um Irrtümer zu vermeiden – *Tag* heißt hier
soviel wie *Abend.* – Ich erwarte Dich dann am Bahnhofe,
führe Dich zu meiner Braut, wo Du Tee und überhaupt alles, was zur Leibes Nahrung und Notdurft nötig ist, nebst
freundlichen Gesichtern vorfinden sollst. Eine Wohnung
werd ich alsdann schon in Bereitschaft für Dich haben und
lotse Dich zu passender Stunde in den Hafen und ins Bett.
Schreibe nur ohngefähr, wo Du vorzugsweise zu tun haben
wirst, damit ich demgemäß Deine Wohnung aussuchen
kann. *Ich* kann das freilich nicht, denn ich bin seit sechs
Wochen ein richtiger Sklave, aber meine Braut, die Du im
besten Sinne als mein Faktotum kennenlernen wirst, wird
das nötige besorgen.

Eh ich schließe, nur noch das eine, was übrigens wohl
nach Ton und Haltung dieser Zeilen überflüssig ist: als ich
Dich einlud, mich zu bekneipen, war ich unzweifelhaft ein
freier Mensch in seinen eignen vier Pfählen, jetzt bin ich
nach Börne ein echter Deutscher, ein – Bedienter und
nenne keinen Zollbreit Erde *mein.* Nun leb wohl für heut;
bald einen Brief und dann Dich selbst.

Munter und lustig (und heut außergewöhnlich erfreut)
wie immer

Dein Th. Fontane

9 Fontane an Wolfsohn

Berlin, d. 10ten Novemb. 49
Louisenstraße 12, 3 Treppen

Mein lieber Wolfsohn.

Eben erhalt ich Deine freundlichen Zeilen. − Habe
Dank wegen Deiner Bemühung, mich ins deutsche Publikum einzuschmuggeln. Der hinkende Bote kommt übrigens nach. Ich habe nämlich vor fast drei Wochen an
Schwab nach Stuttgart geschrieben und ihn gebeten, die
Herausgabe meiner Sachen bei Cotta zu vermitteln. Erhalt
ich darauf einen günstigen Bescheid, so bist Du „alter Praktikus" genug, um zu wissen, daß nichts über Cotta geht. −
Auf der andern Seite bin ich ein so gründlicher Pechvogel,
daß ich, nach der Wahrscheinlichkeitsberechnung, von
Schwab gar keine oder eine abweisende Antwort zu gewärti-
gen habe. In diesem Fall möcht ich mir den „alten Dessauer" nicht haben aus der Nase gehen lassen. In Erwägung alles dessen, und mit Bezugnahme auf den
Salomonischen Spruch: „Ein Sperling in der Pfanne ist
besser wie zehn auf dem Dach", ersuch ich Dich, die Herausgabe der in bezug auf Druck und Presse noch ganz
jungfräulichen „Schönen Rosamunde" tapfer zu betreiben,
wenn Du mir ein anständiges Honorar dafür verschaffen kannst.

Ich bin in der trübseligen Lage, diese Bedingung, sogar
unterstrichen, stellen zu müssen, da ich bereits auf dem
Punkt angelangt bin, daß ich mir aus dem Spruche: „Seht
die Lilien auf dem Felde an − und ihr himmlischer Vater
kleidet sie doch", einzig und allein noch Trost schöpfen
kann. Es deutet obiges Bibelzitat nicht etwa bloß auf ein
kleines Zerwürfnis mit meinem Schneider hin, der mir die
fernere Bekleidung verweigert, − an solche Bagatellen ist
man gewöhnt; nein, nein: „des Menschen Sohn hat nichts
mehr, darauf er sein Haupt lege". Es ist alles alle geworden.

Ich bin nämlich seit dem 1. Oktober nicht mehr in Bethanien und lebe seit der Zeit, als bummelnder Freiherr, Louisenstraße 12, 3 Treppen. Die geringe Barschaft ist aufge-

zehrt, der Kredit erschöpft, und ich bin entschlossen, am
1. Dezember wieder unter die *Hand*arbeiter zu gehen. Ich
weiß noch nicht, ob als Apotheker oder als Kutschen-
schlagaufmacher (*allen Ernstes!*) bei der Eisenbahn.

Die Herausgabe meiner Sachen bei Cotta, oder aber, *gegen Honorar,* der „Rosamunden"-Abdruck in Dessau, würde
mich meinen gefaßten Plan vorläufig wieder aufgeben lassen, woraus Du vielleicht einen neuen Antrieb schöpfst,
auf einige Achtgroschenstücke zu bestehen.

Ist der Dessauer, trotz seiner freien Verfassung und der
anderthalbjährigen Segnungen des Ministeriums Habicht,
in der Kultur dennoch so weit zurück, *nichts zahlen* zu wollen, so laß ihn abfallen und sag ihm in meinem Namen: „er
möchte dann sehn, wie er fertig wird".

Jedenfalls erwart ich, von Dresden aus, einige Zeilen
hierauf; so wie denn, wenn überhaupt aus der Geschichte
noch was würde, eine nachträgliche Durchsicht des Gedichts von meiner Seite unerläßlich, eine kleine Widmung
aber mindestens passend wäre.

Dir wünsch ich in Dresden gute Tage und gute Geschäfte. Müller (der Londoner) war gestern bei mir; ich
habe mich sehr darüber gefreut.

Lebe wohl, unter allen Umständen meinen Dank,

Dein Th. Fontane

Trotz der verdrehten Abfassung des Briefes ist es mir doch
mit allem darin durchaus Ernst; doppelt und dreifach aber
mit der verdeubelten Geldgeschichte.

Meine Braut ist schon seit Wochen in Schlesien; es geht
ihr gut! Wenn – was freilich unwahrscheinlich ist – mein
freier Aufenthalt hier in Berlin sich über den 1. Dezember
ausdehnt, so wohnst Du später natürlich bei mir.

Dein Th. F.

10 WOLFSOHN AN FONTANE

Dresden, 13. November 1849

Mein teurer Freund.

Du weißt zu gut, wie sehr ich Dich liebe, als daß ich Dir zu sagen brauchte, welchen Eindruck Dein Brief auf mich gemacht. Ich habe gleich Schritte getan, Dich aus dieser fatalen Lage herauszureißen, Dir wenigstens die Mittel dazu an die Hand zu geben. Ich bitte Dich, fasse nur nicht gleich verzweifelte Entschlüsse und gib Deinen Plan nicht bloß *vorläufig*, sondern ein für alle Mal auf.

Die „Dresdener Zeitung", ein demokratisches Blatt, braucht einen Korrespondenten in Berlin. Du sollst „hochwillkommen" sein. Du wirst jedem andern vorgezogen. Das Honorar ist bei der „Dr[esdener] Z[eitung]" freilich ein sehr geringes (12 Tl. für den Bogen) − es kann aber gelegentlich erhöht werden, und Du brauchst Dir's ja auch gar nicht sauer zu machen; Du schreibst frischweg. Auch den Ton, den dieses radikale Blatt zuweilen anstimmt und der Dir gewiß so wenig zusagen wird wie mir, brauchst Du keineswegs anzunehmen; schreibe wie die Leute in der „Nationalzeitung", wo die Demokratie sich auch entschieden, aber anständig äußert. Für Aufsätze nichtpolitischen Inhaltes aus Deiner Feder finde ich anderweitig Platz, und keine Zeile sollst Du *umsonst* schreiben. Ich werde Dich mit Brockhaus und Wigand (mit dem ich trotz der alten Hundegeschichte jetzt auf dem besten Fuß stehe) in Verbindung bringen, und das sehr bald. Die „Dresdener Z[eitung]" schlage ich nur einstweilen vor, weil Du da *gleich* anfangen kannst und sich außerdem dabei manche augenblickliche Vorteile bieten, wie z. B. im Notfall Vorschüsse, schleunige Honorarzahlungen u. dgl., was ich alles hier leichter für Dich veranlassen kann.

Schicke also, wenn Du meinen Vorschlag genehmigst, Deine Artikel ohne weiteres an die Redaktion der „Dresdener Zeitung". Ich habe bereits alles eingeleitet, so daß Du kein Wort weiter zu verlieren brauchst.

Jetzt zur „Schönen Rosamunde". Seit dieses Gedicht in meinen Händen ist, habe ich viele Leute dafür zu interessieren gewußt, und jeden Augenblick war ich darauf bedacht, es unter den günstigsten Umständen ans Licht zu fördern. Du wirst mir daher glauben, daß ich mich nicht übereilt und daß das, was ich *endlich* tat, das einzige war, das *beste*, was sich tun ließ. Du mußt wissen, daß Gedichte jetzt von keinem Buchhändler verlegt werden, wenn nicht der Name des Dichters ein sehr berühmter ist; und auch in *dem* Falle machen sie jetzt keine guten Geschäfte. Das wissen sie und haben deshalb eine ordentliche Scheu vor Versen. Ich kann Dir versichern, daß bereits *honorierte* Gedichtsammlungen seit anderthalb Jahren im M[anuskri]pt bei *reichen* Buchhändlern liegen, die sich noch immer nicht entschließen können, die Druckkosten daran zu wenden. Otto Wigand war nur mit außerordentlicher Mühe zu bewegen, für ein größeres Gedicht von *brennend politischem* Inhalt, das in den weitesten Kreisen Teilnahme zu erwarten hatte, ein Honorar von 20 Rtr. zu zahlen. Sonach blieb mir für Deine „Rosamunde" nicht einmal die Aussicht, daß ein Buchhändler sie „honorarfrei" annehme.

Endlich ließ sich der *junge* (nicht „alte") Dessauer, der Buchhändler M. Katz, der auf mein Urteil sehr viel gibt, von mir nicht nur zum Verlag des Gedichtes bestimmen, sondern er entschloß sich zu einer kostspieligen Ausstattung (sie soll, wie gesagt, eine wahrhaft prachtvolle werden) und zu − drei Louisd'or Honorar für die erste Auflage. Für die zweite kannst Du 100, oder soviel Du willst, verlangen: entweder er zahlt oder er verliert das fernere Eigentumsrecht, und Du kannst dann über Dein Gedicht nach Gutdünken verfügen. Das habe ich kontraktlich festgestellt. Nun ist es wahr − 3 L[ouis]dor sind ein Lumpenhonorar, aber doch besser als *nichts*, und ein anderer Verleger hätte sich im günstigsten Falle nur dann finden lassen, wenn auf alles Honorar Verzicht geleistet würde. Und gedruckt mußte das Gedicht doch einmal werden: es *mußte* endlich ins Leben. − Da schloß ich denn mit Hrn. Katz die Sache

förmlich ab: Dich setzte ich davon nicht in Kenntnis, weil
ich zu fest überzeugt war, daß ich ganz in Deinem Interesse
handelte und mich um die Freude der Überraschung nicht
bringen wollte. Ich malte mir's zu hübsch aus, wie ich gegen Weihnachten zu Dir käme, Dir mit feierlicher Miene
ein prächtig Büchlein überreichte usw. usw. Herr Katz ging
darauf ein (Du siehst, daß er kein strenger Geschäfts-
mensch ist; sonst hätte er unbedingt eine Vollmacht von
Dir verlangt), das M[anuskri]pt kam in eine Dresdener
Druckerei, das Papier ist schon gekauft, sogar die buchhändlerische Ankündigung schon gedruckt; nur der Zufall,
daß ein Leipziger Buchhändler Hrn. Katz sagte, er glaube,
ein Gedicht „von der schönen Rosamunde" schon
irgendwo gelesen zu haben, veranlaßte zu der nachträglichen Anfrage bei Dir. Nun weiß Hr. Katz einmal, daß Dein
Gedicht noch nicht gedruckt ist, und trittst Du jetzt aus
Honorarrücksichten zurück, so bringst Du mich in ernste
Verlegenheit, ja, bereitest mir große Unannehmlichkeiten, während Dir damit nicht im entferntesten geholfen
ist. Daß Du zu wenig Honorar bekommst, das bedachte
ich, noch ehe ich von Deiner gegenwärtigen Lage nur eine
Ahnung hatte, und faßte deshalb den Entschluß, Dich in
anderer, und zwar folgender Weise schadlos zu halten. Ich
veranstalte hier eine literar. Soirée, wobei u. a. nach einigen
von mir vorangeschickten Worten Emil Devrient (mit dem
ich bekannt bin und der aus mancherlei Gründen mir das
zuliebe tut) Dein Gedicht vortragen soll. Den Gesamt-
ertrag dieser Soirée, nach Abzug der Kosten, stelle ich Dir
zu.

Ich rechne bestimmt darauf, daß Du mir diesmal nach-
gibst. Schicke also ungesäumt einige Zeilen an „Hr. Moritz
Katz in Leipzig, p[e]r Adr[esse] des Herrn Buchhändlers
Heinrich Matthes", worin Du ihm erklärst, daß Du mit
meinen Bedingungen einverstanden und mich ermächtigt
hättest, die Sache für Dich abzumachen. Am selben Tage,
an welchem Hr. Katz Deinen Brief erhält, wird er Dir drei
Louisd'or nach Berlin schicken. Gib ihm deshalb Deine

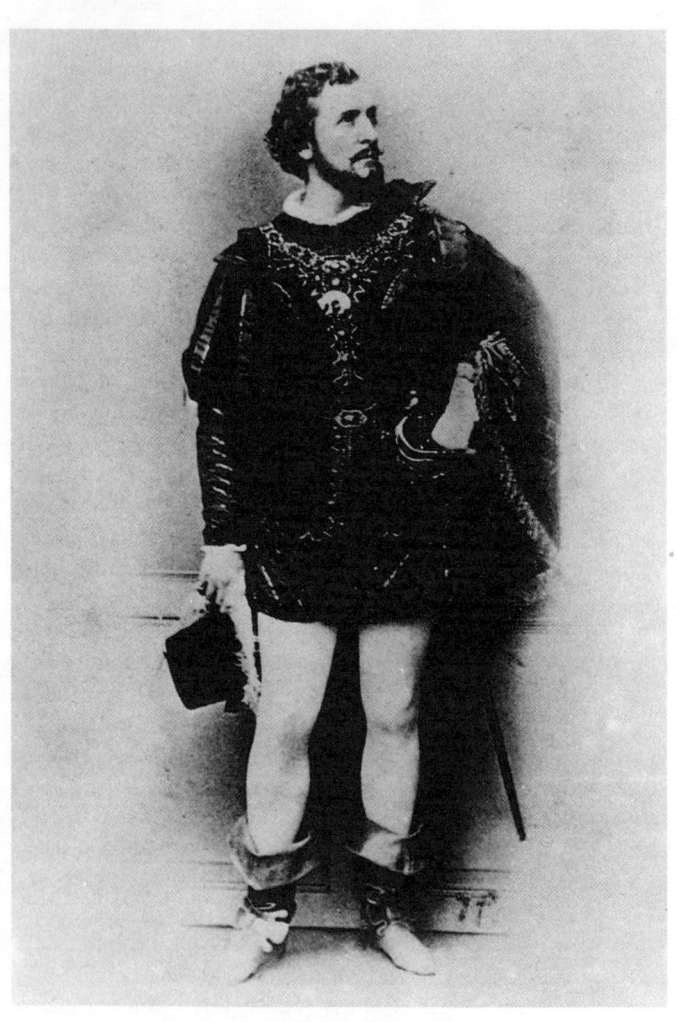

Emil Devrient (1803–1872)
Im Kostüm des Egmont

Adr[esse] an, und mich benachrichtige gleichzeitig, daß Du ihm geschrieben.

Du sprichst von einer *nachträglichen* Durchsicht des Gedichtes. Änderungen im Text kannst Du wohl nicht meinen, da Du in dem Falle nur das revidierte M[anuskri]pt herzusenden hättest (eine Abschrift besitzest Du doch ohne Zweifel!). Was aber den Druck betrifft, so sei ganz außer Sorge; die Korrektur geht durch meine Hand, und ich stehe für vollkommene Korrektheit. Gleich nach dem Erscheinen des Gedichtes bringe ich einen Aufsatz darüber in der Augsb[urger] „A[llgemeinen] Z[eitung]".

Armer Freund! Hätte ich nur irgend geahnt, daß es Dir so geht, ich hätte auch meine kleine Schuld längst getilgt. Du wirst mich nicht verkannt und Dir jedenfalls gedacht haben, ohne daß ich mich gegen Dich aussprach, wie unsäglich, wie unendlich schwer ich zu tragen hatte. Ich glaubte Dich leichter, und darum wartete ich auf einen Augenblick, wo ich etwas freier aufatmen könnte. Nun ist's freilich anders, und von dem ersten Geld, das ich dieser Tage einnehme, mache ich's ab.

Ich muß bald, recht bald zu Dir. Halte alles bereit, was die Liebe Heilendes und Wohltuendes hat, damit ich bei Dir Erleichterung und Erquickung finde. Ich suche Dich auf mit einem gequälten Herzen, das aus tiefen neuen Wunden blutet. Zwar – ich klage nicht mehr, ich zage nicht mehr: aber weh tat's doch, und Gott weiß es, welche Anstrengung es mir kostet, meinen Schmerz zu verwinden.

Leb wohl, Theodor!

Dein W. Wolfsohn

Schreibe mir hierher poste restante.

Grüße Max Müller und alle, die Du liebhast.

Du tust mir einen großen Gefallen, wenn Du inl. Brief an Frau von Melgunow ihr zustellst, womöglich selbst übergibst. Sie ist erst seit ein paar Tagen in Berlin; ich weiß nicht, wo sie wohnt, Du erfährst's aber von einem Herrn Assessor Riem, Sparwaldsbrücke No. 1.

11   FONTANE AN WOLFSOHN

Berlin, den 15. [November] 49
Louisenstraße 12, 3 Treppen

Mein lieber Wolfsohn.

Dein Brief hat mich recht erquickt. Ich habe stets gewußt, daß Du's gut mit mir meinst, aber mich so mit Anerbietungen, Aussichten und Empfehlungen zu beregnen, ist
fast zuviel. Übrigens scheinst Du Dir ein falsches Bild von
meiner Lage zu machen; ich habe keine Zukunft; – *sicherge-
stellt* auch nicht einmal eine *allernächste*, aber den bitteren
Kelch der Entbehrung (es drängt sich mir eben auf, daß
dieses alte abgedroschene Bild von einem *pauvren* Menschen nicht gebraucht werden darf: wer Entbehrungen
trinkt, hat seine Kelche längst versetzt; Entbehrungen
schlürft man am Brunnen aus der Hand oder aus einem
abgeschabten Filzhut) hab ich noch nicht gekostet. Namentlich würden die Dir vor Zeiten gepumpten Achtgroschenstücke den Kohl nicht fett gemacht haben. Beruhige
Dich also.

Nun zu den Einzelheiten Deines Briefes, den ich mich
mühen will, möglichst präzis zu beantworten.

1) Den Posten bei der „Dresdner Zeitung" nehm ich an.
Das Machen in Politik ist zwar eigentlich nicht mein Fall,
und die Summe, die's abwirft, ist gering, indes es ist doch
was. Topp, es sei. Einliegend mein erster Artikel, den ich
Dich erstens sofort abzugeben, dann zweitens mir gegenüber in Deinem nächsten Briefe mit 3 Worten zu kritisieren bitte. Ich habe absichtlich so ganz leichthin geschrieben, eine Zeitung wird ja auch leichthin gelesen. Dann
frage, ob ich nicht statt meines Namens ein Zeichen oder
einen Buchstaben drunter oder drüber setzen kann, es
kann ja dann gleichzeitig die Ziffer sein, unter der die Artikel in der Zeitung selbst erscheinen. – Ich bitte Dich sehr,
auf dies alles einzugehen und mir auch zu schreiben, ob
ich – wenn ich nach vier Wochen mal Geld fordre – mit
Bestimmtheit auf schnelle Einsendung rechnen darf. Ich

bin übrigens der Meinung, daß ich mitunter, wenn die Sache selber mich erwärmt, einen *guten* Artikel schreiben
werde, der sein Geld verdient. − Lies also den heutigen,
siegle dann zu und gib ihn zur Post oder besser, wenn Du
die Leute kennst, überbringe diesen *ersten.*

2) Zur Melgunow, die mich gestern durch Riem auffordern ließ, doch wieder bei ihr zu erscheinen, geh ich noch
heut Mittag und gebe also Deinen Brief in Person ab.

3) Sollte Deine Soirée durch E. Devrients Vortrag der
„Rosamunde" was Reelles abwerfen, so verfahre dabei
nicht zu nobel und vergesse Deine Angelegenheiten nicht
über die meinigen. Dennoch gesteh ich Dir gern, daß eine
kleine Summe (eine große auch) mir sehr erwünscht kommen würde. Ich habe viele Schulden und, wenn alles
glückt, gar noch eine kleine Reise vor.

4) Was den Druck der „Rosamunde" angeht, so unter-
schreib ich Zeile für Zeile, was Du darüber gesagt hast.
„3 Louisd'or ist ein Quark, aber die Buchhändler graulen
sich einmal vor Versen, und dann ist es doch besser wie gar
nichts"; alles vollkommen richtig. Die Hauptsache aber
bleibt die, daß er mir eine zweite Auflage entweder anständig bezahlt oder die freie Verfügung über mein Gedicht
einbüßt. Dies ist das, was mich so recht befriedigt und
mich erst zur Freude über eine Überraschung veranlaßt,
die mir im ersten Augenblick einem Schreck täuschend
ähnlich sah. Die Korrektur willst Du also besorgen, ich beschwöre Dich, sei so gewissenhaft, wie's Deine Liebe zu mir
und zu dem Gedichte mich erwarten läßt; nichts gräßli-
cher, wie in einer Sache, die man liebhat, blühendem Un-
sinn zu begegnen. Morgen früh werd ich das Gedicht noch
mal durchsehn; ich bin selber der Meinung, daß ich blitzwenig zum Ändern finden werde; *aber ohne eine Widmung
geht es nicht*; ich möchte es sehr, sehr gern meiner Braut dedizieren, die übrigens von der ganzen Geschichte vorher
nichts erfahren soll. − Gleichzeitig mit diesen Zeilen an
Dich geb ich einen Brief an Katz auf die Post; verdeubelter
Name! na, schadt nichts. − Die Ankündigung des Gedichts

ist doch wohl fast zu stark im Napoleonischen Bulletin-Stil!
mehre meiner Freunde hier, auch Dr. Müller, der Dich
schönstens grüßt, lassen Dich im voraus bitten, es nicht zu
gut mit mir zu meinen, namentlich nicht beim Kritisieren
in der Augsburger „Allgemeinen". Nimm die Worte nicht
übel; na, Du wirst das schon besorgen. – Schreibe mir über
Dein *Kommen*; mein *Willkommen* soll Dir nicht fehlen.

Der „Rosamunden"-Druck – und wenn Du auch noch
so ungern Briefe schreibst – muß uns in den nächsten Wochen in eine kleine Korrespondenz verwickeln; da kann ich
Dir schon mal nicht helfen; schreibe mir recht bald über
alle Punkte und Fragen, auch namentlich über das Wid-
mungsgedicht an meine Braut. Ich möchte nicht gern
schon vorher damit anfangen.

Dein Th. F.

Willst Du mir nicht mal den Kontrakt schicken?! oder wenigstens eine Abschrift.

12   FONTANE AN WOLFSOHN

Berlin, d. 24. Nov. 49

Mein lieber Wolfsohn!

Warum läßt Du denn gar nichts von Dir hören? Tagtäglich erwarte ich einen Brief von Dir; Du weißt es am besten – umsonst.

Von der Redaktion der „Dresdner Zeitung" hab ich
einige Zeilen erhalten; ich bin Dir für die Verbindung mit
derselben sehr dankbar; es ist doch was.

Du erhältst diese Zeilen durch den Buchdrucker Römpler, dem ich – autorisiert durch Katz – mit diesem Briefe
an Dich gleichzeitig eine „Zueignung" schicke, die der
„Rosamunde" vorgedruckt werden soll.

Nimm Dich auch dieser Waise an und sorge dafür, daß
sie äußerlich anständig, i. e. ohne Druckfehler, in die Welt
geschickt wird.

Hier haben jene vier Strophen einem kleinen Kreis gefallen; ich wünsche innig, daß Du sie, der Du in Liebesge-
dichten kompetent bist, nicht mißbilligen mögest. Ich
denke mir, meine Braut, die von der ganzen Sache keine
Ahnung hat, soll sich drüber freuen.

Ich rechne recht bald auf ein paar Zeilen von Dir;
schreibe darin auch über Dein Kommen.

Leb wohl! Dein

Th. Fontane

Ich entsinne mich, daß Dir früher die Schlußzeile

„Der Schmerz um dieses Leben"

mißfiel oder doch zweideutig erschien. Was meinst Du zu
der Verbesserung

„Der Schmerz um alles Leben".

Ist es eine Verbesserung?!

Th. F.

13   FONTANE AN WOLFSOHN

Berlin, d. 11ten Dezemb. 49

Mein lieber Wolfsohn.

Ist es nicht, als ob ich an einer Dinten-Diarrhöe litte?
Schon wieder ein Brief, und heute auf reputierlichem Papier.

Ich habe nach mehreren Seiten hin meine Not zu klagen.

Eben erhalt ich einen sehr freundlichen, anerkennenden
Brief von der „Dresdner Zeitung", der mir trotz alledem erklärt, daß mein letzter Artikel, „Preußen – ein Militär-
oder Polizeistaat?", wegen der durchgehenden altpreußi-
schen Gesinnung nicht habe abgedruckt werden können.
Ich wundre mich über diese Erklärung gar nicht, – sie ist
ganz in der Ordnung; aber es geht daraus hervor, daß ich
für jene Zeitung nicht schreiben kann, wenn gerade das,

was mich am meisten erwärmt und erhebt, von ihr verwor-
fen werden muß. Ich bin nun mal Preuße und freue mich,
es zu sein. Wär es denkbar, daß sich aus Lippe-Schaum-
burg oder aus Hohenzollern-Hechingen ein großes, einiges
Deutschland bilden könne und wolle, so würd ich preußische Regierung und preußisches Volk verachten, wenn es
auch nur einen Augenblick anstünde, sich der Hoheit und
Herrlichkeit des Gesamt-Vaterlandes zum Opfer zu bringen. Unseren par-force-Demokraten zu Gefallen aber mein
Vaterland zu schmähen und zu verkleinern, bloß um nachher eine vollständige Schweinewirtschaft und in dem repu-
blikanischen Flicken-Lappen, Deutschland genannt, noch
lange nicht soviel *deutsche* Kraft und Tüchtigkeit zu haben
wie jetzt in dem alleinigen Preußen, – um diese Herrlichkeit zu erzielen, mag und werde ich Preußen nicht in den
Dreck treten. – Mein Gehen mit der „Dresdner Zeitung"
kann daher nur ein flüchtiges sein. Die Gegenwart bietet
des Traurigen genug: ich werde Gelegenheit haben, nach
wie vor auf die Polizei zu schimpfen und den augenblick-
lichen Kammer-Jammer zu bejammern. Aber die Entrü-
stung über *unpreußische* Handelsweise der jetzigen preußischen Machthaber wird nie so weit gehn, daß ich das Kind
mit dem Bade ausschütte und wohl gar Land und Volk
schmähe, aus *Liebe* zu dem ich überhaupt nur in Entrü-
stung geraten konnte.

Wenn Du Leute jener Zeitung zufällig sehn solltest, wär
es mir lieb, Du machtest ihnen Mitteilungen. Nächstens
schreib ich übrigens selbst. – Kannst Du erfahren, ob ich
bei einem Gesuch um Geld gleich etwas erhalten würde?
Ich brauche es zur Reise unerläßlich.

Von Katz noch keine Exemplare. An die Waldeck-Arbeit hab ich nicht den Mut, mich heranzumachen, weil es
Wochen kostet und so unsicher ist. Erst wenn ich von
einem Buchhändler oder Redakteur die bestimmteste Zusi-
cherung hätte, würd ich mit Lust und Liebe arbeiten können. Schreibe mir recht bald darüber. Aber nur *Bestimmtes*
frommt mir. – In Politik würde ich sehr gern weiterma-

chen, aber ich müßte schreiben können, wie mir der Schna-
bel gewachsen ist, drum brauch ich *preußische* Zeitungen.
Leb wohl, laß hören!

Dein Th. Fontane

14   FONTANE AN WOLFSOHN

[Berlin, 15. Dezember 1849]
Mein lieber Wolfsohn.

Es ist mir geradezu *unmöglich,* am Dienstag bei Dir zu
sein. Bedenke, daß ich von Dresden aus gleich nach Liegnitz will und daß somit eine Unmasse von Dingen vorher
noch zu erledigen ist.

Katz trägt die Schuld. Hätt ich schon Exemplare in der
Hand und könnte die Verschickung morgen stattfinden
lassen, so ginge es allenfalls.

Aber auch die Feldherrnlieder, die ich eben korrigiert
habe, halten mich hier fest. Ich *muß* ihr Erscheinen abwarten: einmal weil ich Dir Exemplare mitbringen will, vor allem aber, weil ich *vor* öffentlichem Verkauf des Dinges dem
Grafen Schwerin meine Huldigung auf die Hühneraugen
legen möchte.

Ich beschwöre Dich, Katzen zu veranlassen, daß er mir
die gewünschte Zahl von Exemplaren, *warm wie sie aus dem
Ofen kommen,* (allenfalls durch einen besondern Orden an
den Papp- und Kleisterkünstler), sofort zugehen läßt, damit ich sie spätestens *Mittwoch Mittag* habe; bitte betreibe
das; Du kriegst mich sonst vor dem Fest gar nicht mehr zu
sehen (ich schreibe wie eine drohende Kokette an ihren
Liebhaber!), da ich spätestens am 23. in Liegnitz sein will.

Hab ich die Sachen am Mittwoch, so darfst Du mich am
20. erwarten; der 21. ist aber fast sichrer.

Ich frankiere diesen Brief nicht, weil ich nicht Gelegenheit habe, ihn zur *Post* zu geben. Revanchiere Dich, sobald Du schreibst. Auf Wiedersehen! Ist Dir, da ich nur
1 1/2 Tage bleiben kann, mein Kommen nach Neujahr lie-

ber, so laß es mich umgehend wissen, ich besuche Dich
dann auf der Rückreise. Spare aber die expressen Boten;
sie kosten jedesmal 2 1/2 Sgr.; der Vorteil ist eine halbe
Stunde.

Dein Th. Fontane

15   Fontane an Wolfsohn

Letschin, Mittwoch, d. 9. Januar 50

Mein lieber Dr. C. W. Wolfsohn.

Du bist wohl schon an mir verzweifelt? Rufe Dir indessen ins Gedächtnis zurück, daß ich nach vierteljähriger
Trennung in die Arme meiner Braut eilte, denke ferner daran, daß es schon in Dresden mit meinen Kassenbeständen
schlecht aussah, so wird Dir mein langes Schweigen erklär-
lich sein. Ich schrieb nicht, weil ich einmal keine Zeit und
zweitens kein Geld hatte.

Hier in Letschin hab ich die Kavernen meines schwind-
süchtigen Porte-Monnaies halbwege wieder geheilt und die
erste Tat des Rekonvaleszenten ist die Übermachung von
5 Talern, die Du die Güte haben magst, Gustav Adolph II.,
genannt Kindermann, mit meinem Dank und den üblichen
Redensarten einzuhändigen.

Das Bild bitte ich Dich, mir erst nach Berlin zu schik-
ken; nur wenn es dort ähnlich gefunden wird, will ich es
meiner Braut zustellen.

Nun einige Worte über die „Rosamunde". Eine Ware,
die nicht feilgeboten wird, findet keinen Käufer; wenn
Katz über das „Dresdner Tageblatt" oder – wohl gar über
die „Dresdner Zeitung" mit seinen Ankündigungen nicht
hinausgehen will, so versprech ich ihm schwache Erfolge.
Einige Annoncen in den Berliner Zeitungen sind unerläßlich, nur will ich ihm allenfalls zugestehen, daß es – da das
Fest mal vorbei ist – nun geraten sein möge, die Kritiken

vorher abzuwarten. Für solche werd ich rechtschaffen sorgen, sobald ich wieder in Berlin bin. Dich bitt ich hiermit, Deine kritische Feder baldmöglichst hervorzusuchen und der Augsburger „Allgemeinen" Deinen Trompetenstoß zugehen zu lassen. Wenn Du diese Zeilen beantwortest, so schreibe mir ja, ob in irgendwelchen sächsischen Blättern eine Besprechung bereits erfolgt ist, vergiß auch nicht über das Sein oder Nichtsein der vielbesprochenen Soirée mich zu unterrichten. Der „Dresdner Zeitung" werd ich in den nächsten Tagen wieder eine Artikel-Reihenfolge zustellen; ich setze voraus, daß die Redaktion damit einverstanden ist.

Von der „Rosamunde" brauche ich noch viele Exemplare. Kannst Du vielleicht bei Katz anfragen, ob ich gegen gleich bare Zahlung die Büchelchen unter denselben Bedingungen wie die Buchhändler erhalten würde?

Von G. Schwab hab ich (nach Liegnitz aus Berlin mir nachgeschickt) einen *sehr* liebenswürdigen Brief erhalten. Cotta ist seit Oktober in Wien und noch nicht nach Stuttgart zurückgekehrt. Wenn diese Rückkehr erfolgt, ist mir seine (Schwabs) Empfehlung gewiß. Ich knüpfe hieran die Möglichkeit einer Herausgabe meiner „Lieder und Balladen" bei Cotta.

Wie steht's mit Deinem Kommen nach Berlin? Schreibe mir darüber; Du ziehst dann in meine Nähe, es kann ganz gemütlich und fruchtbringend werden. Nur müssen wir uns vorher das Wort geben, nach Kräften arbeiten und das Bummeln beschränken zu wollen.

Die Schlußzeilen werd ich in Berlin schreiben; ich hoffe, da noch allerhand zu erfahren.

Sonnabend. Berlin, [12. Januar 1850]

Seit gestern Abend bin ich wieder hier. In meiner Abwesenheit ist von Seiten der literarischen Freunde mannigfache Nachfrage nach mir gewesen; im Ganzen aber ist weniger geschehen, als ich erwartete.

Das Feuilleton der „National-Zeitung" hat vorgestern die „Rosamunde" besprochen, hat mich und das Gedicht gelobt, aber *solche* Kritik ist, wie wenn einer ausspuckt. Eine derartige Rezension hat kaum den Wert einer simplen Anzeige, die gemeinhin größer und mit Fettschrift gedruckt wird.

Von ungefähr hab ich erfahren, daß in der „Illustrierten"- sowie in der „Moden-Zeitung" wenigstens Annoncen aufgetaucht sind; dann werden auch die Besprechungen nicht lange ausbleiben; liest Du was *Gescheites,* so bitt ich Dich nochmals: schick es mir.

Bei meiner Braut hab ich sehr schöne Tage verlebt; ich bin um eine liebe Rückerinnerung reicher. Sie dankt Dir für Dein freundliches Geschenk aufs herzlichste und wird Dir sehr bald einige Zeilen durch mich zustellen, worin sie das ausspricht. Empfiehl mich der Frau von Tettau, dem Professor Peters, auch, wenn Du's passend findest, Emil Devrient. M. Katz grüße freundlichst; sag ihm, die „Rosamunde" ginge gut; mehrere Buchhändler (Schneider, Schröder usw.) hätten gleich anfangs ihre Exemplare verkauft.

Dein Theodor

16   Emilie Rouanet-Kummer an Wolfsohn

Letschin, d. 14.4.50

Lieber Wolfsohn.

Diese Zeilen sollten schon vor einem Vierteljahr in Ihren Händen sein, und mögen Sie mich für recht undankbar halten; aber mich beherrscht oft Unlust und Unvermögen zum Schreiben, daß mir kaum ein Brief an meinen Theo gelingt. Sie sehen, lieber Freund, ich bin aufrichtig. Ich danke Ihrer Güte viel; Ihr sinniges Geschenk hat mich erfreut, und gerade dies Schauspiel ist eins meiner Lieblinge und gewährt mir es Genuß, es selbst zu besitzen, da ich mich von Zeit zu Zeit daran ergötze; solch Kunstwerk mit einem Male zu lesen und zu fassen, fehlt mir die geistige Kraft, aber nach und nach bekomme ich ein klares Bild

und genieße die einzelnen Schönheiten mit Bedacht. Theodors Portrait und den Druck seiner „Rosamunde" habe ich
mit Freudentränen empfangen und innig Ihnen gedankt,
der Sie diesen ersten Schritt in die Öffentlichkeit geleitet
haben. Die Tage in Dresden waren Theo sehr angenehm
und haben wir gemeinschaftlich in der Weihnachtszeit in
der Erinnerung sie durchlebt und Ihrer mit inniger
Freundschaft gedacht. Seit Ostern bin ich in Letschin;
Theo war einige Tage hier. Leider geht es ihm nicht gut in
Berlin, all seine Pläne und Hoffnungen scheitern, und
doch schreitet er mutig vorwärts und trägt ergebener sein
Schicksal wie ich. Ich, lieber Wolfsohn, würde williger und
leichter in das Unvermeidliche mich fügen, wenn ich
irgend für das Wohl meines über alles Geliebten etwas leisten könnte, aber so, jahrelang die Hände müßig in den
Schoß legend, komme ich mir doch gar zu oft wie ein un-
nützes Möbel vor, das hemmend ihm im Wege steht, und
doch fühle ich zu meinem Glück auch wieder, daß ich zu
ihm gehöre wie ein Glied zum andren.

Oft wünsch ich mir den Winter Ihrer Anwesenheit in
Berlin zurück, wie anders würde ich ihn jetzt benutzen; ich
konnte mich damals Ihnen nicht offen zeigen, einmal,
glaubte ich, Sie hätten durch Pinchens Einflüsterungen ein
Vorurteil gegen mich, und ich kannte Sie zu wenig, um daß
ich ernstlich gestrebt hätte, es zu vertilgen, dann fühlte ich
mich in unseren häuslichen Verhältnissen so gedrückt und
unglücklich, daß mich die Prosa des Lebens schlaff
machte. Jetzt, lieber Wolfsohn, würde ich mich Ihnen rück-
haltlos zeigen, mit meinen Fehlern, denn Sie hätten doch
ein Auge für das Gute, und ich den regen Willen, Ihrer
Meinung Folge zu leisten. Die Eifersucht, die mich durch
Frau von Melgunow erfüllte, haben Sie getadelt, und da sie
leider jetzt gerechtfertigt ist, so gäbe ich dennoch viel
darum, Sie hätten noch in der Bewunderung für diese Frau
ein Recht. Es gereicht mir nicht zur Ehre, daß ich den In-
stinkt hatte, sie wäre nicht das, was sie Euch beiden schien.
Diese Eifersucht oder vielmehr ein unbegrenzter Egoismus

ist der Fehler in meiner Liebe, was heilt mich davon, ich kann es kaum ertragen, wenn Theo lobend und anerkennend von einer jungen Dame spricht oder wenn er recht glücklich in einer Gesellschaft gewesen ist – ohne mich: sehen Sie, wie kleinlich ich bin. Glück, Seligkeit, alles will ich, soll er durch mich allein genießen, und dabei fühle ich doch, wie ich gar nicht das Wesen dazu bin, und das macht mich oft unglücklich. Nicht wahr, das wird Kampf kosten, diesen Fehler auszurotten, der wucherndes Unkraut in meiner Liebe ist, aber hoffen Sie mit mir, daß ich mich davon reinige.

Grüßen Sie Ihre Braut; ich möchte sie lebensgern kennenlernen, sie ist das einzige Wesen, von dem Theo mit wahrer Hochachtung spricht, wie gern wollte ich sie lieben.

Fontanes in Amerika sind bis jetzt glücklich und fordern uns zum Nachfolgen auf, ich fürchte nicht, daß es noch dahin kommt.

Leben Sie recht wohl, lieber Freund, und wollen Sie mich wieder einmal erfreuen, so benutzen Sie eine Mußestunde und schreiben Ihrer

Emilie Kummer.

17   FONTANE AN WOLFSOHN.

Berlin, d. 3. Mai 50
Louisenstraße 12, 3 Treppen

Lieber Wolfsohn.

Vor allen Dingen meinen Dank dafür, daß Du, wie mir das aus Deinen Verwendungen hervorgeht, von Zeit zu Zeit noch immer an mich denkst. – Keil schrieb mir neulich, durch Dich veranlaßt, und bat um Artikel. Ich gedachte anfangs, darauf einzugehen; merkte aber an einer Nummer der „Reichsbremse", die mir zufällig zu Händen kam, daß der gute Keil fast noch röter sei als sein Bart. Ich habe drum die Sache ignoriert.

Mit der „Dresdner Zeitung" ist's auch vorbei. Aus zwei

Gründen: einmal steh ich wirklich auf einem ganz andern
Gebiet und mußte mir in vielen Fällen geradezu Zwang an-
tun; dann aber war mir's auch lästig, im Lauf des vor'gen
Monats *dreimal* schreiben und mein vierteljähriges Honorar
erbitten zu müssen, bevor es endlich eintraf.

Heute nun von etwas andrem. Ich soll so'n Stück Mitar-
beiter am Feuilleton der „Deutschen Reform" (ministeriell)
werden und suche vorläufig *Stoff.* Es ist durchaus nötig,
Vorrat, einen eisernen Fond, zu haben, damit, wenn der
Tag mal nichts bietet, man von dem Ersparten, Bei-Seit-
Gelegten leben, i. e. schreiben kann.

Ich bitte Dich dringend, mir dabei mit Deinem guten
Rat an die Hand zu gehen, und mir z. B. neu erschienene
Bücher (Du hörst ja doch mehr davon wie ich) zu nennen,
die wohl Anspruch auf eine ausführlichere Besprechung
hätten. Sehr lieb wär es mir, wenn Du von Brockhaus ein
Exemplar Deiner Pawlowschen Novellen loseisen könntest;
ich würde mich bei meiner Vorliebe dafür des Längeren
und Breiteren darüber auslassen. Dies sei nur beispiels-
weise angeführt; Du wirst schon machen. Im Falle Du mir
nichts einsenden kannst, wirst Du doch gewiß meine Aufmerksamkeit auf dies und jenes hinzulenken wissen; Du
bist ja in den Stücken ein alter Praktikus.

Leb mir wohl, antworte recht bald

Deinem Th. Fontane.

Ich komme nochmal auf das Russische zurück. – Über
Lermontow, Gogol, Shukowski, auch allenfalls Ogarjow
möcht ich wohl kleine Berichte schreiben, die weiter nichts
wollen als *unterhalten.* Wärst Du hier, so pumpte ich auf
dem Wege der Unterhaltung das Nötige aus Dir heraus, so
wünschte ich sehr, Du machtest mir kurze briefliche Mitteilungen oder gäbst mir die Quellen an, aus denen ich
schöpfen und mein kümmerliches Wissen aufpäppeln
könnte.

17a   FONTANE AN EMILIE GEY

Berlin, d. 7. 5. 50

Sehr geehrtes Fräulein!

Verzeihen Sie mir, daß ich mich, um Ihren Bräutigam (dessen Spur mir verloren gegangen ist) auszukundschaften, ohne weiteres an Sie wende.

Es liegt mir daran, daß der einliegende Brief recht bald in seine Hände kömmt; da ich bezweifle, daß er noch immer in Dresden steckt, glaub ich durch Übersendung meines Briefes [vom 3. Mai 1850] an Sie den sichersten Weg einzuschlagen.

Ist Wolfsohn in Ihrer Leipziger Nähe, so grüßen Sie ihn herzlichst von mir; Ihnen und den Ihrigen empfehl ich mich auf das herzlichste. Hochachtungsvoll

Th. Fontane

18   FONTANE AN WOLFSOHN

Berlin, Donnerstag, d. 10. Oktob. 50

Mein lieber Wolfsohn.

Nur ein paar Worte. Zunächst: gratulor! Ich wünsche dem Unternehmen und Dir das beste Gedeihen.

Empfiehl mich vorläufig dem Dr. Prutz und dank ihm in meinem Namen für seine schmeichelhafte Zuschrift. Ich gedenke – soweit *Ihr* es gestattet – ein fleißiger Arbeiter in Eurem Weinberge zu werden.

Nun noch eins. *Nächsten Mittwoch* hab ich Hochzeit – Abend vorher ist Polterabend. Laß diese kurze Nachricht auf das „*Wann*" Deiner Reise hierher influieren und sei überzeugt, daß Du mir ein willkommener Gast sein wirst.

Leb wohl.

Dein Th. Fontane

19 FONTANE AN WOLFSOHN

Berlin, d. 19. Novemb. 50

Mein lieber alter Wolfsohn.

Man geht in Politik unter: kannegießern, Zeitungslesen, referieren, korrespondieren – „keine Ruh bei Tag und Nacht"; da kam Dein Brief und Deine wiederholte Aufforderung zur Teilnahme am „Museum". Das riß mich raus; – Du dürftest noch jetzt, im Hinblick auf die Politik, von mir singen:

Is ein Jud (diesmal ein Christ) ins Wasser gefallen.
Hab ihn hören plumpen,
Hätt ich'n nicht beim Zopp gekriegt,
Wär er mir ertrunken.
(Berliner Volkslied; – schöne Gegend!)

Ich fing also an zu schreiben, aber wie in irgendeinem alten Märchen irgendeinem alten Weibe alle Steine zu Diamanten wurden, wurden mir alle Diamanten zu gemeinem Feld- oder Feuerstein, zu – Politik. Ich habe ganze anderthalb Bogen fortwerfen müssen, wenn die Welt und mein Ruhm dabei auch nicht viel verlieren, so verlier ich doch praeter propter 4 Taler Arbeitslohn, was für einen „Tagelöhner mit dem Geiste" und angehenden Familienvater kein Pappenstiel ist.

Ich schicke Dir beigehend einiges Gekohle über Theater, Bücher und ähnliche unschuldige Gegenstände. Es geht mir bei diesem Korrespondieren für Dein Blatt ganz eigen. In diesem Augenblick fühl ich es, daß mein beifolgender Artikel den Eindruck eines *Verschnittenen* machen muß (er ist, wie schon gesagt, in der Tat verschnitten), es ist unmännlich, sich in einer Zeit, wo man geradezu Politik atmet, des Sprechens und Schreibens darüber enthalten zu wollen; und doch, umgekehrt, als mein Artikel noch sein Männlichkeits-Attribut hatte, setzte mich dieser Anhängsel auch in Verlegenheit, wie wenn man mit Damen vor grie-

chische Götterbilder tritt. Aber nun ernsthaft: scheint Dir
nicht ein politisches Resumé geradezu notwendig? Ich bin
von der Unerläßlichkeit desselben so durchdrungen, daß
ich damit schon heute − ohne weitere Anfrage − gekommen wäre, wenn es in diesem Augenblick überhaupt möglich wäre zu *resumieren.* Es ist gar kein Resultat, gar kein
Abschluß vorhanden; erst die nächsten Tage werden etwas
der Art bringen. Ich zähle dahin die Kammereröffnung
und so Gott will − das Abtreten des Ministeriums. Sie haben nun nachgerade genug „Staat gerettet". Da Du indes
seit lange schon Briefe von mir erwarten wirst, wollt ich die
Krisis nicht abwarten und schicke Dir heut einen *halben*
Artikel. Nimmst Du ihn für voll, willst Du keine Politik,
nun so bin ich's zufrieden und lagere meine Weisheit in
einer beliebigen Zeitung ab.

Im übrigen bitt ich Dich: sorge für mich, gib mir namentlich *ganz bestimmte* Aufgaben; ich schreibe sonst immer
mit einem Gefühl von Unsicherheit, weil ich nie weiß, ob
das, was ich unter der Feder habe, auch gerade gesuchte
Ware ist.

Daß in der „Deutschen Reform" (wenigstens *meinerseits*)
Eures „Museums" noch immer nicht Erwähnung geschehen ist, liegt nicht an Faulheit oder bösem Willen, sondern
an meiner miserablen Stellung dem Blatte gegenüber. Ich
werde den Verkehr damit auch abbrechen. Mein Artikel
über *Lenau* liegt nun bald wieder vier Wochen im Redak-
tions-Bureau und kommt und kommt nicht. Solche Mitarbeiterschaft mag der Teufel holen. Überhaupt, ein deutscher Schriftsteller − wenn er keine Rittergüter oder eine
Banquier-Tochter zur Frau hat − kann nur *dann* leben,
wenn er selber redigiert.

Heut schrieb Katz an mich wegen einer zweiten Auflage
der „Rosamunde" und fragte nach meiner Honorarforde-
rung. Ich schreib ihm morgen, unter 10 Louisd'or kriegt
er's nicht; ich habe mir's berechnet, er verdient dann immer noch gegen 200 Taler; das ist anständig. Will er nicht,
so läßt er's bleiben; ich kriege hier gelegentlich mehr.

Donnerstag, den 21ten

Katz wird 10 Louisd'or wohl unmäßig finden, ich kann ihm aber nicht helfen. Zufällig ist er in diesem Augenblick hier in Berlin und war auch heut vormittag bei mir. Mein Mädchen sagte ihm (ich war nicht mehr da), ich sei schon sehr früh in die *Kirche* gegangen (es war Gottesdienst für die Abgeordneten, ich mußte als Berichterstatter hin) und gedächte von da aus, gleich in mein *Bureau* zu gehen; aber ob er nicht *Madame* sprechen wolle? Der arme Mann soll vor Erstaunen fast umgefallen sein; *Kirchengänger, Bureaukrat* und *Ehemann*, das mag er von seinem ehemaligen Korrespondenzler nicht erwartet haben. Sic transit etc.

In meinem Artikel magst Du nach Gefallen streichen; manches wird wohl zu brauchen sein; über das Hervorheben Paul Heyses wundere Dich nicht, es ist in der Tat ein großes Talent, und Freundschaft hat mich weder blind für Fehler noch zum Vergrößerungsglas für Vorzüge gemacht.

Noch eins. Wo möglich, vergiß nie, daß mir eine *Redaktion* (namentlich eines politischen Blattes) über alles gehen würde; wenn Du also was hörst, so denk an mich.

Dein Th. Fontane

20   FONTANE AN WOLFSOHN

Berlin, Freitag, d. 22ten Novemb. 1850
Mein lieber Wolfsohn.

Ein Glück kommt selten allein: gestern einen Brief und heut schon den zweiten.

Diesmal läuft alles auf eine Kommission hinaus. Soviel ich weiß, stehst Du in Beziehungen zu Brockhaus; bitte überbring ihm beifolgenden Brief persönlich und empfiehl mich, so gut Du kannst. Ich frage bei ihm an, ob er für seine „Deutsche Allg. Ztg." einen Korrespondenten gebrauchen kann, der ihm *ganz kurz*, aber tagtäglich über unsre jetzt höchst wichtigen Kammerverhandlungen Be-

richt abstattet. Ich überlaß es Dir, ob Du mir den Entschluß des Mannes *umgehend* mitteilen willst oder ob Du
ihn zu veranlassen gedenkst, daß er mir selber baldmöglichst Antwort gibt.

Du magst einfließen lassen, daß ich überhaupt *an der
Quelle säße* (nenne aber nicht das *Literarische Kabinett*) und
auch durch *anderweitige* Mitteilungen seiner Zeitung von
Nutzen sein könnte.

Alter Freund, Du wirst alles besorgen; ich weiß das. Im
übrigen verweis ich Dich immer wieder auf die Schluß-
worte meines gestrigen Briefes.

Heut abend bin ich mit meiner Frau bei Kugler, er liest
ein neues Drama „Hans von Beyßen" vor. Ich werde nicht
ermangeln, ihn um einen passenden Beitrag für das „Museum" anzugehen. Leb wohl. Dein

Th. Fontane

[Nachschrift von Emilie Fontane]
Den herzlichsten Gruß für Sie und Ihre Braut von

Ihrer Emilie Fontane

21 FONTANE AN WOLFSOHN

Berlin, d. 3ten Jan. 51
Mein lieber Wolfsohn.
Du hast es nicht für gut befunden, meinen Brief vom
November her zu beantworten; ebensowenig weiß ich, ob
Dir mein Korrespondenzbeitrag willkommen gewesen ist
oder nicht. Durch einen Brockhausschen Brief hab ich nur
erfahren, daß mein Manuskript unter andern bei der
„Deutschen Allgemeinen Zeitung" antichambriert, aber
vergebens um Zutritt gebettelt hat.

Wenn ich Dir jetzt schreibe, daß das Literarische Kabinett aufgelöst und meine Wenigkeit in Folge dessen aufs
trockne gesetzt ist, so bist Du vielleicht gutmütig und an-
hänglich genug, par pitié ein Lebenszeichen von Dir zu ge-

ben. Ich bin nämlich jetzt ausschließlich auf Feder-Erwerb angewiesen, und kann nicht leugnen, daß es mir lieb wäre, einen einigermaßen sichren Markt für meine Ware zu finden. Ich bezweifle nicht, daß Du mir hierbei wirklich behilflich sein kannst; *Bücherbesprechungen* für das „Museum" hast Du mir schon früher zugesagt.

In welcher Art gedenkt Ihr Gedichte zu honorieren? Ich schreibe jetzt, und zwar trotz Not und Sorge, mit voller Begeisterung eine „Schlacht bei Hemmingstedt" (Dithmarschen gegen Dänen). Wenn es gerät, nehmt Ihr so was auf?

Gedenkst Du im „Museum" meine Verse zu besprechen? Hier sind sie in allen Zeitungen ausschließlich gelobt worden, aber man kann solch Lob keine Kritik nennen. Es verlangt mich ordentlich nach einer tieferen Auffassung; wenn mir dabei der Kopf auch leidlich gewaschen und dies und das in seiner Unbedeutenheit hingestellt wird.

Daß meine augenblickliche Lage eine harte und freudlose ist, wirst Du begreifen; mit mir ging es wohl – aber die Tränen meiner Frau! Denke Dich ein klein bißchen in die Seele Deines alten Freundes hinein, und tröste ihn durch Wort, wenn's sein kann auch durch eine Tat. Du sitzt ja jetzt an der Quelle und mußt die Buchhändler an der Hand haben wie Kasperles im Puppentheater. – Meine Frau grüßt Dich; schreibe bald

Deinem Th. Fontane

22 WOLFSOHN AN FONTANE

L[eipzig], 7. Jan. 1851

Mein teurer Freund.

In Arbeiten fast erstickend, kann ich Dir erst Sonnabend oder Sonntag schreiben – dann allerdings *sehr ausführlich* und in mancher Beziehung, hoff ich, Befriedigendes. Zuvor, damit Du an mir nicht irre wirst, nur dies Lebenszeichen. Du würdest mir ein schmerzlich Unrecht tun, dessen

Stachel ich nie verwinden könnte, wenn Du nur einen Augenblick zweifeltest, daß ich mit Herz und Seele bin

Dein alter Wolfsohn.

Deiner lieben, lieben Frau drücke ich im Geiste warm und fest die Hand. Nur Mut! Ich lasse eher den Glauben an alles fahren als daran, daß Ihr glücklich sein werdet.

Anbei ein paar Expl. vom ersten Hefte des „Mus[eums]" zu beliebiger, wo möglich fruchtbarer Benutzung. Hast ja doch versprochen, unser Agent zu sein. Dein Gedicht schreibe nur fort mit Begeisterung, wir nehmen es, und ich werde dem Buchhändler das *höchste* Honorar dafür abpressen, verlaß Dich drauf. Über Dich selbst fall ich im *vierten* Heft des „Mus[eums]" mit Pauken und Trompeten her. Vorgestimmt habe ich schon im ersten Heft.

Näheres und Weiteres also am Sonnabend!

23　Wolfsohn an Fontane

Leipzig, 20. Jan. 51

Lieber teuerer Freund.

„Es ist ein unverbesserlicher Kerl!" wirst Du gesagt oder gedacht haben, wenn Du je in diesen Tagen an mich gedacht hast. Wer aber diesmal sich als unverbesserlich erwiesen, war nicht ich, sondern der böse, grippenartige Katarrh, der mich befallen. Der allein ist schuld, daß ich Dir nicht geschrieben, und keineswegs, wie Du etwa in einer Anwandlung von Nachsicht denken möchtest, die vielen Arbeiten, die sich über mich häufen. Allerdings werden diese mitunter fast erdrückend: aber ich würde ihnen denn doch ein Stündchen abgemüßigt haben, um Dir pünktlich Wort zu halten. Die Sache, um die es sich handelte, *war danach.* Aber in meinem Zustande war es mir geradezu unmöglich, einen ordentlichen Brief zu schreiben, d. h. einen, mit dem *Du* nur halbwegs hättest zufrieden sein können. Und dabei gab es so viel zu erledigen, daß ich heute, obgleich noch immer leidend, nicht weniger als 18 Briefe (zum Teil recht umfängliche) habe schreiben müssen! Sei ja mild und erbarmungsvoll mit № 19! Denn so kann ich Dir doch nicht schreiben, wie ich möchte, und noch weniger vielleicht, wie Du möchtest. Es ist neun Uhr abends, im Kopfe ist's mir wüst, und die Augen tun mir recht weh. –

Zu allervörderst von unseren „Museums"-Angelegenheiten. Daß Deine Korrespondenz ein kastrierter, verstümmelter Art[ikel] war, hast Du ja selbst gefühlt. Hast es „etliches Gekohle" genannt, und das war's auch! Ein geistreicher Kerl, wie Du, wird zwar nie dummes Gekohl vorbringen: aber Kohl bleibt eben doch nur Kohl – und gerade von *Dir* mußte ich einen anständigen Art[ikel] haben. In *Deinem* Interesse, und namentl. Prutz gegenüber, konnte ich nicht daran denken, Dich *so* in unserm Blatte debütieren zu lassen. Rekapituliere mal den Inhalt Deines Art[ikels]. Die allerflüchtigsten Andeutungen über das trivialste Thema – die Birch-Pfeiffer; Erwähnung eines Stücks, das Du nicht kennst, und einer Bühne, von der Du eigentlich so gut wie gar nichts sagtest – Notizen, wie sie kaum in der Korresp. eines Tagblattes zum Schluß angebracht werden können – dann ein tändelndes Wort über den „Musenalmanach" und ein überschwängliches über Paul Heyse, das sich gewiß nicht als Kritik geben ließ. Überhaupt Bücherbesprechungen, für die wir eine besondere Rubrik haben, in einer Korresp. – das ging auch nicht! Nun hattest Du Dich obenein mit der Einsendung Deines Beitrags so verspätet, daß mir keine Zeit übrig blieb, Dich um einen neuen zu ersuchen und – was doch unerläßlich gewesen wäre – Dir das *Warum* und *Wie* gründlich zu exponieren. Eine pikante Korresp. aus Berlin war aber schlechterdings notwendig, und sie kam, eh ich mir's versah. Prutz hatte den geistreichen Schwadroneur, dessen Berliner Briefe Du im „Museum" gelesen haben wirst, schon an der Hand, *bevorwortete*, wie man das zu nen-

nen pflegt, sehr *nachdrücklich* das Engagement, und da ich
mit leeren Händen gegenüberstand, mußte ich mich wohl
fügen. Ei nun, dachte ich zu meinem Troste, das politische
Korrespondenzchen wäre bei Deiner Stellung doch auch
was Mißliches für Dich gewesen, und da wollte ich Dich
schon zum Ersatz auf Rezensiönchen stellen. Aber damit,
wie es sich nur zu bald zeigte, war's auch eine eigne Sache.
Bücherbesprechungen haben wir in doppelter Form: einmal ausführliche, freie Aufsätze, die an ein Buch anknüp-
fen und gar nicht tun dürfen wie gewöhnliche Rezensionen, dann kurze Besprechungen in der Rubrik „Lit[eratur]
und Kunst". Was letztere betrifft, so bewies mir Prutz aus
101 Gründen, daß sie lediglich von uns gefüllt werden
müßte; bei 100 Gründen stritt ich, beim 101ten gab ich endlich nach, schon darum, weil ich nicht den bösen Schein
der Arbeitsscheu auf mich ziehen wollte. Ich war somit für
Dich auf Themen zu selbständigen Aufsätzen angewiesen
und sann, wie ich Dir davon eine gute Partie zurechtlegen
sollte, ohne dabei auf die Schwierigkeiten der Doppelredaktion zu stoßen. Inzwischen kam eine papierne Sündflut
über uns, so daß wir Redaktoren unsere größeren bereits
fertigen Beiträge aus einem Heft ins andere schieben mußten, wie es denn noch immer geschieht. Daß gleichwohl
Raum für Dich geschafft werden mußte, daran dacht ich
tagtäglich – allerdings ruhiger als jetzt, seit ich weiß, wie es
um Dich steht. Daß diese Nachricht ein sehr harter Schlag
für mich gewesen, daß ich die böse Tatsache wie eine Kala-
mität empfand, die mich selbst betroffen – soll ich es Dir
erst sagen? Ach, Du weißt noch immer nicht, wie ich Dich
liebhabe, Du schlechter Mensch! Von dem Augenblick an,
wo ich Dich mir in einer Lage dachte, vor der ich im inner-
sten Herzen erschrak, hab ich nicht aufgehört, jeden Taler
zu errechnen, der Dir durch mich zugeführt werden
könnte. Die Aufgabe ist, Dich so zu stellen, daß Du bei uns
etwas Bestimmtes und allenfalls auch Erkleckliches haben
kannst. Dies Dir im allereinzelnsten darzulegen, hatte ich
mir für den vergangenen Sonnabend vorbehalten. Inzwi-

schen ist heute, *eben heute*, ein Umstand eingetreten, der
meiner beabsichtigten Exposition doch noch eine andere
Richtung geben kann, und ich halte daher mit dieser noch
so lange zurück, bis das eben erwähnte „Vorkommnis" zu
der von mir gewünschten Entscheidung geführt hat. Der
Passus hier wird Dir verteufelt unverständlich sein; aber da
hast Du die Erklärung. Ärgerlich genug war es mir, daß der
Berliner Politikus Dir zuvorgekommen und nun so fest bei
uns sitzt. Ich gestehe, daß eine Beseitigung desselben mir
ein frommer Wunsch war – bei all seiner Geistreichheit
war's doch eben auch kein Mann nach meinem Herzen:
aber wie ihn ohne Grund entfernen, ihn, den Goldsohn
von Prutz? – Den Grund, und zwar einen, der ein förmli-
cher *Abgrund* für seine Korrespondenzen werden soll, gab
mir heute ein merkwürdiger Zufall. Ich gehe gegen 6 Uhr
abends in eine Konditorei, um ein paar Zeitungen zu lesen.
Bei der Tasse Kaffee greife ich nach dem ersten freien
Blatte – № 1 der „*Wartburg*" von E. Keil (ci-devant
„Leuchtturm"). Ich blättre, und mein Blick haftet auf den
„Preußischen Spiegelbildern", der langjährigen stereotypen
Bezeichnung für Berliner Korrespondenzen in diesem
hochroten Blatte. Unwillkürlich fange ich zu lesen an –
was Teufel! welche Ähnlichkeit mit unserer neuesten Korrespondenz aus Berlin im zweiten Hefte des „Museums"!
Ich lese weiter und finde nicht allein dasselbe Raisonne-
ment (nur weit entschiedener und röter), sondern ganze
Sätze, wörtlich, buchstäblich gleichlautend! Also unser jun-
ges „Museum" schon ein Hahnrei! Die uns angetraute Kor-
respondentenseele in Berlin, die uns mit größter Züchtig-
keit bat, den Schleier der Anonymität nicht von ihrem
Antlitz zu lüften, liegt für Geld und gute Worte auch in
den Armen Keils und gibt ihm just dasselbe hin, was *wir*
unter ihrem Keuschheitsgürtel gesucht! – Ich empfand
darüber weniger Schreck als Freude. Sofort eilte ich in das
nahe Geschäftslokal unseres Verlegers und schrieb an
Prutz einen 4 Seiten langen Brief, worin ich feierlich erklärte, daß ich auf Scheidung von diesem Korrespondenten

unerbittlich dränge; daß ich zur Aufnahme welches Beitrags immer von diesem Herrn *nun und nimmer meine Zustimmung* geben würde; wenn er fragte: woher nun Korresp. aus B[erlin]? so antwortete ich: von Fontane! Und zum Beweise, daß Du ein gar guter polit. Korrespondent wärst, schickte ich einige Nummern der alten „Dresdener Ztg." (die ich in aller Eile nicht ohne Mühe und Anstrengung zusammengesucht!). – Übermorgen erwarte ich Prutz's Antwort. Er wird sich sträuben, sehr sträuben gegen die Exkommunikation seines protégé: aber es wird ihm nichts helfen, er mag mich die Wehen der Doppelredaktion noch so lebhaft spüren lassen – ich weiche und wanke nicht. Er wird nachgeben *müssen*; denn der Verleger ist auf *meiner* Seite. Dann wirst Du feierlich zu unserm Korresp. kreiert; die Ernennung kann in den nächsten Tagen erfolgen, und Du schreibst uns dann natürlich Besseres als für die „Dresdener Ztg.". Viel wirst Du nicht davon haben: aber der Vorteil besteht in der Regelmäßigkeit. Du gibst uns jeden Monat einen halben Bogen (NB. Die Korrespondenzen werden nicht wieder aus Petit wie im ersten Heft, sondern aus *splendider Mittelschrift* gesetzt), und dafür erhältst Du II Tlr. Bei so wenig Zeit, wie man für einen halben Bogen braucht, ist eine regelmäßige Monatseinnahme von dem Betrag doch *was*! Und dazu kommen nun die andern Arbeiten, Charakteristiken, *Gedichte* etc. Davon sprechen wir noch mehr. Warte nur ein paar Tage, bis ich die Antwort von Prutz habe.

Und nun – nimm's nicht übel – für heute muß ich schließen. Ich bin todmüde und muß ins Bett.

Von mir sage ich Dir nur noch, daß Du sehr irrst, wenn Du mich jetzt auf Rosen gebettet glaubst! Im Gegenteil, ich bin in der gräßlichsten Bedrängnis. Mein Redaktionsgehalt geht erst vom Januar an, wird erst Ende März ausgezahlt, und ich habe schon seit dem September mit der *einen* Geschichte so viel zu tun, daß ich nichts anderes vornehmen kann, mithin von dem, was am meisten Not tut und Not macht, nichts in die Hände bekomme. Habe bitter ge-

kämpft und wieder borgen müssen – es ist zum Verzweifeln! Doch was hilft das Lamentieren?

Auf baldig Wiedersehen, guter, lieber Theodor. Grüße
mir Deine Frau herzlichst.

Dein Wolfsohn

24 Wolfsohn an Fontane

Leipzig, 20. 2. 51

Es hat lange gedauert, mein guter Theodor, bis ich Dir den
weiteren Verlauf und den Abschluß einer Sache mitteile,
von welcher Du nach der Lebhaftigkeit, mit der ich sie Dir
auseinandergesetzt, kaum annehmen durftest, daß sie in
Vergessenheit gekommen. Davon nicht einmal zu reden,
daß es Dir überhaupt nicht möglich sein sollte, zu glauben,
ich könne etwas vergessen, wobei auch Dein Interesse im
Spiele ist.

Die Verzögerung hatte ihren Grund keineswegs, wie Du
etwa vermuten magst, in einem Meinungsstreit zwischen
mir und P[rutz]. Teils ist auch P[rutz], wie ich, sehr bemüht, jeden Redaktionsdissenz zu vermeiden, teils konnte
er den vorliegenden Tatsachen, die ich scharf genug be-
leuchtet hatte, nichts entgegenstellen. Es handelte sich nur
noch darum, die Angelegenheit mit Wahrung alles redak-
tionellen Dekorums zu erledigen. Und da meinte denn
P[rutz], wir müßten zunächst unsern Korrespondenten auffordern, sich über den Fall zu erklären. Ich konnte das nur
billigen. P[rutz] schrieb einen sehr feinen und doch auch
gehörig spitzen Brief an den Herrn. Die Erklärung kam
und enthielt allerdings mancherlei, worauf besondere
Rücksicht genommen werden mußte, wonach es sogar in
Anbetracht vielfältiger Interessen nicht rätlich erschien,
mit dem Manne ganz zu brechen. Die in Folge dessen an-
geknüpften Verhandlungen wurden durch eine plötzliche,

von dringenden Umständen gebotene Reise P[rutz]'s ein wenig in die Länge gezogen. Die schließliche Entscheidung ist nun folgende.

Wir *teilen* unsere Berliner Korrespondenz. Die eine Hälfte behält der frühere Berichterstatter, die andere fällt Dir zu. Jenem bleibt ausschließlich die politische Debatte; von Dir, ohne daß es uns beikommt, Deiner Feder Vorschriften zu machen, wünschen wir vorzugsweise Schilderungen des gesellschaftlichen, literarischen, künstlerischen Lebens etc. in Berlin. Ich nehme die Gesellschaft im weitesten Sinne, und bitte Dich, auch bei dem allereinzelnsten, was Du berührst, Dich stets im Zusammenhange mit dem großen Ganzen zu erhalten, auf die Elemente einzugehen, auch wenn Du die vereinzelte Erscheinung hervorhebst, wie uns denn überhaupt Schilderungen von *Allgemeinzuständen*, im einzelnen veranschaulicht, am interessantesten sein müssen. Dadurch bekommen Deine Korrespondenzen das, was sie von anderen unterscheiden soll, die mehr für ein Tageblatt geeignet sind; dadurch namentlich vermeidest Du Ton und Charakter des Notizenhaften, wozu ich Dir vor allen Dingen rate. Auch hast Du ja reichliche Gelegenheit zu individualisieren, zu charakterisieren, wobei sich Deine Feder so pikant geben mag, als Du nur immer Lust hast. Z. B. im lit., im künstl., auch im öffentlichen Leben porträtierst Du hin und wieder bedeutende, hoffnungsvolle, interessante und immerhin auch schnurrige Persönlichkeiten, beleuchtest ihre Stellung, ihr Wirken, bezeichnest ihren Einfluß usw. Vergangenheit, Gegenwart und Zukunft kannst Du geschickt verweben. Du gibst uns, wenn Du überhaupt auf die Sache einzugehen noch geneigt bist, *jeden Monat* eine solche Korresp.; dann aber muß ich Dich auch bitten, den Termin regelmäßig einzuhalten. Mache jetzt den Anfang, lieber Freund, und richte Dich so ein, daß Deine Mitteilungen *spätestens den 5ten März* vormitt[ags] hier eintreffen. (Kaum brauche ich zu bemerken, daß wesentliche Bezugnahme auf politische Verhältnisse in Deinen Berichten keinesfalls ausgeschlossen wird, ja, auch nicht ausgeschlossen werden *kann*.) Bist Du mal verhindert, uns Deine Korresp. zum Termin einzuschicken, dann sei nur so gut, uns wo möglich das bei Zeiten anzuzeigen.

Natürlich soll dies aber nur der geringste Teil Deiner Mitarbeiterschaft an unserm Blatte sein. Ich werde Dich, wenn es Dir sonst lieb ist, ganz anders anspannen. Wir wollen Themen besprechen, die Du für uns so gründlich und erschöpfend als möglich behandeln magst. Und nun gleich ein paar vorgeschlagen. Was meinst Du zu einem Artikel: „Die englischen Frauen"? Hast Du Kenntnis und Material genug für diesen höchst interessanten Gegenstand? Oder könntest Du Dir das Fehlende verschaffen? Es dürfte an geschichtlichen Rückblicken so wenig wie an den lebendigsten Farben der Gegenwart fehlen. Stellung, Charakter, Wirksamkeit, Sitte, häusliches Leben, Tugenden, Eigentümlichkeiten, *Entartung* – ein tiefes, großes Thema, was Dir gewiß sehr viel Mühe machen muß, was aber auch eine famose Arbeit werden und Dir ebensoviel Ehre einbringen könnte. 2) „*John Prince*". Kannst Du eine lebensvolle Charakteristik und biographische Skizze von diesem Volksdichter geben? Dabei einzelnes von ihm mitteilen?

Über anderes aus deutschem Stoff und Leben werde ich nicht allein nachdenken, sondern auch die erforderlichen Hilfsmittel Dir vollständig zu verschaffen suchen. Ebenso erhältst Du nächstens ein paar Bücher, an die Du selbständige Aufsätze (keine Rezensiönchen) knüpfen magst.

Mein Art[ikel] „Theodor Fontane" ist fertig, aber länger geworden als ich berechnet, und wird deshalb vor dem 7. Hefte schwerlich Raum finden. „Rosamunde", „Preußenlieder" und „Gedichte" sind allesamt besprochen. Ebenso habe ich wegen Mangels an Raum einen kleinen Art[ikel] „Puschkins Ende und Lermontows Anfang" zurückschieben müssen und einen andern „Deutsche Liedersammlungen". Was ich über Heyse gesagt, hat Dich vielleicht verdrossen: aber *ich konnte nicht anders*, ich habe ohne alles Vorurteil, aus tiefster Überzeugung gesprochen.

Nun, lieber, guter Theodor, gib mir endlich wieder ein-

mal Nachricht, damit ich auch weiß, wie es Euch geht.
Grüße mir Deine Frau aufs herzlichste. Ich wünsche Euch
Glück und Gesundheit mit brüderlichem Anteil.

Was meine Verhältnisse betrifft, so sieht es damit, namentlich wegen *einer* Angelegenheit, die aber Lebensfrage
ist, *sehr* mißlich aus. Ich muß deshalb morgen nach Dresden und werde wahrscheinlich noch weiter wandern müssen. Vielleicht berühre ich auf dieser Reise Berlin. Da Du
wohl auch an eigenen Sorgen zu tragen hast, so will ich
Dich mit *meinem* Jammer nicht belästigen.

Schreib mir also ja bald. Wenn ich auch nicht hier bin,
Dein Brief, an die Hinrichssche Buchhandlung adressiert,
erreicht mich in kürzester Zeit.

Leb wohl!

Dein Wolfsohn

Wann schickst Du Gedichte? Das größere, an dem Du gearbeitet? Mußt damit auch mal einen Anfang machen.

25   FONTANE AN WOLFSOHN

Berlin, d. 22ten Febr. 51

Mein lieber Wolfsohn.

Für Deine beiden Briefe nimm meinen besten Dank. Ich
schreite zur Beantwortung der einzelnen Punkte und fange
von hinten an. Du solltest Roman- oder Lustspieldichter
werden oder aber auch Dein Heil in der höheren Diploma-
tie versuchen! Mir ist noch nie ein Mensch vorgekommen,
der eine solche Manie für Andeutungen, Winke, vorbereitete Überraschungen u. dgl. hätte wie Du. Deine Briefe sind
oft weiter nichts als eine geistvolle Variation auf das
Thema: „Wenn ich spräche!!" oder: „Über ein Kleines und
– – –!"

Wenn ich Deine Zeilen gelesen habe, brummle ich gemeinhin in den Bart

Geduld, Geduld! wenn's Herz auch bricht,
Mit Wilhelm Wolfsohn hadre nicht:
Des *Anfangs* ist er ledig,
Gott sei dem *Ende* gnädig.

Dies „*Ende*" aber erfahr ich in den seltensten Fällen. – Du schreibst mir in Deinem gestrigen Briefe von „*einer* Angelegenheit, die eine Lebensfrage ist" und dergl. mehr. Warum rückst Du nicht mit der Sprache heraus? Deine Sprache scheint auch nur zum Verbergen der Gedanken da zu sein; Du darfst alexanderartig ausrufen: Wär ich nicht C. W. Wolfsohn, ich möchte Talleyrand sein. Zwar schreibst Du mir, Du wolltest zu *meinem* Jammer nicht den *Deinigen* zugesellen, doch ist das bloß ein guter Coup, und wird derselbe von mir auf den Müllhaufen allgemeiner Redensarten verwiesen.

Was mein Gedicht angeht, so ist dasselbe mit nächstem fertig: jedenfalls erhältst Du es rechtzeitig genug, um auch ihm – falls es Dir überhaupt gefällt – einen Platz im *siebenten* Heft einzuräumen. Vielleicht wäre das gar nicht so übel, Deine Rezension durch gleichzeitigen Abdruck meines „Hemmingstedt" zu illustrieren. Die ersten drei Strophen werd ich Dir heut schon beipacken, teils um Dir einen Kosthappen zu bieten, noch mehr aber, um die Frage daran zu knüpfen, ob Dir nicht 28, geschrieben *achtundzwanzig*, derartige Strophen des Guten etwas zuviel scheinen? Eben hab ich mir das Format Eures „Museums" noch mal angesehen und bin jetzt der Meinung, daß es doch wohl geht; auf *vier* Seiten bringt Ihr die ganze Affaire mit Bequemlichkeit.

Nun ein paar Worte über die Arbeiten, die Du mir halb und halb angetragen oder doch in Vorschlag gebracht hast. – Was die englischen Frauen angeht, so weiß ich von ihnen soviel wie von den Patagoniern, die sehr groß sein, oder von den Karaiben, die Menschenfleisch fressen sollen. Der Umstand, daß ich in London drei alte Weiber kennengelernt und in Deutschland einen dicken Roman von der Mrs. Gore übersetzt habe, berechtigt mich unmöglich, dem schönen Geschlechte Alt-Englands im „Deutschen Museum" klarzumachen, wie's eigentlich mit ihm steht. – Nun John Prince! Das wäre etwas, wenn ich seit dem Jahre 40 irgendwelche neue Notiz über den armen Teufel erhalten hätte. So wie die Sache jetzt liegt, kann das viele Kinder- und Verse-machende Männlein, das sehr *wahrscheinlich* lange an der Schwindsucht gestorben ist, nur in der *Masse* wirken. Es gibt nämlich jetzt eine spezielle Arbeiter-Literatur, deren Wesen und Bedeutsamkeit (*von dem rechten Kerl*) in einem dicken Buche dargetan werden müßte; ein Tropfen in diesem Ozean würde – John Prince sein. Nicht nur England ist überreich an solchen Erscheinungen; unsere deutschen Handwerkervereine hegen und pflegen dasselbe Element – und existierte z. B. hier in Berlin (vor Jahren schon) ein Stubenmaler Steinhäuser, der zehnmal so bedeutend und namentlich viel selbständiger als John Prince ist. – Wenn Du mir Bücher zur Besprechung senden wolltest – erfülltest Du mir einen Hauptwunsch. Dazu habe ich Neigung und wenigstens soviel Fähigkeit wie fürs Haus erforderlich ist.

Den Korrespondenten-Posten № 2 nehm ich mit Dank an und hoff ich, bis zum 5. März ein Briefchen (ziemlich kurz) einsenden zu können; sollte mir's – weil ich noch mit meiner Ballade vollauf zu tun habe – unmöglich sein, so vergib und reserviere mir zwei Druckseiten (mehr gedenk ich nie zu schreiben) für den nächsten Monat oder die nächste Nummer. Wahrscheinlich werdet Ihr's wieder nicht nehmen, was übrigens nichts auf sich hat, nur gestehe ich Dir ehrlich, daß es der letzte Versuch ist. Soll ich mal zu nichts kommen, so will ich meine Unbedeutendheit wenigstens mit *Bequemlichkeit* und ohne alle nutzlosen Strampeleien genießen. – Im übrigen kann ich Dir Gott sei Dank mitteilen, daß es vorläufig noch ganz leidlich mit mir steht; erst im Sommer, wenn sich bis dahin kein Glücksfall ereignet, werden die Sorgen kommen. Meine Frau grüßt Dich herzlich; laß mal wieder von Dir hören!

Dein Th. Fontane

Die Ballade schicke ich doch lieber fix und fertig.

26 FONTANE AN WOLFSOHN

Berlin, d. 8ten März 51

Lieber Wolfsohn.

Beifolgend die berühmte Ballade „Hemmingstedt". Im Ernst gesprochen: das mit Begeisterung Empfangene ist unter ehrlicher mühevoller Arbeit in vorliegender Gestalt wieder ans Licht gefördert worden; ob's Deinen Beifall hat, muß ich dahingestellt sein lassen, wiewohl ich nicht glaube, daß Du zu denen gehörst, die der *ganzen Gattung* keinen Geschmack abgewinnen können. In unserem „Tunnel" habe ich trotz persönlicher Gegnerschaft, bescheiden ausgedrückt – reussiert. – Wenn Du's aufnimmst, so sorge dafür, daß es mir mit einigem Anstand bezahlt wird, denn ich habe neun Wochen daran gearbeitet und möchte wenigstens *halb* soviel Tagelohn bekommen wie ein Droschkenkutscher oder Dreckzusammenfeger. Diese Glücklichen stehen sich 10 Sgr. pro Tag. Nach diesem Regula-de-tri-Ansatz würd ich 10 Taler 15 Sgr. einstreichen. Kein Pappenstiel!

Das Ausbleiben meines Korrespondenz-Artikels hat nicht in Fahrlässigkeit seinen Grund. Ich gedachte – um nicht gleich mit literarischem Schnack zu beginnen – zunächst über unsere Bildhauer, Maler und Musiker, namentlich aber über die Ateliers der beiden Erstgenannten kurze Mitteilungen zu bringen. Dr. Eggers – Redakteur des „Kunstblatts" und befreundet mit den betreffenden Persönlichkeiten – sollte und wollte mir Einlaßkarte und Cicerone zugleich sein; inzwischen fuhr ihm das Podagra in die Beine und brachte mich um seine Mentorschaft. Sobald es den Unglücklichen nicht mehr zwickt und kneipt, hol ich Versäumtes nach, falls nicht Contre-Ordre von Dir eintrifft.

Ich habe Dir viel herzliche Grüße zu bestellen, und zwar von Perücken-Wihl. Ich geb ihm flottweg diesen Zunamen, weil ich mir nicht denken kann, daß jemand von eigner Haarfülle einen solchen Tafelaufsatz mit sich umher-

schleppen kann. Das ist ja Stoff für zwei moderne So-
phas – beiläufig bemerkt, verdammte Dinger, die für am-
putierte Voltigeurs, aber nicht für Grenadierfiguren das
rechte Maß haben. Doch à nos moutons! Wihl (ist er mit
Ludwig Wihl verwandt?!) war bei der Fanny Lewald. Er
schien dort sehr gut angeschrieben, was sich daher erklärt,
daß er sie seit Wochen unterm Pinsel hat. Ich weiß nicht,
ob es Kniestück oder sonst was wird, – jedenfalls, wenn er
nur halb wiedergibt, was die Natur geschaffen, muß es ein
stattliches Bruststück werden. Übrigens scheint Wihl, allen
Ernstes, ein sehr guter Kerl, eine sogenannte „Seele"; von
Dir sprach er mit Liebe und einem guten Stück Bewunderung; Du mußt es doch vortrefflich verstehn, an rechter
Stelle Deine Trümpfe auszuspielen! – Er läßt Dir sagen,
„Lear und Cordelia" seien bei Seite gestellt; Williams Gra-
besruhe ist also vorläufig ungefährdet. Eigentlich ist es
schlecht, daß ich so schreibe: Wihl scheint ein ebenso be-
scheidner wie strebsamer Mensch; Du weißt auch gewiß,
wie Du solchen Schnack von mir hinzunehmen hast; fast
bin ich freilich schon zu alt dazu!

Ich erwarte mit nächstem einige Zeilen von Dir; wenn
der Freund in Dir faul sein sollte, so fordere vom *Redakteur*,
daß er dem Freunde einen mahnenden Rippenstoß gibt.

Deine Rezension über Heyses Stück wird hier sehr gebilligt, ich habe sie noch nicht gelesen, weil ich vom
„Deutschen Museum" nur das erste Heft erhalten und im
übrigen gar keine Gelegenheit habe, den Inhalt einzuse-
hen. Mein Buchhändler (Gropius) hat's nicht. Wird „Hemmingstedt" gedruckt, so schicke mir wenigstens das be-
treffende Heft; mög es dasselbe sein, in dem sich
„Th. Fontane" von W. Wolfsohn befindet. Ich setze voraus,
daß Du mich nicht in den Dreck getreten hast.

Dein Th. Fontane

Ich unterlasse auch heut nicht mein Ceterum-censeo:
Wenn Du von einem Redaktionspöstchen hörst, so denk
an mich.

Th. F.

Theodor Fontane an Wilhelm Wolfsohn, [7. August 1851]

27   FONTANE AN WOLFSOHN

Donnerstag Mittag
[Berlin, 7. August 1851]

Mein lieber Wolfsohn.

In der Poststraße ist Dein Paß nicht zu finden und in der Marienstraße hat man ihn weder, noch hat man ihn daselbst je gehabt. So stehn die Affairen. Die Schimpfereien des Polizisten über Unordnung und Bummelei erspar ich Dir füglich.

Du wirst also, falls Du noch nach Böhmen reist, Dein Heil in Dresden beim österreich. Gesandten versuchen müssen. Es ist fatal, aber nicht zu ändern.

Dir ein frohes Wiedersehen all der Deinen von ganzem Herzen wünschend und unter Grüßen für Dich und Gebr. Katz wie immer Dein

Th. Fontane.

28   WOLFSOHN AN FONTANE

Dessau, 19. Januar 1852

Lieber Theodor.

Im Oktober 1850 war's wohl – in den ersten Flittertagen Deiner Ehe, da sagte ich eines Abends zu Dir und Deiner Frau, ich wolle nun auch Anstalten zu meiner baldigen Verheiratung treffen; Zeit wär's nach zehn Jahren. Du lächeltest ungläubig, versichertest aber mit vieler Herzlichkeit, es sollte Dich wahrhaft freuen, dies einmal zu hören. Ich traue Dir noch etwas von der herzlichen Teilnahme zu, mit welcher Du mir damals gegenübersaßest, obgleich ich aus manchen Anzeichen schließen darf, daß Du mich abgetan und Dich so gut wie gar nicht um mich kümmerst. Da ich nun einmal nicht so leicht den Glauben an einen Freund verlieren kann, dem ich stets doch nur die aufrichtigste und treueste Liebe entgegentrug, so erinnere ich mich jener Äußerung und will Dir die Freude machen, zu erfahren, daß ich jetzt Anhalt-Dessauischer Staatsbürger, mich hier häuslich niedergelassen und vom neuen Jahre an verheiratet bin. Ich habe eine sehr gemütliche, allerliebst eingerichtete Häuslichkeit und − bin zufrieden.

Die Tatsachen, welche diesem vorläufigen Zielpunkte vorangegangen − die Summe von Quälereien, Abhetzungen und Kränkungen, von ermüdenden Kreuz- und Querfahrten, unsäglichen Anstrengungen und Opfern, welche in dieser Tatsache liegt, würde Dich vielleicht auch „*überraschen*"; Du hättest bei einiger Kenntnis derselben auf einmal den Beweis, daß es eben keine Redewendung war, als ich vor meiner ersten Reise nach Braunschweig Dir schrieb, ich wollte *Deinen* Jammer nicht mit der Erzählung des *meinigen* erhöhen, und daß jene Stimmung, in welcher ich, mit Deinem Leid beschäftigt, das meinige auf einen Augenblick in den Hintergrund treten ließ, gewiß nicht die passendste Zielscheibe für schlechte Witze war.

In den ersten Tagen meines längeren Aufenthaltes in Braunschweig, als ich den satirisch-parodischen Text, welchen Du mir gelesen, noch frisch im Gedächtnis hatte, begann ich einmal, diesen Text zu glossieren und wies Dir nach, wie ungerecht Du gegen mich gerade in dem Falle warst, der Dich veranlaßte, meine Andeutungs- u. Überraschungslust zu bewitzeln; handelte es sich doch um ein paar Briefe, in denen ich so genau auf alles Hauptsächliche eingegangen war, und wobei ich als „Freund u. Redakteur" so gewissenhaft das meinige getan hatte. − Ich wurde unterbrochen, und damit unsere Korrespondenz bis auf diesen Tag. Seitdem ließest Du mich ruhig bei den Verschollenen; Du kamst mit Leuten in Berührung, die leicht über mich hätten Auskunft geben können − aber du fragtest nicht; Du hattest Gelegenheit, Dich meiner zu erinnern, aber − − −

Soll ich trotz alledem glauben, daß Dich die Geschichte meiner Erlebnisse in dieser ganzen Zeit interessieren kann, soll ich nicht fürchten, daß Du sie auch auf den „Müllhaufen" wirfst? Nein, das will ich nicht, und ich traue Dir, wie gesagt, noch einiges Interesse für mich zu. Wenn Du also fragst, werde ich gelegentlich Dir noch mancherlei erzählen.

Könntest Du, könnte Deine Frau nicht auf ein paar Tage der wärmsten und freundschaftlichsten Einladung nach Dessau folgen? nicht allein, um Euch in den luftigen Straßen hiesiger Residenz zu ergehen und den alten Dessauer spielen zu hören, sondern um es Euch ein klein wenig in unserer Häuslichkeit gefallen zu lassen! Ihr sollt mit möglichstem Komfort bei uns wohnen.

Liebster Freund, laß mich Näheres von Dir und Deinen Verhältnissen erfahren. Meiner unveränderten und unwandelbaren Gesinnung sei für alle Zeiten gewiß.

Deiner Frau drücke ich herzlich die Hand und bringe ihr wie Dir die innigsten Grüße meiner Emilie. Sage dem Dr. Müller und Deiner Schwiegermutter alles Feundliche von

Deinem Wolfsohn.

Neujahrswünsche verstehen sich von selbst!

29   FONTANE AN WOLFSOHN

Berlin, d. 21ten Januar 52

Tages-Kalender: Todestag Ludwigs XVI.
Auferstehungstag Wolfsohn-Fontanescher Liebe
und Freundschaft.

Mein lieber Wolfsohn, auch Ehemann!
Vor allen Dingen: gratulor! und dann noch einmal. Hätte Dir's nicht zugetraut; doch beweist das weniger gegen Dich als gegen mich: Du hast meine anzüglichen Zweifel widerlegt, ich aber steh da im vollen Glanze des − Blamiertseins.

Nun aber zu der Dur-Tonart Deines Briefes; – wie kann
man so empfindsam und hinterdrein noch so nachträgrisch
sein?! Und das alles *mir* gegenüber, der ich von jeher zu
den nicht zurechnungsfähigen Leuten gehört habe, die sagen können, was sie wollen – weil man sie auslacht, günstigsten Falles *be*lacht. Ich kann mir aber nicht denken, daß
es was apart Schlimmes gewesen sei. Ich will Dir sagen, wie
die Sache vermutlich liegt: wir waren beide höchlichst verstimmt und mochten Grund dazu haben (für mich steh ich
ein). In solcher Verfassung macht man Scherze, die oft
mehr bitter als witzig sind und nur vor *milden* Ohren noch
allenfalls als das erscheinen, was sie sein wollen. *Verstim-
mung* aber ist kein *milder* Richter und nimmt selbst das
halbweg Gelungene vors Seziermesser und schneidet daran
herum, bis das Lachen und Weinen des Humors zu häßli-
cher Fadheit und – Bitterkeit wird. Wenn das am grünen
Holze geschieht, was dann am dürren? und ich leugne
nicht, daß mein Brief viel Dürres gehabt haben mag. Wie
könnt es anders sein? Man gibt, was man hat. Die Verhältnisse hatten mich sehr ausgetrocknet, es war Wüste überall:
im Kopf, im Herzen und vor allem im Beutel. – Ich habe
sehr traurige Monate zugebracht und so recht kennengelernt, entweder wie schwer es überhaupt ist, auch nur das be-
scheidenste Brot zu finden, oder aber wie wenig Leute es gibt,
die bereit sind, es einem suchen zu helfen. Freilich darf ich
mit Freude und Genugtuung hinzufügen, daß meine eigentlichen Freunde (Lepel an der Spitze) sich mit wahrer Gene-
rosität gegen mich benommen haben, aber solche Rettungs-
mittel von heut auf morgen frommten mir verhältnismäßig
wenig, und wo es galt, den Einfluß Fernerstehender (die mir
. meine Verse oft genug gelobt und mich ein liebenswürdiges
Menschenkind genannt hatten) geltend zu machen, da
waren die Maul-Mäzene, die da glaubten, mit ihrer Tee-
Lurke und ihren häßlichen Töchtern alles abgemacht zu
haben, niemals zu Hause. Hol die Pest alle feigen Memmen, –
der Himmel aber bewahre jeden ehrlichen Menschen vor
Bittstellerei, Antichambrieren und Bedientengesichtern.

Auf welche Weise ich mich schließlich aus der Affaire gezogen habe, das möge einem zweiten Briefe vorbehalten bleiben. Für heute nur die Mitteilung, daß ich seit November v. J. wenigstens wieder zu essen habe, wenn auch nicht allzuviel. Am 14ten August, just im höchsten Hunger-Stadium, ward mir ein kleiner Junge geboren, ein liebenswürdiges, reizendes Kind, das kein Mensch, mit Ausnahme seiner Eltern, schön finden will, – diese aber auch doppelt und dreifach. Würmchen heißt George Emile. Den Namen „Theodor" verweigerte ich, trotz Bitten meiner Frau, mit Beharrlichkeit, da ich meinen Ruhm auch mit meinem Erstgebornen nicht teilen will. Mag er selbst dafür sorgen, vielleicht als Staatsmann oder Feldherr.

Wend ich mich vor Tores Schluß wieder Dir zu. Ich sehe binnen kürzester Zeit detaillierten Mitteilungen (ich kann nicht mal die *Fragen* aufschreiben, sie würden einen Brief füllen) von Dir entgegen; leicht möglich, daß ich mit einem Besuche (freilich dann allein, da meine Frau das Kind nicht verlassen kann) darauf antworte. Leider ist es mir versagt, der Einladung eine Einladung folgen zu lassen, denn der beste Teil unserer Wohnung (Louisenstraße № 35) ist Chambre garnie vermietet, und nur zwei Zimmerchen sind zu unsrer Verfügung. Leider bleibt mir nicht einmal der Trost beßrer Zeiten; ich muß Gott danken, wenn es bleibt, wie's ist. Nun leb mir wohl, empfiehl mich Deiner Frau, von der ich aus alten Zeiten her *große Stücke* halte, und befriedige die Teilnahme und die Neugier

Deines Th. Fontane

Meine Frau grüßt herzlich!

Schreib mir unter anderm auch, wie Du mit Prutz auseinandergekommen bist; ich war sehr erstaunt.

30 WOLFSOHN AN FONTANE

Dessau, 25. Januar 1852

Wie sehr ich Dich liebhabe, mein Theodor, das hättest Du vorgestern deutlich genug in meinen Mienen lesen können, wenn Du mich hier auf dem Wege von der Post nach meiner Wohnung sahest. Ich hatte mir eben Deinen Brief geholt und las auf offener Straße bei hellem Sonnenschein. Ungestört ist dergleichen freilich auch nur in unserm lieben Dessau zu bewerkstelligen, da die Gefahr, von jemand angestoßen oder gar überrannt zu werden, hier selbst in der Jahrmarktszeit zu den sanguinischen Vorstellungen gehört.

Alter Freund! Laß mich hoffen, daß die bittren Erfahrungen, die ich Euch schmerzlich nachempfinde, Dir nicht zu tief ins Herz gefressen. Ich wüßte wenige, die nicht schweres Lehrgeld haben zahlen müssen, um nur dieses ganze Pack gründlich verachten zu lernen, aber auch, um an einzelne Menschen wärmer und inniger glauben zu lernen. – Davon werden wir uns beide noch viel zu sagen haben.

Detaillierte Mitteilungen von mir darfst Du um so weniger erwarten, je näher Du mir Deinen Besuch in Aussicht stellst. Wenn Du mit den bloßen Fragen einen Brief füllen kannst, so brauche ich zur Beantwortung doch mindestens den Raum von einem halben Hundert Briefen. Da sollt ich der Narr sein, ein paar volle Tage ans Schreiben zu wenden, damit Du ja kommst und ich dann um so weniger zu reden haben! Schöne Ökonomie das! Ich bitte Dich –
„schone *nicht* meine Lunge!"
Aber ernstlich! Wir müssen uns sehen, wir haben unendlich viel miteinander auszutauschen, und darum schieben wir unsere Zusammenkunft ja nicht lange hinaus. Ich käme gern nach Berlin; doch abgesehen davon, daß ich in den ersten Tagen meiner Häuslichkeit mich nicht so bald aus ihr entfernen möchte, wäre auch mein Besuch viel zu kostspielig. Gasthofsrechnungen! Du weißt, was das sagen will. Dir

hingegen kostet Dein Aufenthalt hier *gar nichts* – und fallen Dir die Reisekosten schwer, so läßt sich auch davon noch reden. Also überlege nicht zu lange; was Du Dir aber überlegen magst, ist, ob Du nicht hier Katz etwas zum Verlag anbieten kannst, damit sich das Nützliche mit dem Angenehmen (wie ich mir schmeichle!!) verbinde. Nur schreibe, *wie*, *wo* und *wann*.

Im Frühjahr muß übrigens auch Deine Frau mal her. Wird sich doch wohl mit dem lieben Kindlein, dem ich das beste Gedeihen wünsche, irgendwie arrangieren lassen. Die reine Luft hier würde ihr sehr wohltun. Dessau ist äußerlich ein allerliebstes Städtchen und hat eine reizende Umgebung.

Meine Emilie grüßt herzlich und gratuliert zum Erstgeborenen. Auf Wiedersehen also!

Dein Wolfsohn

Im Oktober habe ich mit Schauenburg in Bonn ein paar Tage zugebracht.

31 FONTANE AN WOLFSOHN

Berlin, d. 1ten Februar 52

Mein lieber Wolfsohn.

Ich kann den Karnevals-Monat nicht fröhlicher beginnen als mit einigen Zeilen an Dich und der Vorstellung, daß ich innerhalb weniger Tage Dich wiedersehen werde. Deiner freundlichen Einladung bin ich nicht im Stande zu widerstehen. Aller Wahrscheinlichkeit nach komm ich nächsten Mittwoch (den 4ten) mit dem ersten Zuge. Paßt Dir's nicht, so schreibe noch vorher; umgekehrt werd ich Dich im Verhindrungsfall nicht nur durch mein Ausbleiben, sondern auch durch einige Zeilen von meinem Abgehaltensein in Kenntnis setzen. Solchen Brief würdest Du aber auch erst am Mittwoch erhalten können, da ich immer erst Dienstag Mittag erfahre, ob meine Anwesenheit für den nächsten Tag nötig ist oder nicht.

Für Katz was mitbringen wird seine Schwierigkeit haben; meine neuen Arbeiten füllen nicht annähernd einen Band und sind nur gerade ausreichend, um Früheres zu vervollständigen. Dies war sogar (soviel das bei freier Produktion noch möglich ist) *bewußter* Zweck beim Niederschreiben. Auf die Gefahr hin, mich lächerlich zu machen und denen zugesellt zu werden, die einsame Wandrer auf der Landstraße anfallen, um ihnen ihre Gedichte vorzulesen – werd ich trotz alledem und alledem eine leidliche Rocktasche voll Manuskripte mitbringen, wobei ich Dir nicht einmal den Trost geben kann, daß die Tasche ein Loch hat. Sei also auf alles gefaßt, stärke Dich vorher durch kräftige Nahrungsmittel, laß aber Deinen Geist hungern, damit er allenfalls auch an dem ausgekochtesten Gedanken-Rindfleisch einigen Geschmack findet. Nun leb mir wohl, nimm Grüße von mir und meiner Frau an Dich und die Deine und recke die Arme zum Empfang Deines

Th. Fontane.

32 WOLFSOHN AN FONTANE

Dessau, 3. Febr. 1852

Lieber Theodor.

Deine Rocktasche erinnerte mich an ein Faktum von Ludwig Wihl, das mir im vorigen Sommer ein Frankfurter erzählte; ich muß aber bemerken: sans comparaison. Ludwig Wihl hat bekanntlich eine Leidenschaft zum Vorlesen seiner Gedichte, wie kein Staubgeborener. Da er nun keine so reizenden Gedichte schreibt wie Fontane und ähnliche Kerle, so ist der schrecklichste der Schrecken – Ludwig Wihl mit einem Blatt in der Hand. Ein Frankfurter Damenkreis lockte ihn herbei, um sich über ihn lustig zu machen, wurde aber bald aus dem Spaß herausgelesen. Wihl kam jeden Sonntag und las die Damen halbtot. Endlich faßt sich die Tochter vom Hause ein Herz, und als er eines Sonntags erscheint, nimmt sie höflich seinen Überrock in Verwahrung, greift heimlich in die Tasche, findet richtig ein dickes Paket Gedichte und bringt das dahin, wo weder Mond noch Sonne es bescheint. Nach einer halben Stunde spürt Wihl Leselust; er eilt nach seinem Überrock, sucht in der Tasche – die ist leer. Verstört kommt er herein und klagt den Damen seine Zerstreutheit, in welcher er das ihnen zugedachte M[anuskri]pt vergessen. Das junge, diebische Mädchen triumphiert: aber Wihl ruft nach kurzem Besinnen: halt! hier habe ich noch mehreres in meiner Busentasche! – Er fängt zu lesen an, und die Tochter vom Hause grollt halbohnmächtig mit den ewigen Mächten.

Daß ich die Arme zu Deinem Empfang recken werde in allen Dimensionen, ich möchte fast sagen, auf breitester Grundlage, brauche ich Dir nicht erst zu versichern.

Ich habe Dir in meinem letzten Briefe schon angedeutet, daß ich anfange, das „Nützliche mit dem Angenehmen" (verwünschtes Philisterprinzip!) verbinden zu lernen. Ein neuer Beweis meines sich entwickelnden Utilitariersinnes in Folgendem:

Eben war meine Frau im Begriff, sich aus Leipzig ein größeres Kaffeebrett, als wir haben, zu erbitten – da kommt die Ankündigung Deines Besuches, und ich riet ihr, den kaffeetrunkenen Blick nach Berlin zu wenden, wo man die schönsten Bretter aller Art hat, nur die unter Hülsen ausgenommen. Ein hübsches, aber einfaches bring uns mit, die Länge – *eine* Elle – im Preise von 2 Rtr., die ich hier beischließe. Soll es durchaus ein paar Gr. mehr kosten und Du willst sie auslegen, so erstatte ich Dir diese.

Nun auf glückliche Ankunft! Viele Grüße an Deine Frau und die Deinen.

Wolfsohn

33 FONTANE AN WOLFSOHN

Berlin, d. 27ten Februar 52
Louisenstraße 35

Mein lieber Wolfsohn.

Auf die Gefahr hin, daß Du auch von mir mal schaudernd berichtest: „er schrieb an mich auf – Packpapier" – erhältst Du diese Zeilen dennoch auf nicht viel was Besserem. Ich hätte früher von mir hören und die Versicherung, daß ich mich über Deine Häuslichkeit herzlich gefreut habe – eher in Deine Hände gelangen lassen, wenn ich nicht Tag um Tag voll Erwartung des Briefes an Professor v. d. Hagen und einiger begleitenden Zeilen gewesen wäre. Sie blieben und – bleiben aus, so gönne mir denn die Initiative!

Meine Reise zu Dir hat allerhand Schönes in mir zurückgelassen: Anschauungen, Bilder, Erinnerungen und – einen Nasen-Polypen. Wenige Tage nach meiner Rückkehr erklärte mir mein Arzt, daß sich in Folge chronisch gewordenen Schnupfens ein liebliches Schmarotzergewächs der Art ausgebildet habe. Ich war sehr niedergeschlagen und bin es meistenteils noch, da die Lästigkeiten beim Sprechen (das ewige Näseln) mich täglich hundertfach an meinen Jammer erinnern.

An Siegmund Wolff schrieb ich gleich und legte einige überaus anerkennende, herzlich wohlwollende Zeilen Varnhagens (an den ich mich in Deinem Auftrage gewandt hatte) bei. Die Antwort ersiehst Du aus der Anlage; – dummerweise hat das Wölffchen auch die Varnhagenschen Zeilen verloren, so daß wir der besten Empfehlung wiederum entbehren. Ich frage hiermit bei Dir an, welche weiteren Schritte ich mit dem A. Jungschen Manuskripte tun soll! Hat Hertz es schon in Händen gehabt?!

Meine eignen Angelegenheiten stehen für den Augenblick nicht ganz schlecht. Bei Humboldt – an den ich mich schriftlich wandte – erlebt ich zwar einen glänzenden Abfall, doch hat sich die „Preußische Zeitung" bereit erklärt, mir gegen Einsendung von Feuilleton-Artikeln etc. mein jetziges Gehalt zu lassen, so daß wenigstens für meine zurückbleibende Frau gesorgt ist. Ob ich das Reisegeld noch auftreiben werde, steht bei den Göttern; – es wäre hart, wenn an solcher Lumpensumme die ganze Angelegenheit scheiterte.

Mit Katz hast Du wohl noch nicht gesprochen? Es könnte auch ohnehin nichts draus werden, da – gleichviel ob ich reise oder nicht – mir alle Muße und Muse fehlen würde, die Übersetzungen zu vervollständigen.

Wie geht Dir's? Bist Du noch immer der einzige Mensch in Dessau, der vor einem herzoglichen Wagen *nicht* den Hut abnimmt? Ist das Haus des Konditors noch immer das einzige, in das Du aus- und eingehst? Gib mir Antwort auf meine Fragen; was Du aber auch über Deine Zukunft beschließen magst, – *vor allem hüte Dich vor Berlin.* Es hat alle Reize, die Du ihm gibst, aber die Konkurrenz ist unglaublich und wird nur noch durch die Kargheit in Lob und Anerkennung übertroffen, die hier dem Strebsamen die geistige Lebensluft entzieht, deren er zu seiner innern und äußern Existenz bedarf. Du bedarfst befreundeter Herzen, ermunternder Worte – beides ist hier rar; aber an schlechten Witzen ist Überfluß, und der Berliner ist das fleisch- und beingewordene nil admirari. – Darüber ein andermal mehr. Empfiehl mich Deiner lieben Frau, die ich aufs neue schätzen und lieben gelernt habe, angelegentlichst und laß gelegentlich von Dir hören.

Th. Fontane

34   Wolfsohn an Fontane

Dessau, 29. Februar 1852

Lieber Theodor.

Nicht „gelegentlich", sondern gleich beantworte ich Deinen langersehnten Brief, wenn auch gerade in diesem

Augenblicke ein katarrhaler Zustand – vielleicht durch
den Schreck über Deinen Nasenpolypen gesteigert – sich
mir bis zu fieberhafter Zerschlagenheit fühlbar macht.

Daß ich die Epistel an Nibelungen-Hagen, oder vielmehr das, was ich damit bezweckte, habe bleiben lassen, ist
großenteils Folge derselben Erwägung, die Du mir jetzt mit
so innigem Verständnis meines ganzen Wesens nahelegst.
Um die Lorbeeren der Singakademie war und ist es mir
nicht zu tun; nur ein Debut, an das sich möglicherweise ein
Engagement knüpft, könnte mir unter meinen gegenwärtigen Verhältnissen noch wünschenswert sein; an Zeitungs-
lob, den Huldigungen ästhetisierender Salons, kollegialen
Gelehrtenkomplimenten u. dgl. habe ich bei mehr als hun-
dertmaligem öffentlichem Auftreten mich längst übersät-
tigt und *darum* tue ich jetzt wahrlich keinen Schritt aus
meinem Zimmer. Ob ich aber selbst von dem glänzendsten
Sukzeß in der Singakademie etwas Reelles zu erwarten
hätte, wurde mir bei näherer Betrachtung mehr und mehr
zweifelhaft. Meine eigenen Erfahrungen und zum Teil
auch die Deinen fallen schwer in die Wage. Ein wahr-
scheinlicheres Resultat dieser Gastrolle wären allenfalls
mancherlei gesellige Annehmlichkeiten bei dauerndem
Aufenthalt in Berlin; aber daran denk ich nicht mehr. Täg-
licher Verkehr mit einem so lieben Menschen, wie Du es
mir bist, hätte mich freilich die schneidende Luft Berlins
weniger empfinden lassen – nun gehst auch Du fort, und
da wäre ich ein Narr, den Aufenthalt an Orten, wo ich
Freunde habe, wo auch das wenige, was ich leiste, zur Gel-
tung kommt, mit einer kalten glänzenden Fremde zu ver-
tauschen. Ob Braunschweig, ob Dresden ist fortan noch
die einzige Frage, zu deren Entscheidung gelegentlich auch
Dein Rat mitwirken soll. Einstweilen lebe ich hier in glück-
licher Zurückgezogenheit; die kurze Charakteristik in Deinem Briefe ist immerhin treffend genug. Freilich, als Du
nach warm durchsprochenen Stunden mit dem Dampfwa-
gen davonsaustest, hatte ich stark mit wehmütiger Sehnsucht zu kämpfen.

Um Deine eigenen Angelegenheiten mache Dir nicht zu viel Sorge, lieber Freund. Ich habe viele und *wohlgegründete* Hoffnung, Dir, im Falle Deine Versuche mißglücken, *doch* helfen zu können – wenn ich nur erst aus dem Dilemma zwischen Jung u. Dir heraus bin.

Also zuallervörderst Jung betreffend: ich poche noch einmal selbst bei Wolff an, und dies ziemlich stark. Beif[ol-gende] Zeilen an ihn kannst Du lesen, dann mit Oblate zu-siegeln und vielleicht noch mit einem „Auch ich" usw. be-gleiten. Sagt aber Wolff gleichwohl: „Es gibt nur *einen* Lehmann!", so wende Dich mit Grüßen von mir usw. usw. an Hertz. Zuvor jedoch, und zwar *sofort*, mußt Du noch einmal zu Varnhagen; ich beauftrage Dich hiermit feier-lichst, ihn zu besuchen, ihm zu sagen, daß Wolff entweder so dumm gewesen, die schönen Zeilen zu verlieren, oder, was wahrscheinlicher, so klug gewesen, das wertvolle Auto-graph zu unterschlagen; um des armen Jung willen aber möge er sich ja gleich noch einmal bemühen, sintemalen ich (der dem Herrn Geh. Legationsrate sich mit herzlicher Verehrung empfiehlt und bald schreiben wird) Freitag, den 5. März, nach Braunschweig reisen will (historisches Fak-tum!), um daselbst bis Montag zu bleiben – Zeit genug also, mit den dortigen Buchhändlern Vieweg und Wester-mann über Jung zu sprechen, bei denen aber zieht Varnha-gen außerordentlich! Du siehst, es ist kein Tag zu verlieren; suche es ja möglich zu machen, daß Varnhagens empfeh-lende Zeilen spätestens Donnerstag abends in meine Hände gelangen. Nach meiner Rückkehr von Braun-schweig will ich Dir gleich schreiben.

Mit Katz habe ich allerdings gesprochen, und wie! mit tausend Zungen. Er meinte, über 20 Balladen ließe sich weit eher als über 10 reden; buchhändlerische Rücksichten, die ich ihm nicht verübeln kann, und doch tut es mir um jeden Tag leid, den Du mit Veröffentlichung dieser wun-derbaren Dichtungen zögerst. –

Deinen Nasenpolypen suche ja loszuwerden, ich bitte Dich. Scheue den Schmerz nicht und laß ihn entwurzeln, wofern nicht der Arzt mit *Sicherheit* von gelinderen Mitteln gleichen Erfolg verspricht.

Könntest mir einen rechten Gefallen tun, wenn Du Dich bei dem russischen Teehändler (ich glaube, auf der Charlottenstraße) erkundigen wolltest, wie hoch er ein Pfd. russ. Tee verkauft.

Schließlich noch den festesten Händedruck und die innigsten Grüße Deiner lieben Frau, die wir doch jedenfalls hier sehen werden. Deinem Jungen flüstere mal meinen Namen ins Ohr und sieh, welch ein Gesicht er dazu macht.

Dein Wolfsohn

[Nachschrift von Emilie Wolfsohn]

Ich benutze die Gelegenheit, die sich mir durch Wilhelm bietet, Ihnen nochmals recht herzlich für Ihren freundlichen Besuch zu danken. Leider werden uns so schöne Stunden nicht oft geschenkt; wir erinnern uns Ihres Hierseins mit wahrer Freude. Kommen Sie doch ja bald wieder zu uns. Wir rechnen darauf. Unsere Segenswünsche begleiten Sie, wohin Sie auch immer gehen werden. Möge der Allgütige Ihr Streben lohnen und Sie wie Ihre liebe Frau Gemahlin und Ihr Söhnchen mit dem schönsten Glück erfreuen.

Ich bitte, empfehlen Sie mich Ihrer lieben Frau Gemahlin aufs wärmste. Ihre freundschaftlichst ergebene

Emilie Wolfsohn

35 FONTANE AN WOLFSOHN

[Berlin, Mitte März 1852]

Mein lieber Wolfsohn.

Es war mir geradezu unmöglich, die Jungsche Angelegenheit und was alles drum und dran hing in 2 mal 24 Stunden zu besorgen. Deinen Brief erhielt ich am 1ten oder gar erst am 2ten; am 5ten wolltest Du bereits reisen, so hatt ich denn höchstens zwei Tage zu einem Gang in die Hertzsche Buchhandlung und zu einer Visite bei Varnhagen. Hertz aber würde sich schwerlich so rasch entschieden haben. Dazu kam, daß eine abermalige Attaque auf Varnhagen mir — wie die Berliner sagen — völlig gegen die Leber war, und ich statt dessen es vorzog, die *erste* Empfehlung *nötigenfalls mit Gewalt* dem Autographensammler Wolff & Compagnie aus den Zähnen zu reißen. Nach wiederholten Angriffen von meiner Seite, die schließlich mit schwerem Geschütz geführt wurden, bin ich endlich Sieger geblieben und schicke Dir beifolgend die eingebüßte, nun wiedereroberte Trophäe. — Ich denke, gestützt auf diese Varnhagenschen Zeilen kannst Du Dich sofort an *Vieweg* wenden; der Zettel — ich kenne den Rummel — ist ihm bei Beurteilung des Manuskripts ungleich wichtiger als das Manuskript selbst. Dies letzte werd ich heut oder spätestens morgen an Hertz senden. Schilt es nicht Saumseligkeit, wenn das erst jetzt geschieht; — aber einmal bin ich fest überzeugt, er nimmt es doch nicht, dann — und das mag mich zumeist entschuldigen — steck ich dermaßen in Arbeit und Reisevorbereitungen drinne, daß ich wirklich über blitzwenig freie Zeit verfüge. Die schriftliche Hertzsche Antwort werd ich Dir, gleichzeitig mit dem Manuskript (er müßt es denn behalten wollen), nach Dessau einsenden.

Eben les ich Deinen Brief nochmal mit Aufmerksamkeit durch und ersehe daraus, daß Du aller Wahrscheinlichkeit nach aus Braunschweig längst zurück bist. Ich halt es in diesem Fall doch für besser, die Varnhagenschen Zeilen noch erst bei Hertz wirken zu lassen, — begnüge Du Dich derweil mit einer Abschrift, die ich diesen Zeilen beipacken werde.

Mit meinem Polypen ist es nichts, was mich — da meine Reise auf den 3ten April festgesetzt ist — natürlich sehr glücklich macht; — solche Geschichte hätte mir meinen ganzen englischen Aufenthalt total verleidet.

Die erforderlichen Gelder hat mir schließlich doch mein

Papa aufgetrieben. Wenn es zum äußersten kommt, ist es doch immer die *Familie*, die für einen einsteht, – drum wohl dem, der eine hat. Unter meinen Freunden hier an Ort und Stelle hat sich nur, wie immer, mein alter Lepel bewährt.

Daß Katz keine Lust verspürt hat, auf die Balladen anzubeißen, wundert mich weder, noch tut es mir leid. Er ist auch keineswegs der Verleger, den ich mir wünsche, und filzt in mehr als landesüblicher Weise; – und das will viel sagen. Vor 14 Tagen oder gar schon vor 3 Wochen schrieb ich an ihn: „ich würde reisen, brauche *viel* Geld und habe *wenig*; – dies bestimme mich, ihm die 2te Auflage meiner ‚Rosamunde' für die *Hälfte* des geforderten Honorars zu überlassen, wenn er es mir noch in diesem Monat einsenden wolle". Darauf keine Antwort. Ich muß bekennen, das ist etwas starker Toback, und Du magst ihm sagen: er könne mir gewogen bleiben. Dieser Schritt von meiner Seite war der letzte; aber ich werde mich hinfort auch nicht sehr genieren und am allerwenigsten mich für irgendwie gebunden halten.

Empfiehl mich Deiner von mir überaus verehrten Frau und dank ihr in meinem Namen herzlich für ihre freundlichen Zeilen. Du laß so bald wie möglich hören, denn über ein Kleines schreiben wir Matthäi am letzten.

Leb wohl.

Dein Th. Fontane

36 FONTANE AN WOLFSOHN

Berlin, Freitag, [26. März 1852]
Mein lieber Wolfsohn.

Auf einem beau-reste des gestern Abend spät von Hertz erhaltenen Ablehnungs-Schreibens schick ich Dir diese voraussichtlich letzten Zeilen vor meiner Abreise nach London. Anbei erfolgt auch die Varnhagensche Empfehlung, die sich trotz ihrer liebenswürdigen Abfassung nicht zureichend erwiesen hat. Der arme A. Jung, in dessen Situation ich mich hineinversetzen kann, tut mir in der Seele leid; – aber andrerseits, wie kann man heutzutage *solche* Bücher machen! Man muß sich schon Zeit nehmen, um die „*Wanderjahre*" des großen Meisters zu lesen, über die pietätreichen Kommentare des Schülers geht die Welt zur Tagesordnung über. Wenn wir den nächsten großen Krieg hinter uns haben und die von Strapazen und Blutverlust müdgewordene Menschheit sich wieder auf ein 30 Jahre langes Ruhebett wirft, mag *Jung* sein Manuskript zum *zweiten* Mal in die Welt schicken. Es ist nicht liebloser Spott, was ich schreibe; – es ist nur Wahrheit. –

Von Katz erhielt ich, mirabile dictu! (vielleicht in Folge einiger Rippenstöße von Dir), schließlich doch noch einen Brief, der mich ehrlich gestanden etwas zum Lachen brachte. Ich schrieb ihm: da Sie noch Exemplare haben und ich Geld brauche, gedenk ich mich mit der Hälfte des Honorars zu begnügen, wenn Sie es mir *jetzt* schicken. Ich betrachtete dabei sozusagen die einzuschusternden 5 Louisd'or wie 100 Prozent Zinsen, die ich ihm für ein Darlehn von 5 Louisd'or zu zahlen bereit war. – Seine Antwort darauf ist sehr komisch; erst schreibt er mir, *was ich weiß*, daß noch Exemplare da sind (sonst würd er zu mir kommen und nicht ich zu ihm) und akzeptiert von meinem Vorschlage weiter nichts als die Reduzierung des *dermaleinst* zu zahlenden Honorars auf die Hälfte. Ich dachte, auf einen gebotenen Profit würde er mit einer Gefälligkeit antworten, statt dessen ist er nicht abgeneigt (sehr freundlich!) auf den Vorteil einzugehen, ignoriert aber das geforderte Gefälligkeits-Äquivalent völlig. –

Doch schon zu viel über die Lapperei! Leb wohl, empfiehl mich Deiner Frau aufs herzlichste, Du laß *bald* von Dir hören, wenn mich Dein Brief noch treffen soll.

Dein Th. Fontane

Bestimm auch über das Manuskript! Nötigenfalls – wenn Du nicht vorher schreibst – besorgt meine Frau das Erforderliche.

37 Wolfsohn an Fontane

Dessau, 2. April 1852

Liebster Theodor.

Es ist dies nicht der Augenblick, auf die Einzelheiten Deiner letzten Zuschrift einzugehen. Diese Zeilen sollen Dir nur meine herzliche Freude über das Gelingen Deines Planes kundgeben und meine und meiner Frau innige Segenswünsche bringen. Die Liebe geleite und beglücke Dich! Deiner guten Frau Kraft und Mut bei der unvermeidlichen Trennung, und ein baldiges, ein frohes Wiedersehen!

Gib bald Nachricht

Deinem Wolfsohn.

Jungs Manuskript würde ich mir per Buchhändlergelegenheit (durch Katz) erbitten.

38 Fontane an Wolfsohn

Berlin, d. 16ten Novemb. 52
Louisenstraße 35

Mein lieber Wolfsohn aus Odessa.

Wenn ich mich frage, wie lang ist es, daß Du an Wolfsohn aus Odessa schreiben willst, so krieg ich Lust, mir die selbstgestellte Frage mit: „seit mehreren Jahrhunderten" zu beantworten; so lange kommt es mir vor. Genauer betrachtet sind es dann freilich nur sechs Wochen, denn just so lange bin ich von England zurück. Ich habe inzwischen von

Dir gehört; Dr. Pabst schöpft mit mir politische Weisheit
an einer und derselben Quelle und brachte mir, auf gut
Glück, Grüße von Dir. Ich wette, Du hast ihm gar keine
aufgetragen. Schreib mir doch, was mein Kollege eigentlich für ein Männeken ist; er hält so wohlgesetzte Reden
(alles gleich druckreif), wie man sie nur im Elbflorenz zu
hören kriegt, alles wunderschön, aber langweilig, glatt, aber
auswendig gelernt, so daß man immer rufen möchte:
„Siehe Lessing, Teil III, pag. 199". Meine erste Begegnung
mit ihm war sehr komisch: „Ah, Herr Fontane?! Ich habe
mehrere Artikel von Ihnen im ,Deutschen Museum' gelesen; vortrefflich, geistvoll, interessant." Als er so sprach,
sah ich die einsame Gestalt des „Tages von Hemmingstedt"
(dieses Unikums meiner „Museum"-Tätigkeit) mit zwei
sächsischen Kassenscheinen in jeder Hand rasch an mir
vorübergehn und wollte Herrn Pabst begreiflich machen,
daß er trotz der Unfehlbarkeit seines Namens auf einem
leidlichen Holzwege sei, als er mir, beschwichtigend, in die
Rede fiel mit einem: „O bitte! bitte! interessant! ich erinnere mich sehr wohl." Die Lewald sagte mal: „Lepel, Ihre
Liebeslieder kann ich nicht leiden", sie zitierte dann als Beweis ein Gedicht, wo 2 Trasteveriner drin vorkommen, die
sich 7 Strophen hindurch keilen und zuletzt faktisch tot-
schlagen. An dies Irrtümelchen mußt ich wieder denken.
Nun aber eine ungleich wichtigere Frage: hast Du auch von
mir gehört? Ich sah Devrient oder wie Pabst und jeder
ächte Drääsdner sagt, „den Emil", mehrfach in London,
unter anderm bei Bunsen, wo er der bewunderte Stern des
Abends war, während ich auf einem ausgeblaßten Blau-At-
las-Stuhl mich ennuyierte mit wenigstens 6 Möpse-Kraft.
Wär ich „Stern" gewesen, hätt ich's vermutlich interessanter gefunden. So aber war meine Seele gelb vor Neid, viel
gelber als meine Handschuh, die ich eine halbe Stunde
lang mit Brotkrume gesäubert und auf die Art mich überhaupt erst erscheinbar gemacht hatte. Ach, man ist nichts,
wenn man aus seinem eigentlichen Boden gerissen ist;
Leute, die hier mit meiner Bekanntschaft renommieren

würden, wandten mir dort den Rücken; aber ich habe sie mir alle gemerkt, und wenn ich mal Gesandter werde – was ich durchaus nicht für unmöglich halte –, so sollen sie alle auf verblaßten Blau-Atlas sitzen und hungern (wie ich), daß ihnen die Schwarte knackt. – Vielleicht sind Dir auch „Londoner Briefe" im Feuilleton der langweiligsten Zeitung Deutschlands (und das will viel sagen) zu Gesicht gekommen; – ist dem so, so weißt Du auch annähernd, wie mir's in England ergangen ist, oder richtiger, wie ich's gefunden habe. Für jene Briefe such ich jetzt einen Verleger; – kannst Du mir dabei behülflich sein? Katzen will *ich* weder noch will *er.*

Meine Frau ward in meiner Abwesenheit entbunden; das Kind starb wieder; alles das beschleunigte meine Rückkehr, die ich sonst wohl noch um ein paar Wochen verschoben hätte.

England ist groß, schön, erhebend, aber auch wieder klein, beschränkt und langweilig. Der *äußere* Mensch hat es dort weiter gebracht, jede Art der Repräsentation steht in Flor und läßt uns als bloße Stümper erscheinen, wir versteigen uns knapp bis zur *Nachahmung,* auch dazu sind wir zu pauvre. Aber *innerlich* sind wir weiter und überhaupt wohl die *ersten.* Die Menschen sind überall borniert, nur hier nicht; das macht, wir sind klug, bescheiden und gerecht. Vielleicht, daß wir nach Gottes Fügung als *Nation* flöten gehn, dann aber werden wir der Sauerteig sein, der aus dem Mehl und Wasser der übrigen erst was macht. In Kunst und Wissenschaft sind wir die Nonpareils; vor England haben wir beides voraus, vor Frankreich mindestens das letztere, wie wohl auch unsre Kunst solider ist und wir ihm das leidige Virtuosentum gönnen mögen. – Dieser Brief ist nur ein ausgestrecktes Fühlhorn, um zu erfahren, ob Du überhaupt da bist. Antworte mit Details, und ich werde mit gleicher Münze zurückzahlen. Meine Frau empfiehlt sich der Deinen, so tu auch ich und bleibe wie immer Dein

Th. Fontane

39 FONTANE AN WOLFSOHN

Kränzlin bei Neu-Ruppin, d. 7ten Juli 53

Lieber Wolfsohn.

Sehr schade, daß Deine freundlichen Zeilen nicht 2 × 24 Stunden eher in meinen Händen waren, – ich würde dann Deiner Aufforderung mit tausend Freuden Folge geleistet und mich unverzüglich nach Dessau begeben haben. Nun ist es zu spät; ich stecke hier nicht weit von der mecklenburgischen Grenze, habe demgemäß Geschäft und Literatur (was leider ein und dasselbe ist) wie eine Zwangsjacke abgestreift und klettre hier in den Kirschbäumen umher, als wär ich schon bei Lebzeiten in den Balg eines Eichhörnchens gefahren.

Du schlechter Mensch renommierst mit den Vergißmeinnichts (wenn Du noch mit „Veilchen" – L. Fort 1840 – renommiert hättest!!), die Du für mich auf der Brühlschen Terrasse oder im Großen Garten voll treuer Freundschaft gepflückt hast und hast doch einen leidlich verdrehten Brief (um desto strafbarer) unbeantwortet gelassen, den ich bald nach meiner Rückkehr von England an den „Dr. C. W. Wolfsohn aus Odessa" geschrieben und zur Post befördert habe. Der Brief hatte freilich den Fehler, ein Hurra für Wolfsohn-Vater und eine ergebenste Empfehlung an Wolfsohn-Sohn nicht zu enthalten, aber der Ruhm Deiner Tapferkeit und Erfolg gekrönten Energie innerhalb Deines ehelichen Wirkungskreises war damals noch nicht über den Kanal gedrungen, und ich sprang in Ostende ans Ufer, ohne eine Ahnung von der Katastrophe zu haben, die sich schon damals auf der Lüttichaustraße vorbereitete. Verzeihung! Nimm heute, trotz vorstehender Faselei, meinen treu-gemeinten Glückwunsch und möge die Zahl Deiner Kinder mit der Deiner Pensionäre (sonst würden Mißverhältnisse unvermeidlich sein) stets gleichen Schritt halten.

Mir selbst geht es eigentlich schlecht. Ich soll die

Die Brühlsche Terrasse
Aquarellierte Lithographie. Um 1840

Schwindsucht haben und einem nun halbjährigen Husten
nach muß ich's selber glauben. Ich war 4 Wochen in Bethanien und trank Ober-Salzbrunnen, hier trink ich Mol-
ken − dennoch wird es nicht besser und nehm ich diesen
Husten mit in den nächsten Winter hinüber, so kann ich
einpacken. Eine Reise nach Italien wäre ein Rettungsmit-
tel, statt dessen werd ich binnen wenigen Wochen wieder
in der alten Tretmühle gehn und so lange Zeitungsartikel
schreiben, bis ich eines schönen Tages auf der Hinterseite
der Zeitung unter den Annoncen zum letztenmal und ohne
mein Dazutun die Aufmerksamkeit eines verehrlichen Publikums für mich in Anspruch nehmen werde. − Wie Gott
will! Nur keine lange Quälerei, wenn ich bitten darf. Empfiehl mich bei Deiner Rückkehr Deiner lieben Frau aufs
angelegentlichste und behalte auch ferner ein Plätzchen in
Deinem Herzen für Deinen

Th. Fontane

40 FONTANE AN WOLFSOHN

Berlin, d. 25. Juni 54

Mein lieber alter Wolfsohn.

Am Freitag früh wird meine Frau in Gesellschaft einer
andern sehr hübschen jungen Dame (übrigens auch verheiratet) von hier aufbrechen, um eine Tour nach Dresden
und in die Sächsische Schweiz zu machen.

Sie reisen ohne männliche Begleitung, und es ist im hohen Rate der Ehemänner *Deine* Tugend auserkoren worden, für Dresden ihre Stütze, ihr Ratgeber und Führer zu
sein.

Erlaubt es Dir Deine Zeit und Deine Neigung, dieser Ernennung Folge zu geben, so laß es mich *umgehend* (also bis
Dienstag) wissen, da andren Falls andre Kräfte flüssig gemacht werden müssen.

Empfiehl in Deinem Briefe auch einen Gasthof; − ich

Emilie Fontane geb. Rouanet-Kummer. Um 1854

halte Hôtel de Saxe oder de Rome fürs beste. Kosten er-
wachsen Dir aus Deiner Ciceronenschaft nicht, da die eine
der jungen Frauen – freilich nicht die meinige – so gut bei
Kasse ist, wie es die Gattinnen großer Rittergutsbesitzer zu
sein pflegen.

Die herzlichsten Grüße Dir und Deiner lieben Frau.
Wie immer Dein

Th. Fontane
Louisenstraße 35

41   Wolfsohn an Fontane

Dresden, Montag, 26. Juni [1854]
6 Uhr abends

In diesem Augenblick erst erhalte ich Deine Zeilen, mein
teurer alter Freund, und antworte stante pede, was bei
mir, wie Du weißt, viel sagen will – zumal wenn man sich
mitten in einer angreifenden Schauspielszene befindet.

Obgleich ich nämlich tief im Ausfeilen und Tapezieren
eines zweiten fünfaktigen Schauspiels stecke, welches am
ıten Oktober hier zur Aufführung kommen soll und den
bescheidenen Titel führt: „Ein Herr von tausend Seelen" –
will ich Deiner zwei weiblichen Seelen mich mit Stolz annehmen, und zwar nicht ihr Herr (wogegen Du jedenfalls
für Dein Teil Einwendungen machen würdest), sondern ihr
gehorsamster Diener sein. Laß mich nur für den *Fall eines
veränderten Arrangements genau wissen, mit welchem Zuge die
Damen hier ankommen*; ich hole sie ab. Kann Deine Ritter-
gutsbesitzerin einmal an das teuere Hôtel de Saxe denken,
so muß ich *entschieden* zu dem um nichts teuerern Hôtel
Bellevue raten, da es zugleich die reizendste Aussicht bietet, die man in Dresden haben kann, und dicht an der Terrasse und am Theater ist.

Mich findet man jetzt in einer Interimswohnung: Struve-

Die Calberlasche Zuckersiederei, seit 1853 Hotel Bellevue
Stich von J. C. A. Richter nach J. G. Jentsch. Um 1825

sche Str. № 8, dritte Et[age]. Die Erklärung dieses Interim erhält Deine Frau mündlich.

Aber wenn Du doch auch kämest! Ist's denn *gar* nicht möglich? Habe *sehr viel* auf dem Herzen gegen Dich und bin eben deshalb nicht zum Schreiben gekommen. Ich wäre gern schon längst einmal nach Berlin – bloß um Dei-netwillen.

Meine Frau freut sich auf Deine; letzterer will ich denn auch meinen in Freundeskreisen hier sehr gefeierten Prin-zen präsentieren. Möglich, daß sich demselben als *Weih-nachtsgeschenk* ein zweiter Wolfsohneide oder Wolfsohnei-din zugesellt.

Dein W.

NB. Nur die *Vormittage Sonnabend und Mittwoch* bis 3 Uhr kann ich leider Deinen Damen nicht widmen, soll aber schon *aufs beste* für sie gesorgt sein. Nur möchte ich nicht, daß sie an einem *solchen Tage* mit dem Frühzuge herreisten, denn ich könnte sie dann nicht am Bahnhof empfangen.

42   FONTANE AN WOLFSOHN

Berlin, Donnerstag Nachmittag [29. Juni 1854]

Mein lieber alter Wolfsohn aus Odessa.

Die Damen reisen morgen früh 7 Uhr, sind also ohnge-fähr um 1 oder 2 (ich weiß es nicht genau) in Dresden. Habe dann die Freundlichkeit, sie zu empfangen und ins Hôtel de Bellevue zu geleiten.

Meine Frau wird Dir neben vielem andren auch erzäh-len, daß in alter Liebe und Freundschaft Deiner gedenkt

Dein Th. Fontane.

43   FONTANE AN WOLFSOHN

Berlin, [19. Juli 1854]
Mittwoch Abend

Mein lieber guter Wolfsohn.

Schönlein, wie ich eben erfahre, ist hier; Deine Reise
kann also unternommen werden.

Für die Freundlichkeit, die Du und Deine liebe Frau
meinen Damen erwiesen haben, den herzlichsten Dank von
Deinem

Th. Fontane.

Es ist schon spät, so daß ich, da ich auch ohne Marken bin,
nicht mehr frankieren kann. Entschuldige!

44   FONTANE AN WOLFSOHN

Berlin, Dienstag früh, [25. Juli 1854].

Mein lieber Wolfsohn.

Vor allen Dingen freuen wir uns aufrichtig, Dich zu
sehen; morgen (Mittwoch) Abend erwarten wir Dich;
kommst Du später, so schreibst Du uns wohl noch eine
Zeile. Am Bahnhof werd ich nicht sein, da Tag und Stunde
Deiner Ankunft doch noch unsicher ist.

Ob T[eichmann] hier ist, kann ich – da ich umgehend
schreibe – nicht sofort erfahren, doch ist an dem Dasein
(in jeder Beziehung) des alten Dusselfritzen überhaupt wenig gelegen. Es ist so einer von der Rumpelkammer, der zufällig noch unter andrem beßrem Mobilar sich rumtreibt
und Hofrat heißt. Düringer, Döring, Stawinsky und noch
einige von der Garde sind da; an Hendrichs wird Dir wohl
auch nicht viel gelegen sein. – Nun leb mir wohl, empfiehl
mich Katz und komme in die ausgebreiteten Arme Deines

Th. Fontanes.

Meine Frau grüßt und freut sich lebhaft, Dich wiederzusehen.

45   WOLFSOHN AN FONTANE

Dresden, 18. Septbr. 1854

Teuerer Freund.

Ich habe Dir versprochen, Dich von Eduard Devrients Urteil über meinen „Herrn von tausend Seelen" zu benachrichtigen – ich halte Wort. Eben ist mir seine Antwort zugekommen. So weh es mir tut, das sagen zu müssen – *er stimmt fast buchstäblich* mit Dir überein und schließt mit den Worten:

„Die gewiß wohlgetroffene Zeichnung der gemeinen Russen, die Gedankenschönheiten der Sprache, namentlich in der Rolle des jungen Mädchens, können das Drama nicht retten. Sein Sie mir nicht gram, daß ich Ihnen das Blatt mit so herben Dingen vollschreibe; was hilft es aber, hinter dem Berge halten, zumal Sie schwerlich irgendwo eine wohlmeinendere Beurteilung finden können ..."

Du wirst begreifen, wie ich in diesem Augenblick verstimmt bin. Die Ernte eines ganzen Jahres! Aber darum ist mir die herbe Wahrheit doch lieber als eine süße Lüge. Nicht um die Sicherheit, bei der hiesigen Aufführung zehnmal gerufen zu werden, möchte ich ein von so unparteiischem Richter verurteiltes Werk auf die Bühne schicken. Ob ich wohl versuche, das, was an dem Stücke anerkanntermaßen gut sein soll, durch eine gründl. organische Umarbeitung zu retten? Was meinst Du? Wenn Du irgend kannst, rate tröstlich und jedenfalls als treuer Freund Deinem

Wolfsohn.

Grüße Deine Frau. Die Meinigen sind wieder hier und befinden sich wohl.

46 Fontane an Wolfsohn

Berlin, d. 10.12.54

Mein lieber alter Wolfsohn.

Erst spät, aber um deshalb nicht minder herzlich, meinen herzlichen Glückwunsch zu dem doppelten Zuwachs,
den das Haus Wolfsohn an leiblichen und geistigen Kindern erhalten hat. Möge Dein zartes Verhältnis zur Muse
noch viele, die Ehe aber mit Deiner guten Frau nicht *allzu*
viele Früchte tragen, das ist mein lebhafter Wunsch.

Dr. Lazarus überbrachte mir Deinen Brief in Person und
erzählte mir einzelnes, wenn auch nur Äußerliches (namentlich die Entstehungsgeschichte) über Dein neues
Stück. Ich bewundre in gleicher Weise die moralische
Kraft, die dazu gehörte, sich noch mal an die Lösung einer
Aufgabe zu machen, dran man vorher scheiterte, – wie ich
die Rapidität bewundre, mit der Du das Ganze wieder aufgebaut hast. Ich wünsche Dir von ganzem Herzen und aus
allen möglichen Motiven die günstigsten Erfolge. Dein
„Zar und Bürger" ist ein so gelungenes Stück, daß ich solche Erfolge wenigstens für möglich halte. Wie schwer sie
heutzutage *überhaupt* zu erringen sind, das weißt Du besser
als ich's Dir schildern kann.

Mir geht es erträglich, insoweit ich ziemlich viel Stunden
zu geben und deshalb leidliche Einnahmen habe; aber einmal ist es eine große Strapaze, schließt alle eigentliche Produktion aus und gewährt doch keine sichre Stellung im
und fürs Leben, deren man nun doch mal bedarf. – Meine
Frau grüßt Dich und die Deine aufs allerbeste, ich aber
hoff Dich spätestens im Monat Mai wiederzusehen, wo ich
eine kleine Tour durch Sachsen vorhabe. Leb wohl und erhalte Deine Freundschaft Deinem

Th. Fontane.

Nachschrift

d. 18. 12. 54

Gestern und heut war ich mehre Stunden mit unsrem
Schauenburg zusammen. Es geht ihm ganz schlecht; seine
Frau ist brav und gut und das Verhältnis zwischen beiden
ungetrübt, – aber die übrige Familiensauce (Schwiegermutter, Schwäger und Schwägerinnen) weniger schmack-
haft als sonst die holländische zu sein pflegt. Du weißt, die
würdige Familie ist aus Holland.

Er geht nun ins russische Hauptfeldlazarett nach der
Krim, weil ihm die häuslichen Verhältnisse (er hängt von
seiner Schwiegermutter ab) unerträglich geworden sind. So
hat doch jeder seinen schweren Pack zu tragen! Er grüßt
Dich aufs herzlichste. Wahrscheinlich ist er morgen abend
schon auf dem Wege nach Warschau. Dein

Th. Fontane

47   FONTANE AN WOLFSOHN

Berlin, d. 27. Januar 55

Mein lieber Wolfsohn.

Deinen Brief vom November her erhielt ich pünktlich
durch Dr. Lazarus. Ich beantwortete ihn 8–10 Tage später
und schickte meine Zeilen durch Buchhändlergelegenheit.
Da ich indes einen ziemlich verbummelten Vetter damit
beauftragte, den Brief – nebst einem 2ten an den
Dr. Gumprecht in Leipzig – in der Gropiusschen Buchhandlung abzugeben, so fürcht ich, daß er entweder beide
Briefe verloren oder, was noch wahrscheinlicher, sie erbro-
chen und durchstöbert hat. Viel gefunden hat er nicht. Der
Inhalt meines Briefes war eine Doppelgratulation – zum
Jungen und zum Stück. Ich wünschte Dir dann lebhaft, mit
Darstellung letztrer fortzufahren und ersterer aufzuhören,
denn Kinder sind eigentlich ein Luxusartikel, den nur, wie
Pferde und Wagen, vornehme Leute zu halten berufen
sind.

Vor 8–14 Tagen machte uns Fräulein „Marie de Harder" ihren Besuch und gab Deine Empfehlungszeilen ab. Leider waren weder ich noch meine Frau zu Haus. Letztre ist nun vor kurzem bei den Harderschen Damen gewesen (mir ist es geradezu unmöglich, Visitenzeit zu erübrigen) und hat ihnen, wie sich von selbst versteht, meine schwachen Dienste angeboten. Da ich erstens von Musik nichts verstehe und zweitens zu keiner einzigen hiesigen Zeitung in irgendwelcher Beziehung stehe, so werden selbstverständlich meine Dienste nur *schwach* sein können. Übrigens hat meine Frau beide Damen sehr liebenswürdig gefunden, und wenn nichts dazwischen kommt, hoffen wir sie mit nächstem mal zum Tee bei uns zu sehn.

Was mich selber angeht, so geht mir's ganz leidlich. Ich habe zu leben und das will in diesen hungrigen Zeiten eigentlich schon viel sagen. Freilich muß ich zu dem Behuf arbeiten wie ein Pferd und Zeitungsschreiben und Stundengeben sind der nobelste Teil meiner Tätigkeit. Von eigentlichem Produzieren ist keine Rede. Indes das Gefühl einer gewissen pekuniären Unabhängigkeit ist doch sehr süß und wiegt vieles auf. Dazu hofft man und wär's auch bis ins Grab. Man betrachtet diese Plackerei als ein Durchgangsstadium und schmeichelt sich, dahinter lägen die Inseln der Seligen, wo die Plüsch-Sophas stehn und die Kalbsbraten wachsen und wo man Verse zu machen gedenkt von morgens früh bis abends spät. Kommt der Tod eher als diese Inseln, nun so hat man wenigstens den *Vorgeschmack* des Glücks und der Freude gehabt, der bekanntlich besser ist als die Sache selbst.

Verzeihe, daß ich Dich mit einer prosaischen Variation auf das alte Schillersche Thema von der „Hoffnung" behellige, grüße Frau und Kinder und sei selber herzlich gegrüßt von Deinem

Th. Fontane.

48   Fontane an Wolfsohn

Berlin, d. 3. Oktob. 56
Bellevuestr. 16

Mein lieber Wolfsohn.

Heut früh erhielt ich Deine lieben Zeilen, für deren immer gleich freundschaftliche Gesinnung ich Dir herzlich danke. Leider läßt sich unser Beisammensein nicht mehr ermöglichen – ich reise morgen früh. Wenn, neben dem Wunsche, mich zu sehen, Deine freundlichen Zeilen auch von einem praktischen Motive irgendwelcher Art diktiert worden sind, und ich, fern von Berlin, ebenfalls im Stande sein sollte, dies oder jenes Deiner Interessen zu vertreten, so laß mich das, nach London oder Paris hin, wissen. Es wäre doch möglich, daß ich Dir auf die eine oder die andere Art zu Diensten sein könnte. Meine Londoner Adresse ist 92 Guilfort Street; in Paris würde mich ein Brief von Dir zwischen dem 12. und 24. Oktober im Hôtel du Louvre treffen.

Dir alles Liebe und Gute wünschend, unter herzlichen Grüßen an Deine Frau und Dich, Dein

Th. Fontane

49   Fontane an Wolfsohn

Berlin, d. 26. Mai 59
Potsdamerstraße 33

Mein lieber alter Freund.

Wir saßen vorgestern beim Nachmittagskaffe in unsrer Geißblattlaube und sogen die ächte Berliner Gartenluft (Blumen vorne und Müllkute hinten) in vollen Zügen ein – Professor Magnus hat nämlich bewiesen, daß der gute Gesundheitszustand der Berliner in der schamlosen Unbedecktheit ihrer Rinnsteine wurzelt – als Deine liebenswürdigen Zeilen, nach kurzer Irrfahrt durch die Schö-

nebergerstraße, hier eintrafen. Habe herzlichen Dank für
den Ausdruck alter, unveränderter Liebe und Freundschaft. Man kommt nun allgemach in die Jahre, wo man
wahrnimmt, daß man nicht notwendig geliebt werden *muß*,
und wo man schon zufrieden ist, dann und wann zu erkennen, daß man wenigstens noch geliebt werden *kann*. Ach,
und wie's einem mit der Liebe geht, so geht's einem mit allem; man wird trostlos bescheiden in seinen Ansprüchen,
gibt den Jugendglauben an eine gradlinige Abstammung
von Schiller und Goethe völlig auf und legt sich ernsthaft
die Frage vor, ob man größer ist als Karl Müchler oder
nicht. Vielleicht steckt auch in dieser Frage noch ein gut
Stück Arroganz.

Fast im Widerspruch damit scheint es zu stehen, wenn
Du mir schreibst, daß Du mich gelegentlich der Welt verkündigt hast (beiläufig bemerkt die reine Wüstenpredige-
rei) und ich Dir nach dem Vorgange von *Jean Bart*, den
Louis XIV. eben zum Admiral ernannt hatte, darauf antworte: „Da haben Ew. Majestät ganz recht getan." Es liegt
kein Widerspruch darin, denn wenn einen auch noch die
Freunde im Stich lassen, so ist man vollends verloren;
außerdem wirst Du begreifen, daß ich weniger die Absicht
gehabt habe, selbstbewußt zu replizieren als eine passabel
hübsche Anekdote zu erzählen.

Du fragst, wie es mir geht? und ich antworte wahrheits-
gemäß gut und schlecht; *gut*, weil ich mich körperlich wohl
fühle, Lust und Freude an der Arbeit habe und voll Vertrauen in die Zukunft blicke, *schlecht*, weil ich, nachdem ich
mich ehrlich gequält habe, die Frucht und das Ziel meiner
Arbeit weniger in Händen habe denn je und die neuste Be-
legstelle bin für das bekannte travailler pour le roi de
Prusse. Schließe aber daraus nicht, daß ich zu den Malkontenten gehöre und scheel sehe zu dem sicherlich segensreichen Umschwunge, der in unsrem Lande stattgefunden
hat. Das alte Regime war nicht schlecht, aber dumm; grade
die mißliebigsten Träger desselben waren grundehrliche
Leute; ihr Verbrechen war, daß sie gegen den Strom

Wilhelm Wolfsohn mit seinem Sohn Wilhelm. Um 1862

schwammen. Aus 2 Dingen baut sich der Typus des alt-
preußischen Volkscharakters auf, aus schlichtem Rechtsge-
fühl und einem Minimum von Glauben. Gegen beides hat
man verstoßen, innerhalb des Rechts hat man gekünstelt,
was fast noch toller ist, als es brechen, und die Religion hat
man per Nürnberger Trichter besorgen wollen. Die Inten-
tionen waren nicht schlecht, aber sie waren urdumm, weil
sich solche Sachen heutzutage nicht von oben herunter besorgen lassen. Die Zeit ist vorbei, wo man durch Hundehetzen das Böhmer-Land katholisch machen konnte. Ver-
zeih diese Abschweifung. Für Deine freundliche Einladung
den herzlichsten Dank, ich kann sie jetzt aus mehreren
Gründen nicht annehmen, a. hab ich zu arbeiten, b. muß
ich das Geld zu Rate halten, c. darf ich Berlin jetzt nicht
verlassen, um wenigstens zur Hand zu sein, wenn ich hier
oder dort gebraucht werden sollte. Aber vielleicht im Laufe
des Sommers. – Hast Du Lazarus gesprochen? hat er Dir
vielleicht von den Büchern (3 Bände über England
u. Schottland) erzählt, die ich herausgeben möchte. Die
Zeit ist ungünstig, aber ich möchte *doch*. Kannst Du mir
vielleicht mit Rat und Tat dabei behülflich sein. Katz hat
mir bereits einen Korb gegeben. Dein

Th. Fontane

PS. Empfiehl mich Deiner lieben, sehr verehrten Frau und
grüße die Herren Jungens. Mein ältester (wird 8 Jahr im
August) ist in London geblieben, der jüngste (2 1/2 Jahr)
spielt um mich her. Meine Frau grüßt herzlich. Nochmals

Dein Th. F.

50 FONTANE AN WOLFSOHN

Berlin, d. 28. Nov. 59
Tempelhofer Straße 51

Mein lieber, alter Freund.

Gestern vor 8 Tagen, als ich eben, Hut auf dem Kopf
und mein anderthalb Hand breites Cache-nez wie ein Visir
vorm Gesicht, ausrücken wollte, um im Tunnel, der nun
bald nur noch aus Großvätern bestehn und jedes Mitglied
unter 40 Jahren rausballotieren wird, zu präsidieren, trat
ein Unbekannter mit jener eigentümlichen Rapidität in
mein Zimmer, die mich besorgt hätte machen können,
wenn ich nicht das gute Gewissen hätte, weder ein reicher
Bankier noch der Staatsrat Kotzebue zu sein. Der Rapide
entpuppte sich denn auch bald als eine harmlose Persönlichkeit, der nur darin mit Karl Sand eine leise Ähnlichkeit
hatte, daß er auf Rußland schlecht zu sprechen war. Er
schien einer von den Gesinnungstüchtigen, die sich darüber echauffieren, daß in der Welt viel gestohlen wird.
Sein Name war Kauffmann; wie er mir beim Abschied
sagte „Bürger von Berlin". (Ich hatte ihn nämlich für einen
Ausländer gehalten und mich gewundert, daß er die Quer-
straßen der Lindenstraße kannte.)

Besagter freundlicher Herr brachte mir Grüße von Dir,
die er ehrlich genug war, für etwas alt-backen auszugeben.
Aus einem Notizbuch las er mir dann eine Bestellung vor,
die durch das rätselhafte Dunkel, worin sie sich hüllte, alle
andren Schwächen vergessen ließ. Sie scheint sich auf
meine Aufsätze über Shakespeare und englisches Theater
zu beziehen. Zu gleicher Zeit erfuhr ich (und das war die
Hauptsache), daß es Dir gut gehe, daß Frau und Kinder
wohl seien, daß neue Bücher, neue Dramen in Sicht ständen, enfin das Haus Wolfsohn auf gutem Boden etabliert
sei. Mögen die Nachrichten immer gleich günstig lauten.

Ich nahm mir gleich vor, Deine Grüße durch einige Zeilen zu beantworten, teils weil ich einige Fragen an Dich auf
dem Herzen habe, teils um bei der Gelegenheit mal Be-

stimmteres über Dein Leben und Deine Schicksale von Dir zu erfahren.

Meine Fragen beziehen sich auf die lieben, alten Dinge: Mitarbeiterschaft hier oder dort und Herausgabe von Büchern. „Was sind das für Zeiten", sagte Heinrich Smidt im Jahre 1848 zu mir, „man schreibt und schreibt und keiner will's drucken." Da ich fürchte, daß die buchhändlerische Geneigtheit seitdem wenig gewachsen ist, so hab ich vor allen Anfragen nach der Seite hin eine heillose Angst und verschiebe von Tag zu Tag, was doch endlich geschehen muß. Mein schottisches Reisebuch ist beendet, ich bin schwach genug, es für gut und interessant zu halten, und möchte es nun herausgeben. Die einzelnen Aufsätze und Schilderungen sind, beinah ausnahmslos, bereits gedruckt worden, ein Drittel im Beiblatt der Vossin, ein 2t. Drittel im Feuilleton der „Kreuz-Zeitung", das letzte Drittel im „Morgenblatt". Mit Rücksicht darauf verlang ich nur 150 Tlr. Honorar. Kennst Du einen ehrenwerten Mann, der anbeißen möchte, so laß es mich je eher je lieber wissen. Der Zöllner, der noch lauter heulte als Sturm und Wind, kann den braven Mann nicht mehr herbeigesehnt haben, wie ich diesen Buchhändler.

Die andre Frage bezieht sich also auf Mitarbeiterschaft. Ich unterhalte hier Feuilleton-Beziehungen zu 3 Zeitungen: Voß, „Preußische" und „Kreuz-Zeitung", aber sie sind doch sehr oberflächlich und oft ganz unterbrochen. Ich fühle das Bedürfnis, noch woanders unterkriechen zu können. Kannst Du mir dabei behülflich sein? *Gute* historische und belletristische Bücher, Memoiren, Biographien, Arbeiten, die auf England Bezug nehmen, u. dgl. m. würde ich gern kritisch besprechen, auch gern *längere* Arbeiten (für die „Gegenwart" etc.) für Brockhaus übernehmen. Unterhältst Du Beziehungen und Bekanntschaften, die derglei- chen einleiten können? Zu dem gewöhnlichen Feuilleton- Quatsch möcht ich mich nicht verstehn, alles, was in die literarische Wurst-Fabrikation gehört, ist mir zuwider. Auf hohe Honorare bin ich nicht versessen, aber eine sichre,

ständige Mitarbeiterschaft liegt mir am Herzen. Namentlich wär es vielleicht gut, ich käme an Brockhaus heran;
meine Kenntnis des Englischen könnte da bestens ausge-
beutet werden. Laß bald von Dir hören. Apropos, eins meiner Bücher über England wird unter dem Titel „Studien
etc." bei Ebner in Stuttgart erscheinen. Empfiehl mich
Deiner lieben Frau angelegentlichst. In alter Anhänglichkeit Dein

Th. Fontane

Auf den Brief an Pabst (dem ich für Einsendung seiner
Schiller-Stanzen gedankt habe) sei so gut, eine Freimarke
zu kleben, da ich dem alten Sohn auch nicht die Unkosten
eines halben Neigroschens machen möchte. Dein

Th. F.

51   WOLFSOHN AN FONTANE

Dresden, 7. Dezember 1859
An der Bürgerwiese. Halbegasse N° 9

Liebster Freund.

Es sind nun doch schon einige Tage hingegangen, seit
ich Deine letzte Zuschrift erhalten − und ich hatte mir vorgenommen, sie gleich zu beantworten! Ich sehe mich da
wieder an der Quelle meiner zahlreichen Unterlassungs-
sünden in der Korrespondenz mit Freunden. Wenn ich
nämlich untersuche, warum ich dem und jenem nicht geschrieben oder monate-, sogar jahrelang Antwort schuldig
blieb, so finde ich, daß es in den meisten Fällen nur darum
geschah, weil ich mehr schreiben wollte, als ich konnte.
Beinahe wäre es mir auch diesmal so mit Dir ergangen. Du
sprachst in Deinen neulichen Zeilen den Wunsch aus, Be-
stimmteres über mein Leben und meine Schicksale zu erfahren − natürlich hatte ich die fromme Absicht, Deinen
Wunsch gleich zu erfüllen; aber dazu bedurfte es schon ein

wenig ausführlicherer Mitteilungen und zu diesen eines freien Stündchens oder richtiger einer gewissen Stimmung, die ich aber noch nicht fand – sieh, da kam ich schon wieder in Versuchung hinauszuschieben, hinauszuschieben, bis ich sie fände; mein alter Fehler wandelte mich wieder an. Aber ich habe ihn auch schon seit Jahren mit Erfolg bekämpfen gelernt und in meinem vierzigsten wäre es geradezu eine Schande, ihm wieder zu verfallen. So schreibe ich Dir denn heute kurz u. resolut, obgleich ich just heute von allerlei Dingen dermaßen in Anspruch genommen bin, daß ich eben nur in einer Eile schreiben kann, für deren Bezeichnung im Postskriptum eine Damenfeder nicht Superlative genug finden würde.

Von meinen „Schicksalen" wird deshalb hier nicht die Rede sein. Über dergleichen, Du alter teurer Freund, *müssen* wir uns in nächster Zeit einmal *mündlich* aussprechen. Aber auf Deine literarischen Anfragen laß mich Dir das Wesentlichste erwidern.

Einen Verleger in diesem Augenblicke zu finden, ist schwer. Ich habe nicht aufgehört, daran zu denken, wie ich Deine Shakespeareaufsätze vorteilhaft anbringe; ich wollte Dir in bezug auf diese –soweit *sie noch nicht* in Zeitungen erschienen – schon längst Vorschläge machen. Nur handelte es sich dabei für den Augenblick noch um keinen Verleger. Die Nachwirkungen der letzten Krise sind im Buchhandel noch zu fühlbar. Von zwei Buchhändlern, mit denen ich in näherer Verbindung stehe, hat der eine meine „Osternacht" vor kurzem nur darum erscheinen lassen, weil mir das Glück von „Nur eine Seele" zu einem Kontrakt verholfen hatte, in welchem er sich für eine ganze Reihe zukünftiger Dramen von mir verpflichtet, wofern dieselben mit Erfolg zur Aufführung gekommen. Der andere hat mir für eine Schrift kritischen Inhaltes, die schon im vorigen Sommer erscheinen sollte, das volle Honorar ausgezahlt – und zögert noch immer mit dem Druck, weil er die Zeitumstände noch nicht für günstig hält. Dies ist die gegenwärtige Stimmung der Buchhändler in meinem

nächsten Kreise, und ich denke, mehr oder weniger wird
sie überall eine gleiche sein. So viele Beziehungen ich zu
Buchhändlern in Leipzig, Stuttgart u. anderen Orten habe,
so beruhen sie doch jetzt mehr darauf, daß die Herren für
das einmal von ihnen Unternommene meinerseits eine gewisse Förderung beanspruchen und erwarten, als daß sie
einer Bereicherung ihrer Manuskripte durch mich entge-
gensehen, die freilich ausgenommen, die sie für ihre Zeitschriften brauchen.

Was also, wirst Du fragen, waren meine Vorschläge für
Deine Artikel? Sie liefen eben auf eine journalistische Ver-
wertung hinaus. Da, wohin *Du* Deine Blicke richtest (bei
Brockhaus), sehe ich nichts Ersprießliches. Zu Arbeiten für
seine „Gegenwart" hat er mich wiederholt und dringend
aufgefordert; allein, nachdem er mir für meinen Art[ikel]
über die Ristori (im ersten Heft), der ungewöhnlichen Beifall fand, ein Honorar von 10 Rtr. berechnet, hätte ich größere Arbeiten für die Brockhaussche „Gegenwart" lediglich
als eine Sache der Ehre und des Vergnügens betrachten
müssen. Beides ist aber auch in anderen Zeitschriften zu
holen, die daneben ungleich besser bezahlen. Ich möchte
Dir daher kaum raten, Dich mit Brockhaus einzulassen.
Willst Du einmal durchaus an einem Unternehmen wie die
„Gegenwart" Dich beteiligen, so kann ich Dir Lorck in
Leipzig empfehlen und Dich ihm. Lorck braucht für seine
„Männer der Zeit" kleinere biographische Artikel. Lorck
wäre auch noch der erste, bei dem sich Geneigtheit finden
dürfte, Dein schottisches Reisebuch zu nehmen. Schicke
mir nur das M[anuskri]pt; ich werde mein möglichstes tun
und hoffe, daß mich mein lieber Freund Andree (der bekannte Ethnograph), der am meisten dazu mitwirken kann,
bei Lorck redlich unterstützen wird.

Nun aber die Hauptsache: ein regelmäßiges und frucht-
bares Verhältnis zu einer Zeitung. Ich weiß wirklich nicht,
ob ich Dir davon geschrieben, daß ich seit drei Jahren
vom hiesigen Ministerium für die wiss[enschaftliche] Bei-
[lage] der „Leipziger Zeitung" engagiert bin, der ich monat-

lich zwei Aufsätze zu liefern habe. Sieh, bei diesem Blatte denke ich für Dich – und zwar nicht von der Redaktion, sondern vom Regierungsrat v. Witzleben, ein hübsches Plätzchen zu erobern. Das Honorar, auf das ich Dir vorläufig Aussicht geben darf, könnte 40 bis 50 Rtr. pro Bogen betragen. Beif[olgend] sende ich Dir unter Kreuzband einige Nummern dieses Blattes, die Dich mit der äußeren und inneren Gestalt desselben und gelegentlich mit der Art *meiner* Aufsätze darin bekanntmachen. Wenn Du mir über letztere etwas sagen kannst, woraus ich ein klein wenig Gefallen entnehme, so wird mir das natürlich sehr angenehm sein. Schicke mir aber die Blätter zurück.

Also das beste ist, ich erhalte so bald als möglich von Dir einen interessanten Aufsatz über England oder worüber es immer sei – den händige ich Witzleben ein, und dann kann sich ein für Dich sehr lohnendes Verhältnis daraus ergeben.

So viel für heute. Meine Frau erwidert auf das herzlichste Deinen Gruß. Der Deinigen bringe mich wieder einmal in freundliche Erinnerung. Dein

Wolfsohn

P. S. Doch noch ein P. S.! Wenn Du aufmerksam meine beif[olgenden] Aufsätze durchlesen willst, findest Du auch – *Dich*. Nun such einmal!

52   Fontane an Wolfsohn

Berlin, d. 8. Dezeb. 59
Tempelhofer Straße 51

Mein lieber, alter Freund.

Besten Dank für Deine freundlichen Zeilen und die Cultur en masse. Ich werde mich heute Abend durchbeißen und rechne auf die bekannte Reismauer, nicht auf harte Nüsse.

Die Mitarbeiterschaft für die „Leipziger Zeitung" käme
mir ganz gelegen; als wackrer Reaktionär hab ich ohnehin
einen gesteigerten Anspruch darauf. Etwas eigens dafür
schreiben kann ich jetzt nicht, da ich vom Januar an Vorlesungen halten will, die meine Zeit und Arbeit in Anspruch
nehmen. Von diesen Vorlesungen selbst aber dürften sich
einige zum Abdruck in der „Leipziger" eignen, und wenn
Du mir nicht Contre-Ordre gibst, so möcht ich Dir im
Lauf des Januar und Februar die eine oder andere zustellen. Die Themata sind folgende:

1) Whigs und Tories.
2) Englische Presse und „Times".
3) Englische Historienmalerei.
4) Tennyson und Longfellow.
5) Oxford und engl. Universitäten.
6) Hochland und die Hochländer.
7) Englisch-schottische Volkspoesie.

Nun wegen meiner Bücher. Die *Shakespeare-Aufsätze*, zusammen mit 2 Arbeiten von gleichem Umfang, werden als
ein starker Band innerhalb einiger Monate bei Ebner in
Stuttgart erscheinen. Das also ist abgemacht.

Es handelt sich nur noch um meine *schottische Reise* (etwa
400 Seiten stark). Dafür wäre allerdings Lorck der rechte
Mann, und ich würde mich sehr freun, wenn er seine Geneigtheit aussprechen wollte, den Verlag des Buchs zu
übernehmen. Preis 150 Taler; zahlbar, wann er will, innerhalb Jahresfrist. Das M[anu]s[kript] besteht aus soundso
viel Feuilleton-Nummern, deren Ausschneidung und Zusammenstellung ich dann erst unternehmen kann, wenn
ich die Geneigtheit Lorcks kenne, das Buch zu nehmen. Er
muß vorweg davon ausgehn, daß ich ihm keinen Schund
schicken werde; außerdem sind 150 Taler ein Lumpengeld,
mit denen ich mich natürlich nur in Rücksicht auf das
schon Erschienensein der meisten Briefe und Aufsätze begnügen kann. – Auch mit Mitarbeiterschaft an seinem

„Männer der Gegenwart" käme mir sehr gelegen. Meine neuliche Anfrage bei Brockhaus war nur ein Schuß ins Blaue. – Im nächsten Frühjahr (Mai), wenn Gott mich leben läßt, gedenk ich zu reisen; dann führt mich der Weg auch wohl mal wieder nach Elb-Athen, und auf der Brühl-schen Terrasse, bei Kaffe und Sodawasser, wollen wir uns von Leben und Taten des Pastetenbäckers Zweckerlein (i.e. Du und ich) ausführlichst unterhalten. Gruß und Empfehlung Deiner lieben Frau. Wie immer Dein

Th. Fontane

Die „Beiblätter" erfolgen mit Dank zurück, sobald ich mit der Lektüre fertig bin.

53 Wolfsohn an Fontane

Dresden, 9. Dezemb. 1859

Lieber Freund.

Also halten wir beide im Januar Vorträge! Ich über Goethe. Viel Glück zu den Deinigen. Ich wünsche Dir mindestens soviel Zuhörer, als ich im vorigen Winter für Vorträge über Schiller hatte: über 500.

Die Gegenstände, die Du mir bezeichnest, sind alle höchst interessant und gerade für eine Zeitschrift; eine gar zu spezifische Vorlesungsform wirst Du ihnen doch wohl nicht geben. Also sende mir nur gleich den ersten Art[ikel], sowie Du ihn gelesen und druckfertig hast. Ich wiederhole es, ich habe die beste Hoffnung, für Dich ein dauerndes und sehr lohnendes Verhältnis zur „Leipziger Ztg." zu gewinnen.

Was Lorck betrifft, mit dem muß ich über die Sache *sprechen* – nicht weil ich schreibfaul bin, sondern weil ich es für geraten halte, den sichersten Weg zu gehen. Lorck braucht mancherlei von mir; in mündlichem Gespräch kann ich ihn ganz anders stimmen und habe dabei Andree *zur Seite*. Es wäre denn, daß letzterer, wie er mir allerdings versichert, noch *vor* Weihnachten nach Dresden kommt. Dann suche ich alles durch Andree ins Reine zu bringen. *Nach* Weihnachten aber gedenke *ich* einen Ausflug nach Leipzig zu machen. So oder so – das Resultat sollst Du ungesäumt erfahren.

Warum schweigst Du so ganz von Deiner Frau? Ist sie gesund und hat sie noch irgendein freundlich Gedenken an uns?

Herzliche Grüße Deinem ganzen Hause von Deinem

Wolfsohn.

54   WOLFSOHN AN FONTANE

[Gedruckte Anzeige:]

Heute im Ausgang der dritten Morgenstunde schenkte mir meine liebe Frau zu unseren drei Knaben ein kräftiges Mädchen.

Dresden, den 25. Oktober 1860.

Dr. Wilhelm Wolfsohn

[Dresden, 5. November 1860]

Vor zehn Tagen schon, liebster Freund, war dieses Blättchen auf dem Wege zu Dir, kam aber nicht weiter als zur hiesigen Postexpedition, die es zurückwies, weil ich es unter Kreuzband schickte. Unsere Post hat neuerdings verordnet, daß Familienanzeigen nicht mehr unter Kreuzband befördert werden dürfen. Wenn sich dieses Verbot noch auf Vermählungsnachrichten allein bezöge, so könnte man darin vielleicht eine zwar spitzfindige, doch im Widerspruch mit der gewohnten Postgrobheit zarte Rücksicht entdekken, die von Ankündigungen ehelicher Zukunft alles entfernt sehen will, was ominöserweise ans Kreuz erinnert. Aber warum soll einem Vater, der seine Herzensfreude einer beträchtlichen Zahl Personen mitzuteilen hat, nicht wenigstens die Portoermäßigung vergönnt sein, da die sonstigen Kosten dieser Freude sich doch nun einmal nicht ermäßigen lassen?

Genug, das Blättchen blieb zurück. Hatte ich einmal Brief*pflicht* damit, so wollte ich auch Brief*recht* haben und so viel dazu schreiben als ich nur immer konnte. Aber viel oder wenig – ich kann Dir erst heute schreiben.

Aus dieser Verspätung habe ich nun den Vorteil, Dir zugleich berichten zu können, daß meine Frau glücklich über das Wochenbett hinaus ist und daß sie sowohl wie mein Töchterchen – Valeria genannt – sich wohl befindet; leider aber kann ich von *meinem* Befinden Dir heute weniger Gutes sagen. Wenn Du wüßtest, alter Freund, mit welchem Jubel ich noch vor kurzem einige Tage nur *fast* ungetrübten Gesundheitsgefühls begrüßte! So selten waren sie für mich geworden. Ich hatte einen schrecklichen, peinvollen Sommer. Ende April erkrankte ich unter anfänglich gastrischen Erscheinungen; daraus entwickelte sich aber bald ein heftiger Bronchialkatarrh und steigerte sich zu einem andauernden furchtbaren Husten von krampfhaft nervösem Charakter. Es ist nicht zu beschreiben, was ich da gelitten habe. Mehrere Wochen hindurch floh nicht allein der Schlaf mich, sondern auch ich den Schlaf, weil das Erwachen nach kurzem Einschlummern noch entsetzlicher war. Keine Nacht kam ich aus den Kleidern und am Tage wechselte Erschöpfung mit Hustenanfällen, die bis zum Erbrechen mich erschütterten. Im Juli begab ich mich nach Franzensbad, wo ich noch sehr böse Tage und Nächte hatte. Unter den trefflichen, wiewohl vom Wetter äußerst beeinträchtigten Wirkungen der Salzquelle erholte ich mich langsam. Erst im Anfang vorigen Monats erlangte ich ein Gefühl wirklicher Genesung und war darüber maßlos glücklich. Ein neuer Schnupfen, den ich mir vor einigen Tagen zuzog, hat den Husten wieder hervorgerufen und mich damit sehr erschreckt. Indes wird derselbe zusehends schwächer, und ich darf hoffen, daß er mich diesmal bald

verläßt. Ich habe in meiner langen Leidenszeit oft daran
gedacht, daß auch Du mir einmal von einem viele Monate
dauernden Husten schriebst, der Dich zur Verzweiflung
brachte. Bitte, teile mir doch ein wenig genau mit, wie der
Verlauf desselben war und auf welche Weise es endlich gelang, ihn zu beseitigen.

Du hattest mir versprochen, im Mai herzukommen. Daß
Du es nicht getan, ist, wie Du mich in *diesem* Mai gefunden
hättest, natürlich nicht zu bedauern. Aber Du versprachst
mir auch, Deine Vorlesungen zu schicken, Dich durch
meine „Cultur en masse" durchzubeißen und was sonst
noch! Alles das noch Anfang Dezember v.J. –das volle Jahr
ist bald abgelaufen! – und seitdem habe ich kein Sterbens-
wörtchen wieder von Dir gehört. Hat Dich meine „Cultur
en masse" so verblüfft, daß Du darüber die Sprache gegen
mich verloren? Oder was ist es, das Dich stumm machte?
Selbst daß Du keinen Verleger mehr brauchtest, kann mir
das nicht erklären. Nun, hoffentlich erklärst Du mir das
selbst schon in ein paar Tagen.

Meine Frau grüßt Dich mit alter Freundlichkeit. Wolle
Du mich der Deinigen bestens empfehlen. Meine Schwester ist mit ihrem Mann und ihren Kindern auf einige
Jahre nach Deutschland gekommen, und in diesem Winter
habe ich sie zur Türnachbarin. Ein Glück, das ich wie
lange entbehrt und wie heiß ersehnt habe!

Antworte mir ja bald. Übermorgen ist der Geburtstag
meiner Frau. Ein Brief von Dir wäre eine sehr liebe Festgabe für Deinen

Wilh. Wolfsohn.

55   Fontane an Wolfsohn

Berlin, d. 7. Novb. 60
Tempelhofer Straße 51

Hoch
das Geburtstagskind!
Heil und dreifachen Segen
über die Firma
Wolfsohn und Frau.
(Bim bam, Glockengeläut;
bumm bumm, Kanonendonner).

Mein lieber alter Freund.

Dein Brief beobachtet ein hartnäckiges Stillschweigen über das Datum, an dem er geschrieben, er treibt sich in der Periode zwischen gestern und dem 25. Oktober unbestimmt umher, so daß es möglich ist, trotzdem ich umgehend antworte, daß dieser Geburtstagsbrief drei Tage nach dem Geburtstage Deiner lieben Frau bei Dir eintrifft, ja, es ist sogar wahrscheinlich, da sich wohl die Fälle zählen lassen, wo man das Datum des Poststempels auch zugleich als das ursprüngliche Datum Deiner Briefe ansehen kann. Doch lassen wir das; jemandem, der seit 6 Monaten hustet, hat man die Pflicht, angenehmere Sachen zu sagen.

Du hast ganz recht: auch ich habe gehustet; wer hätte nicht. Wie jeder mal geliebt hat, so hat auch jeder mal gehustet; es kommt nur darauf an, wie lange es dauert und womit man die Sache kuriert. Doch nun ein vernünftiges Wort. Ich war im Winter 52 auf 53 sehr herunter, man sagte mir rund heraus, es sei nicht mehr viel los mit mir, aber ich glaubte es nicht. Ich ging in ein Krankenhaus (nach Bethanien), trank 3 oder 4 Wochen Salzbrunn, brauchte eine Nachkur auf dem Lande – frische Luft und Molke, und genas. Seitdem hab ich keinen Anfall mehr gehabt, wobei ich bemerken muß, daß ich sehr, sehr vorsichtig bin, bei Nacht zwei seidne Tücher umbinde und *immer*

Wilhelm Wolfsohn. Um 1860

in einem Cache-nez stecke, nur 2 oder 3 Monate im Sommer trag ich's nicht direkt um den Hals, *hab es aber immer bei mir,* ganz ungeniert wie einen Spazierstock in der Hand, und binde es um, sowie ich ein Lüftchen spüre. Dieser großen Vorsicht verdank ich mein Wohlbefinden; die sogenannte „Abhärtungs-Theorie" halt ich für puren Blödsinn; ich hab es auf Zureden immer wieder und wieder probiert, aber *jedesmal* mit dem schlechtesten Erfolg. Es ist ganz richtig: gesunde Menschen können sich verweichlichen und hinterher auch wieder abhärten, es ist nur das Aufgeben einer schlechten Gewohnheit; Leuten aber, die wirklich krank sind, die wirklich an Herz oder Hals oder Lunge leiden, ihre „Abhärtung" anpreisen wollen, ist pure Mörderei. Was Deinen Zustand angeht, so kann ich zunächst nur Vorsicht anempfehlen, und sowie der Mai kommt, „change of air". Dieser „Luftwechsel", den die englischen Ärzte beständig verordnen, scheint mir unter allen Heilmitteln, die die Natur hat, das schönste und wirksamste. Es kommt mit seiner stillen Macht gleich hinter der Wundermacht des Schlafs. – Zur Geburt des Töchterchens meinen herzlichsten Glückwunsch. Wir haben seit dem Frühlingsanfang (21. März) auch eins, ein freundliches liebes, kleines Dingelchen, das uns viel Freude macht; die Jungens sind auch gut. – „Cultur en masse", für deren Übersendung ich Dir noch nachträglich danke, *bring* ich Dir zurück, sobald ich nach Dresden komme, was hoffentlich so lange nicht mehr dauert. Vieles hab ich mit Interesse gelesen. Und nun lebe mir wohl und habe Dank für das Lebenszeichen von Dir, das Du mir freundlichst gegeben. Wie immer Dein

Th. Fontane

56 FONTANE AN WOLFSOHN

Berlin, d. 1. Januar 1861

Mein lieber Wolfsohn.

Es war mir vorgestern in der Hitze des Gefechts (es war mein Geburtstag) nicht möglich, der Rücksendung Deiner Cultur en masse noch einige Worte der Entschuldigung und des Danks hinzuzufügen. Ich hole das heute nach, zugleich meine herzlichsten Glückwünsche zum neuen Jahr an meine Danksagung anschließend. In 14 Tagen darf man Dich also erwarten? Deine Zeit wird es Dir hoffentlich erlauben, mal mittags zu Tisch oder abends beim Tee unser Gast zu sein. An Stoff zur Unterhaltung wird es nach so vielen Trennungsjahren nicht fehlen. In der Hoffnung, Dich ohne obligaten Husten, der entschieden das schlechteste Instrument ist, das ein russischer Reisender spielen kann, wiederzusehen, unter Gruß und Empfehlung an Deine liebe Frau, Dein

Th. Fontane

57 FONTANE AN EMILIE WOLFSOHN

Berlin, d. 19. August 65

Aus den Blättern, hochzuverehrende Frau, haben wir hier zu unsrer größten Betrübnis ersehn, welch schwerer Verlust Sie betroffen hat. Gestatten Sie uns, Ihnen zu sagen, daß wir Ihrer täglich in herzlicher Teilnahme gedenken. Das Bewußtsein der Liebe, deren der Heimgegangene sich in so hohem Maße erfreute – auch von seinen *alten* Freunden hat ihn wohl keiner vergessen – wird Ihnen jetzt Trost und Stütze sein. Meine Frau empfiehlt sich Ihnen noch ganz besonders. Neben dem Beistande Gottes, der das Beste bleibt, mögen Ihnen gute Menschen zur Seite stehn. Mit diesem aufrichtigen Wunsche und der Versicherung alter Anhänglichkeit ihr ergebenster

Th. Fontane.

Wilhelm Wolfsohns Grab auf dem Jüdischen Friedhof in Dresden

Dokumente und Zeugnisse

WOLFSOHN AN FONTANE

MEINEM THEODOR

O daß sich endlich ringe
Aus dunkler Haft mein Lied,
Das meiner Seel entklinge
Und dir sie wiederbringe,
Die bangend von dir schied!

O könnt ein Sturm es tragen
Von diesem Boden fort,
Es würde vor dir klagen
Wie einst in schönren Tagen
Mein einsam sterbend Wort!

Doch ach, es ist gebunden,
Wie es noch niemals war,
Und selbst in Weihestunden
Gibt sich jetzt trübumwunden
Mein Herz dem Freunde dar.

Und fragst du, wer das Gute
So enge drückt und preßt,
Ich selbst mit starkem Mute,
Ich selbst mit meinem Blute,
Ich drück und halt es fest.

Ich bin ein Mann geworden,
O zweifle nicht daran!
Ob unter wilden Horden,
Ob hoch im kalten Norden –
Ich bleib ein ganzer Mann.

Ich werfe den Versuchern
Ans Haupt kein Dintenfaß,
Ich steh vor Gottesfluchern

Und seh mit Menschen wuchern
Und halte meinen Haß!

Nur stumm die Hand dir reichen
Ist alles, was ich kann –
Ich spreche nur durch Zeichen,
Denn seinem Schicksal weichen
Und schweigen muß der Mann.

Doch immer denke dessen,
Daß ich dich nie vergaß
Und nie dich kann vergessen,
Den ich so ganz besessen
Und der mich ganz besaß!

O könntest du mich sehen
So nah, wie kaum du meinst,
An deinem Herzen stehen,
Mit dir in Schmerz vergehen
Und weinen, wenn du weinst –

An deine Brust mich schmiegen
In süßer, stiller Ruh,
Dann stürmend mit dir fliegen
Und kämpfen dann und siegen,
O Bruderseele du!

Ich war und bin der Deine,
Dies nimm als warmen Gruß!
Und bleib auch du der Meine,
Wie kalt ich auch erscheine,
Weil ich es scheinen *muß*!

Odessa, 28./16. Oktober 1843

FONTANE AN WOLFSOHN (1844)

EINEM FREUNDE IN ODESSA

Nicht um eine Fürstenkrone
Wär ich in das Land geeilt,
Wo das Volk sich in Spione,
Sklaven und Tyrannen teilt;
Nein, des freien Worts bedürftig,
Wie der frischen, freien Luft,
Stürb ich dort, o Freund, als schlürft ich
Nur des Upas gift'gen Duft.

Dort wo Themis, urteilsprechend,
Nicht das Recht und Unrecht wägt,
Nein, das Gold nur, das bestechend,
Reichtum in die Schale legt;
Wo die Augen ihr verbunden,
Daß sie desto sichrer irrt,
Und das Richtschwert aller Stunden
Zu der Willkür Knute wird;

Freund, dort – wie im Reich der Toten –
Herrscht noch Nacht und finstres Graun,
Während wir den Sonnenboten,
Wir – die Morgenröte schaun;
Dort, ob jeder freien Seele,
Hängt noch das Damoklesschwert,
Während hier mit lauter Kehle
Volk und Lied den Freimut ehrt.

Freund, wo man das Licht der Sonnen
Scheut, und nur nach Vorschrift denkt,
Dorten sprudeln keine Bronnen,
Draus man deine Seele tränkt;
Drum zerreiße kühn die Bande,
– Wer nicht waget, nicht gewinnt –

Und entflieh dem Heimatlande,
Wo die Menschen – Sklaven sind.

Flieh, du bist nicht heimisch dorten,
Wo dein Vater dich gezeugt,
Heimisch bist du hier geworden,
Wo der Geist dich großgesäugt.
Zieht es nicht in unsre Mitte,
In die Ferne dich zurück?
Auf! es beut nur deutsche Sitte
Dir der wahren Heimat Glück.

AN RUSSLAND

Lasciate ogni speranza voi ch'entrate.
Dante

Wer auf die Zukunft schwört, und unbekümmert
Der ew'gen Kraft des Geistes noch vertraut,
Die, gleich dem Meere, eine Welt zertrümmert,
Und eine neue, schönre auferbaut;
Wer ihr vertrauend, unser Krämerleben
Ob jener Zeit, die kommen *muß*, vergißt,
Der fliehe dich, wo keine Geister weben,
Und jede Hoffnung eitel Torheit ist.

Wer trotz der Dürre, seines Fleißes Segen
– Der Freiheit Saat – voll guten Muts erblickt,
Die junge Saat, von keinem Sonnenregen,
Doch heimlich nachts von frischem Tau erquickt,
Der fliehe dich, wo auf den stein'gen Boden
Nur Mehltau fällt, der jeden Keim zerfrißt,
Wo's noch gelingt, solch „Unkraut" auszuroden,
Und jede Hoffnung eitel Torheit ist.

Doch wer verzweifelnd ob so langem Harren
Der Hoffnung Prachtbau selber niederreißt,

Und unser Tun das Streben eines Narren,
Und unsren Glauben bloße „Schwäche" heißt,
Der suche dich, und find in dir betroffen
Ein Maß, daran er unsre Größe mißt,
Und lerne dorten für die Heimat hoffen,
Wo jede Hoffnung eitel Torheit ist.

MORITZ KATZ AN FONTANE

[NOVEMBER 1849]

Geehrter Herr!

Ihr geehrtes Schreiben vom 14. d. M. ist mir erst gestern Abend zugekommen, sonst würde ich es früher beantwortet haben. Beigeschlossen erhalten Sie

Ct. 17.-. a/v pr. dort

als Honorar für das mir in Verlag gegebene Gedicht „Die schöne Rosamunde". Die beigefügte Quittung wollen Sie gef. unterzeichnen, mit Datum versehen und mir zurück-senden.

Ich wünsche mit Ihnen, daß der buchhändlerische Er-folg Ihres Gedichtes ein recht günstiger sein möge und würde dies mit Sicherheit erwarten, wenn der poetische Wert eines literarischen Werkes auch immer für den buch-händlerischen maßgebend wäre. Hoffen wir das Beste. Sie können übrigens versichert sein, daß ich sowohl durch ge-schmackvolle Ausstattung als auch durch öffentliche An-kündigungen für eine recht allgemeine Verbreitung sorgen und mich freuen werde, wenn die Herausgabe einer *zweiten* Auflage sich nötig machen sollte, die ich der getroffenen Übereinkunft gemäß nur dann herausgeben darf, wenn ich mich *vorher* mit Ihnen über die *neuen* Verlagsbedingungen geeinigt habe.

Ihre Antwort erbitte ich mir wieder hierher (Adresse Herrn Buchhändler Heinrich Matthes in Leipzig), und

zwar *umgehend*, da ich nur noch einige Tage hierbleiben
werde.

Sollten Sie noch andere literarische Unternehmungen
beabsichtigen und mich von denselben unterrichten wollen, so werde ich gern die Hand dazu bieten, unsere neue
Verbindung fortzusetzen und für unser beiderseitiges Interesse lohnend zu machen.

Achtungsvoll und ergebenst
Moritz Katz

Ist es unbedingt nötig, daß Sie selbst einen Revisionsbogen
vor dem Abdruck erhalten oder genügt es, wenn Herr
Dr. Wolfsohn die Revision übernimmt? Das Letztere wäre
mir, wenn irgend möglich, lieber, weil das schleunige Erscheinen nötig ist, da sonst auf Absatz zu dem bevorstehenden Weihnachten nicht gerechnet werden kann. –

WOLFSOHN, KULTURBRIEFE.
XXXVII. KÜNSTLERJOURNALISTIK. – DREI ALBUMS (1859)

[...] Einen Nebenbuhler aber, der mit jedem Jahr imponie-
render wird, haben beide [„Künstleralbum" und „Neues
Düsseldorfer Künstleralbum"] an der Berliner „Argo", die
im Verlage von Eduard Trewendt in Breslau erscheint. Der
vorliegende Jahrgang mit Zeichnungen von Hosemann,
Menzel, Riefstahl u. a. ist von glänzender artistischer Ausstattung. Dabei verleugnet die „Argo" ihren literarischen
Ursprung nicht, wie sie sich denn auch jetzt ein „Album
für Kunst und *Dichtung*" nennt. Sie war in ihrer ersten Gestalt ein rein literarisches Werk, mit welchem Kugler und
Theodor Fontane den Versuch machten, das poetische Organ eines Berliner Schriftstellerkreises zu schaffen. Allein
die Herausgeber überzeugten sich bald, daß sie damit nicht
weit über ein lokales Interesse hinauskommen würden, obgleich sie mit sehr beachtlichen Beiträgen auftraten (Paul

Heyse z. B. mit einer reizenden Novelle). Das veranlaßte die spätere glückliche Metamorphose, in welcher die „Argo", wie gesagt, nicht aufgehört hat, auf ihren poetischen Charakter noch ein Gewicht zu legen. Der Mitarbeiterkreis hat sich erweitert und ist kein lokaler mehr. Doch sind von den ersten Mitwirkenden einige noch die eigentlichen literarischen Pfeiler des Werkes. Theodor Fontane ist dem Unternehmen so treu geblieben, daß wir seit Jahren fast nur in der „Argo" poetische Lebenszeichen von ihm erhalten. So vereinzelt diese sind, sie mahnen immer von neuem an sein schönes Talent, das eine allgemeinere Teilnahme verdient, als es in seiner geräuschlosen, bescheidenen Laufbahn bis jetzt gefunden, obgleich es die Sympathie eines jeden gewinnt, der es einmal kennengelernt. Fontane lebt gegenwärtig in England, an der Quelle seiner poetischen Bildung. Von Jugend auf ließ er den Geist englischer Dichtung auf sich wirken, und wie tief er denselben in sich aufgenommen, hat er sowohl produzierend als reproduzierend gezeigt. Die „Argo" bringt diesmal vom ihm Übersetzungen altschottischer Balladen. Ich teile Ihnen gleich die erste als Probe seiner poetischen Wiedergabe mit. [Folgt „Bertrams Totensang".]

[WOLFSOHN], THEATER, KUNST UND PRESSE IN LONDON (1860)

In einem mäßigen Bande unter dem Titel „Aus England. Studien und Briefe über Londoner Theater, Kunst und Presse" (Stuttg. bei Ebner und Seubert) hat Herr Fontane das Eingehendste, Interessanteste und Beste über diese Themata in England geliefert, was uns seit langer Zeit zu Gesicht gekommen ist. Es sind die Ergebnisse sorgfältiger Beobachtungen während eines beinahe vierjährigen Aufenthaltes in England in den Jahren 1855 bis 1859. Die Darstellung ist frisch und ansprechend.

Das Buch zerfällt in vier Abschnitte, von welchen der

erste sich mit den Londoner Bühnen beschäftigt. Er tut das mit vorzugsweiser Rücksicht auf die Darstellung Shakespearescher Stücke. Der Verfasser widerspricht der deutschen Einbildung, daß Shakespeare häufiger und besser bei uns gegeben werde als in England. Die erstere Annahme betreffend ist es Tatsache, daß bis vor kurzem in Shadwell und Whitechapel, östlichen Stadtteilen von London, Penny-Theater bestanden, auf denen in ununterbrochener Reihenfolge Shakespearesche Stücke seit Shakespeares Zeiten aufgeführt worden sind. Denen, welche etwa jene Penny-Theater nicht gelten lassen wollen, wird entgegengehalten, daß vor wenigen Monaten Herr Phelps, der Direktor des trefflichen Sadlers-Wells-Theaters, das dreißigste Shakespeare-Stück auf seiner Bühne gespielt hat. Was zweitens die Frage anlangt, ob wir den Shakespeare besser geben, so meint der Verfasser, daß die englische Bühne schon um deshalb gegen jede allzu rasche Verurteilung gesichert und vielmehr ein Gegenstand unseres aufmerksamen Studiums sein sollte, weil es gar keine Frage sei, daß sie ihre Traditionen bis auf Shakespeare selbst zurückführen könne. Woher möge man nur den Mut nehmen, über Auffassungen und Anordnungen ohne weiteres den Stab zu brechen, die möglicherweise unter den Augen des Meisters galten und sich der Zustimmung desselben zu erfreuen hatten? Allerdings leugne niemand, daß der bis auf diesen Tag auf der modernen englischen Bühne dargestellte Shakespeare im wesentlichen in Garrick wurzele. Allein habe denn Garrick diese Typen geschaffen und seien sie ganz und gar sein Eigentum? Habe es vor ihm keinen Falstaff, keinen Richard III. gegeben, den es sich verlohnt hätte anzusehen? entdeckte er absolut neues Land oder eroberte er nur ein neues Terrain?

Nach Herrn Fontanes Ansicht kann es kein Zweifel sein, daß Garrick nur genialer Erweiterer gewesen ist. Er stand auf den Schultern anderer so gut wie Shakespeare selber. Die zweideutige Wendung: Garrick, der Wiederbeleber Shakespeares, hat zu der irrtümlichen Annahme geführt, es habe zwanzig oder fünfzig und noch mehr Jahre vor ihm gar keinen Shakespeare auf der englischen Bühne gegeben. Das ist aber ein Irrtum. Auch Charles Kean, der gegenwärtige Direktor des Prinzeß-Theaters, spricht Tag um Tag in Zeitungsannoncen und auf Theaterzetteln von seiner Wiederbelebung Shakespeares; allein weder er noch sonst jemand versteht darunter, daß Shakespeare wie von den Toten auferweckt, wieder unter den Lebenden erschien, sondern alles, was damit gesagt sein soll, ist, daß das Interesse an Shakespeare durch seine Bemühungen einen neuen Impuls erhalten habe. „Das ist die Wiederbelebung jetzt, und in ähnlicher Weise war es zu Garricks Zeiten. Am 19. Oktober 1741 trat dieser zum ersten Male in London auf, und zwar als Richard III. Die ganze Stadt war ‚wie toll von Entzücken‘, und Gray war ‚unerschütterlich in seiner Opposition‘. So wird berichtet. Klingt das wie ein Urteil, dem die Möglichkeit eines Vergleichs, eines Abwägens zwischen älterer und neuerer Auffassung fehlte? Sicherlich nicht. Walpole fand nichts Besonderes daran, weil ihm der Richard III. eines anderen oder eines älteren Künstlers jener Epoche ebenso gut oder besser gefiel.“

Von diesen bloßen Schlußfolgerungen wendet sich der Verfasser zur Beweisführung für seine Ansicht, zu Tatsachen. Das zwanzigjährige puritanische Interregnum habe den Faden der Bühnentradition nicht abzuschneiden vermocht. Hier und dort im Lande, auf den Edelhöfen der Kavaliere hatten die Schauspieler, deren Jugend in die Zeit Shakespeares zurückreichte, willige Aufnahme gefunden, und mit dem Augenblicke der Restauration war auch ein Shakespeare-Theater wieder da. Das Elisabethische Drama – so lese ich in Mitteilungen über die damalige englische Bühne – war nicht vergessen; im Gegenteil. Alle Theater füllten sich bis auf den letzten Platz schon aus Opposition gegen den puritanischen Rigorismus, unter dem man so lange geseufzt hatte. Viele Shakespearesche Stücke wurden mit Meisterschaft gegeben; einzelne der besten Schauspieler waren noch aus der alten Schule, und Thomas *Betterton*

(geb. 1635), an Bedeutung den Richard Burbage der Shake-
speareschen Zeit überragend und unzweifelhaft der Garrick seiner Epoche, begann unmittelbar nach der Restauration seine fünfzigjährige Triumphlaufbahn. Neben ihm
glänzte Joseph Harris als Romeo, Cardinal Wolsey und Sir
Andrews Aguecheek (in „Twelfth Night"), und Betterton
selbst riß hin als Hamlet und Macbeth. Nach 1709 als ganz
alter Herr gab er den Hamlet, und das berühmte Wochen-
blatt der „Tatler" brachte eine Kritik voll warmer Anerkennung über das Spiel des alten Mannes. Im folgenden Jahr
starb er; aber schon blühten neue Kräfte, die sich nach ihm
gebildet hatten, um ihn her: Rich. Steele, Dogget, vor allem
Barton *Booth* und Colley *Cibber*. Barton Booth starb 1733
und es ist zweifelhaft, ob Garrick ihn gesehen hat; aber
Cibber, freilich nur groß in der Komödie, welcher das erste
Auftreten Garricks um 16 Jahre überlebte, war schon eine
Berühmtheit. Da haben wir die Leiter, auf der Garrick
stand. Von ihm abwärts sind die Stufen aller Welt bekannt.
Noch einmal: die Traditionen der englischen Shakespeare-
Bühne reichen bis zu Shakespeare selbst hinauf, so durch-
aus unmöglich es sein mag, in diesem oder jenem Einzel-
falle den ganzen Weg schrittweise zu verfolgen.

London zählt folgende achtzehn vorzugsweise nennens-
werte Theater: Her-Majesty's Theater, welches ausschließlich Opernhaus ist, Coventgarden-, Drurylane-, Lyceum-,
Haymarket-, Prinzeß-, Adelphi-, Olympic-, Strand-, Sad-
lers-Wells-, Soho-, Marylebone-, St. James-, Surrey-, Ast-
ley-, Victoria-, Standard- und Pavillon-Theater. Zwei davon, das Coventgarden- und das Pavillon-Theater, sind im
Winter 1856 abgebrannt, und das letztere ist noch nicht
wieder aufgebaut. Das St. James-Theater ist eigentlich unter den englischen Bühnen kaum aufzuzählen, denn während der Saison pflegt eine französische Truppe darin zu
spielen, dann und wann auch eine deutsche (Emil Devrient
spielte hier 1852 und 1853). Auf den zuletzt angeführten
fünfzehn Theatern werden Shakespearesche Stücke entweder wirklich gegeben oder können wenigstens jederzeit ge-

geben werden. Auf den neun Theatern, dem Lyceum-, Haymarket-, Prinzeß-, Sadlers-Wells-, Soho-, Marylebone-, Surrey-, Astley- und Standard-Theater, kamen im Laufe der letzten zwei Jahre mehr oder weniger Shakespearesche Stücke zur Aufführung; auf dem Drurylane-, St. James-, Adelphin-, Olympic-, Strand- und Victoria-Theater dagegen keins. Doch kann das sich täglich ändern. Drurylane- (neben Coventgarden) war vor zwanzig Jahren noch die eigentliche Shakespeare-Bühne, und wiewohl augenblicklich Kunstreiter darin ihr Wesen treiben, so liegt nicht der geringste Grund vor, weshalb nicht nach drei oder sechs Monaten wieder Macbeth oder Hamlet darin heimisch sein sollten. Das Victoria-Theater steht auf gleicher Stufe wie das Standard-Theater (in Shereditch) und kann sich wie dieses alle Tage gemüßigt sehen, „Antonius und Kleopatra" zu den versammelten Teerjacken sprechen zu lassen. Adelphi-, Olympic- und Strand-Theater geben nur Lustspiele. Das gilt auch vom Haymarket-Theater, wo gleichwohl „Twelfth Night" während der vorigen Saison ein oft wiederholtes Kassenstück gewesen ist. „Viel Lärm um nichts", „Die Komödie der Irrungen", „Die bezähmte Widerspenstige" würden alle drei jeden Augenblick im Adelphi- oder Olympic-Theater gegeben werden können, und es ist rein zufällig, daß die letzten Jahre solche Shakespearesche Aufführungen auf diesen Bühnen nicht gebracht haben. Herr Fontane will damit gesagt haben, daß Shakespeare auf allen Londoner Bühnen zu finden ist, daß keine ihn geflissentlich vermeidet und daß da, wo er eine oder zwei Saisons hindurch gefehlt hat, er um so wahrscheinlicher in der dritten agiert wird.

Als die eigentliche Shakespeare-Bühne hat Herr Fontane im Einklange mit der öffentlichen Meinung das Sadlers-Wells-Theater, eines der kleineren, kennenlernen. Hier nämlich ist der ganze Shakespeare heimisch, und wiewohl es nicht selten vorkommt, daß acht oder vierzehn Tage lang ausschließlich Sheridansche Komödien oder französische Lustspiele gegeben werden, so darf man doch annehmen, daß im Laufe der sechs Wintermonate wenigstens zwölf bis fünfzehn Shakespearesche Stücke hier zur Aufführung gelangen. Sadlers-Wells, wie man der Kürze wegen gewöhnlich sagt, liegt in Islington und ist seinen Baulichkeiten und seiner Lage nach höchstens zweiten Ranges. Auch die Mitglieder der Bühne, mit Ausnahme von Herrn Phelps, Miß Atkinson und den Komikern, stehen auf keiner höhern Stufe. Dennoch paßt und klappt hier alles, dank der geschickten Hand, welche das Ganze leitet und durch kluge Benutzung untergeordneter Kräfte zu verdecken weiß, daß sie untergeordnete sind. Im Ganzen genommen ist Sadlers-Wells eine Volksbühne, und das keineswegs elegante Publikum von Islington muß das Unternehmen tragen. In den Logen des ersten Ranges sieht man indessen auch Köpfe und Toiletten, die nicht in Islington heimisch sind, und diese sind es, die den Ruf dieses Theaters über ganz England verbreitet oder aber hergeführt durch diesen Ruf eine zweifelhafte Gesellschaft nicht gescheut haben, um einen unzweifelhaften Genuß hier zu finden. Der Verfasser geht dann in Details ein, welche Theaterfreunden wie ausübenden Künstlern und Theaterdirektionen zur Kenntnisnahme sehr zu empfehlen sind.

Im zweiten Abschnitt gibt die Schilderung der großen Kunstausstellung in Manchester Anlaß zu einem Überblick über engl. Kunst, insbesondere Malerei und Kupferstecherei, deren Leistungen aus den letzten 100 Jahren nur wenigen in diesem Umfange bekannt sein dürften. Der dritte und vierte Abschnitt besprechen die Londoner Presse, ersterer die Wochenblätter, letzterer die Tagesblätter.

FONTANE, AUS DEM MANUSKRIPT FÜR
„VON ZWANZIG BIS DREISSIG" (1895)

Hermann Schauenburg, Hermann Kriege, Dr. Georg Günther, das waren die drei, mit denen mich der erste literarische Teeabend bei Robert Binder und Frau bekanntmachte. Diese drei waren aber nur ein Bruchteil eines literarischen Vereins, dessen geistiger Mittelpunkt *Georg Herwegh* war, weshalb ich denn auch – und zwar nach demselben Modus, der mich in früheren (Berliner) Kapiteln von einem Lenau- und Platen-Klub sprechen ließ – diesen Leipziger Dichterverein als einen „Herwegh-Klub" vorführen möchte. In diesen Klub sah ich mich natürlich alsbald eingeführt und machte da die Bekanntschaft von einem Dutzend anderer Studenten, meistens Burschenschafter, einige schon von älterem Datum. Es waren, so mir recht ist, folgende: Ludwig Köhler, ... Prowe, Semisch oder Semig, Pritzel, Friedensburg, Dr. Cruziger, Dr. Wilhelm Wolfsohn, Max Müller. Alle haben in der kleinen oder großen Welt von sich reden gemacht. In der großen Welt allerdings nur einer, der Letzgenannte. Ludwig Köhler war ein hübsches dichterisches Talent und beschloß seine Tage wohl in seiner thüringischen Heimat; Prowe wurde Gymnasialdirektor in Thorn und setzte sein Leben an die Beweisführung, daß Kopernikus kein Pole, sondern ein Deutscher gewesen sei, Dr. Pritzel (der Geistreichste und Witzigste des Kreises) war später Bibliothekar an der Berliner K. Bibliothek, Dr. Friedensburg starb als Oberbürgermeister von Breslau; Dr. Cruziger, in einem der (allerkleinsten) Reußischen oder Schwarzburger Fürstentümer zu Hause, brachte es in der stürmischen Zeit von 48 bis zum Minister in seinem kleinen Heimatstaate. Verbleiben noch Wilhelm Wolfsohn und Max Müller, mit denen ich mich ausführlicher zu beschäftigen habe.

Wilhelm Wolfsohn war in unsrem Herwegh-Klub der Tonangebende. Georg Günther, der um mehr als ein Dutzend Jahre älter, zugleich von allgemeinerer Bildung und größrer Welterfahrenheit war, wäre dazu der Berufenere gewesen, aber er war nicht Klubmitglied, blieb wohlweislich ein Draußenstehender, und so fiel die Führerrolle dem Nächstbesten zu, was unzweifelhaft Wolfsohn war. Er hatte Literaturgeschichte zu seinem Studium gemacht. Das allein schon würde zu Besiegelung seines Übergewichts ausgereicht haben, es stand ihm aber noch andres zu Gebote. Wir andern waren samt und sonders junge Leute von Durchschnittsallüren, Wolfsohn dagegen war ein Herr, ein feiner Herr. Hätte nicht sein kluger, interessanter Kopf die jüdische Deszendenz bekundet, so würde man ihn für eine[n] junge[n] Abbé gehalten haben; er hatte ganz die verbindlichen Formen, das überlegene Lächeln und vor allem die Handbewegungen. Daß das Gros unsres meist aus armen Thüringern sich zusammensetzenden Klubs diese Manieren vermissen ließ, war selbstverständlich. Es ließ sich an ihm die Kulturüberlegenheit der Juden ganz wundervoll nachweisen. Er war in Brody geboren und nach Odessa hin übergesiedelt, wo die Eltern, durch Vermögensverluste bald in eine sorgenvolle Lage gerieten; aber seine Knabenjahre hatten noch die guten Zeiten der Familie gesehen, und diese Zeiten, in denen man repräsentiert und eine hohe Gastlichkeit geübt hatte, hatten ausgereicht, ihm jene Formen feiner Sitte zu geben, wodurch er sich über uns alle erhob. Ich würde seine Superiorität im Hinblick auf das Gros d'Armée unsres Klubs, das sich aus armen Thüringern zusammensetzte, hier gar nicht erst hervorheben, aber auch Schauenburg und Kriege, die beide sehr guten Häusern entstammten und auch so wirkten, blieben hinter unsrem abbéhaften Führer zurück. Das Semitische, vielleicht kann man ganz allgemein sagen, das Orientalische – bei Wolfsohn durch frühere glänzende, später dann freilich ins Gegenteil sich verkehrende Lebensverhältnisse seiner Odessaer Eltern unterstützt – hat in Sprache, Sitte, Form einen natürlichen Vorsprung vor dem Germanischen. Erst auf einer gewissen gesellschaftlichen Höhe wird das Germanische wieder siegreich und dann sogar sehr, mit

Ausnahme der Damenwelt. Die jüdische Damenwelt en masse soll hier, um mich milde auszudrücken, nicht verherrlicht werden, aber die jüdische Damenschaft in ihren glänzendsten Einzelexemplaren wird von der christlichen Aristokratin nur sehr selten erreicht. Auf dem Schönheitsgebiet liegt es ähnlich. Es gibt, bei sonst gleichen Zahlen, mehr hübsche Jüdinnen als Christinnen (wenigstens hier zu Lande), wenn eine Christin aber schön ist, ist sie schöner.

Wolfsohn, als ich ihn kennenlernte, war schon trotz seiner jungen Jahre so gut wie verlobt, und zwar mit der Tochter eines ehrsamen Tischlermeisters, in dessen Hause seine Wohnung gelegen war. Die Sage ging, daß besonders liebevolle Pflege während schwerer Krankheit dies Wunder bewirkt habe. In Wahrheit aber war es gar kein Wunder, sondern ein aus richtiger Erkenntnis getaner, sehr kluger Schritt. So verwöhnt er war, so bis zum Komischen hin ästhetisierend – etwa wie Hedda Gabler mit ihrem „im Banne der Schönheit" – so verständig war er auch und erkannte richtig, welchen Schatz er in diesem Mädchen gefunden habe. Das Leben hat es ihm später bestätigt, denn diese Leipziger Tischlertochter wurde sein guter Engel bis an sein Ende.

Wolfsohn hatte damals schon allerhand ediert, unter andern ein Taschenbuch, das glaub ich „Iduna" hieß und unglaublich, aber wahr, eine Art christlich-jüdische Religions-Union anstrebte. Jedenfalls entsprach das seinem Wesen. Ausgleich, Umkleidung, nur keine Kanten und Ekken. In unseren Klub-Sitzungen, denen er meist präsidierte, trat er nicht sonderlich hervor; natürlich war er für „Freiheit" wie wir alle (wie hätten wir auch sonst der Herwegh-Klub sein können), aber er hielt Maß darin, wie in allem. In der Zahl und Regelmäßigkeit der Forderung nach Freiheit, in der ich, glaub ich, obenan stand, blieb er weit zurück. Ein Teil seines Übergewichts mochte damit, diesem Maßhalten, zusammenhängen, denn wir waren nicht dumm genug, um nicht gelegentlich selber Zweifel an unserem Tun zu hegen. Sein eigentliches Übergewicht lag in

seinen feinen Manieren und in seinem glänzenden Zuhau-
sesein in allem Belletristischen. Seine Domäne war die Ge-
samtbelletristik der Deutschen, Franzosen und Russen.
Rußland, wenn er uns Vortrag hielt, stand mir allemal
obenan, wobei ich mir sagte: „Das nimm mit; du kannst
hundert Jahre warten, ehe dir russische Literatur wieder so
auf dem Präsentierbrett entgegengebracht wird." Ich ging
in meinem Feuereifer so weit, daß ich sogar russisch lernen
wollte. Doch schon in der zweiten Unterrichtsstunde war
seine Geduld erschöpft, und er sagte mir: „Gib's nur wieder auf. Du lernst es doch nicht." So ist es mir mit einem
halben Dutzend Sprachen gegangen: italienisch, dänisch,
vlämisch, wendisch; immer, wenn ich mir ein Lexikon und
eine Grammatik gekauft hatte, war es wieder vorbei. Was
ich beklage. Denn es ist unglaublich, wie viel Vorteile man
von jedem kleinsten Wissenspartikelchen hat, ganz besonders aber auf diesem Gebiet.

Also mit der russischen Sprache war es nichts, in bezug
auf russische Literatur jedoch ließ ich nicht wieder los, und
von Dershawin an, über Karamsin und Shukowski fort, zo-
gen die damals noch lebenden oder doch erst jüngst gestorbenen Dichter: Puschkin, Lermontow, Pawlow, Gogol an
mir vorüber. Ein ganz Teil von dem, was mir Wolfsohn damals vortrug, ist sitzengeblieben, am meisten von den drei
Letztgenannten (Lermontow war mein besondrer Liebling);
und jedenfalls, so sehr alles nur ein Kosthäppchen war, so
bin ich doch auf meinem Lebensgange, Bodenstedt abge-
rechnet, keinem begegnet, der auch nur den zehnten Teil
davon gewußt hätte, vielen aber, die weit, weit dahinter zu-
rückblieben. Wer seinen Turgenjew kannte, der war befriedigt.

Wolfsohn war mir sehr zugetan, über mein Verdienst
hinaus, und hat mir diese Zuneigung auch später vielfach
bestätigt. So lange ich noch in Sachsen war, auch nachdem
ich Leipzig selbst schon verlassen hatte, blieb ich in persönlicher Verbindung mit ihm, und Ende der 40er Jahre
wurde diese Verbindung wieder aufgenommen, und bis an

seinen Tod blieben wir in einem zeitweilig ziemlich lebhaften Briefwechsel. Einige dieser Briefe, darin auch die „Großfürstin Helene", ohne die damals in Rußland nichts Literarisches ging, eine Rolle spielte, waren aus den beiden russischen Hauptstädten datiert, wohin er gern ging, um der dortigen deutschen Kolonie samt einigen literaturbeflissenen Russen Vorlesungen über allerjüngste deutsche Dichter, zu denen Wolfsohn auch mich rechnete, zu halten, woraus dann komischerweise resultierte, daß ich in Petersburg und Moskau bereits ein Gegenstand kleinen literarischen Interesses war, als mich in Deutschland noch niemand kannte, nicht einmal in Berlin.

1851, eben wieder von einer Petersburger Reise zurückgekehrt, trat Wolfsohn an die Spitze des „Deutschen Museums", einer vielgelesenen Zeitschrift, die er, eine Zeitlang, mit Robert Prutz gemeinschaftlich redigierte. Sein Aufenthalt war damals Dresden, in dessen literarischen Kreisen er Otto Ludwig kennenlernte. Mit Auerbach um die Wette ließ er sich das Zugeltungbringen dieses eigenartigen, damals noch wenig gewürdigten Talents angelegen sein und unterließ nie, wenn er, wie damals oft geschah, als Vorleser seine Tournéen machte, dem großen Publikum den „Erbförster" und die „Makkabäer" vorzuführen. Immer mehr sich einlebend in diese bedeutenden Arbeiten kam ihm begreiflicherweise die Lust, es auch seinerseits mit dramatischen Arbeiten zu versuchen, und er schrieb ein Drama „Nur eine Seele", das als politisches Stück eine gewisse Notorität erlangte. Dasselbe richtete sich, wie sein Titel andeutet, gegen die Leibeigenschaft und hielt sich eine Zeitlang. Als dann aber die Leibeigenschaft aufgehoben wurde, war es gegenstandslos geworden.

Um eben diese Zeit war es auch, daß sich Wolfsohn mit der jungen Dame verheiratete, deren ich eingangs schon erwähnte. Diese Verheiratung war mit Schwierigkeiten verknüpft, weil standesamtliche Trauungen noch nicht existierten und Eheschließungen zwischen Juden und Christen, die eine Zeitlang statthaft gewesen waren, mit Eintritt der „Reaktion" wieder auf kirchliche Hemmnisse stießen. Immer wenn unser Brautpaar aufs neue Schritte zur Trauung in diesem oder jenem kleinen Herzogtum versuchte, traf es sich, daß in dem Kleinstaat, bei dem man eben anpochte, gerade der freiheitliche Gesetzesparagraph aufgehoben, also sozusagen die Tür vor dem Brautpaar verschlossen war. Ein Kleinstaat nach dem andern fiel ab, und Anfang der 50er Jahre gab es in Deutschland nur noch „eine Säule, die von verschwundener Pracht zeugte". Diese eine Säule hieß Dessau. Aber auch hier sollte mit Beginn des neuen Jahres der Freiheitsparagraph wieder fallen, und so hieß es denn sich eilen. Noch kurz vor Toresschluß erfolgte die Trauung und, aus einer gewissen Dankbarkeit, so nehme ich an, blieb man in Dessau. Doch nicht auf lange. Dessau war kein Platz, der für Wolfsohn und seine durchaus auf Großstadt und Weltverkehr gestellten Allüren gepaßt hätte, und so ging er 1853 nach Dresden zurück, wohin er recht eigentlich gehörte. Hoftheater und höfische Sitte, schriftstellerisches und künstlerisches Leben, vor allem internationaler Verkehr – das war das, worin er Befriedigung fand. Und diese neuen Dresdner Jahre wurden denn auch seine glücklichsten; er lebte hier ganz seinen Arbeiten, vor allem den wieder aufgenommenen dramatischen, und gründete die „Nordische Revue", die bis zu seinem frühen Hinscheiden 1865 in gutem Ansehen stand. Er war kaum 45 Jahre alt geworden. Einer seiner Söhne (Pseudonym: Wilhelm Wolters) hat des Vaters Laufbahn eingeschlagen und ist einer guter Novellist.

FONTANE AN WILHELM WOLTERS

Berlin, 29. Juni 1898

Hochgeehrter Herr.

Entschuldigen Sie mich vor Ihrem Fräulein Schwester, daß ich wie ein Hamster in meinem Bau verblieb und alle Zugänge verrammelte. Aber es ging nicht gut anders.

Meine Toilette war *so* stark rückständig, daß ihre Komplet-
tierung eine Halbetagesfrage war. Wenn Ihr Stück aufgeführt wird, kommen Sie nach Berlin und vielleicht in Begleitung von Frau und Schwester. Vielleicht ist es mir dann
vergönnt, mein Vergehen wieder wettzumachen, bitte aber
dringendst, mich vorher auf einer Karte wissen zu lassen:
„ich komme", sonst wiederholt sich alles und ich sitze doppelt drin.

Unter besten Empfehlungen an Ihre Damen, in vorzüg-
licher Ergebenheit

Th. Fontane

NACHWORT VON WILHELM WOLTERS
ZU „THEODOR FONTANES BRIEFWECHSEL
MIT WILHELM WOLFSOHN" (1910)

„Alte Zeiten und ein altes Haus in Leipzig, wo ich Ihre
Frau Mama vor 52 Jahren kennenlernte, traten mir wieder
vor die Seele", schrieb Fontane „An die Hinterbliebenen
der Frau Dr. Wilhelm Wolfsohn, geb. Gey", als er im Juni
1894 erfuhr, daß die Gattin des Jugendfreunds dem schon
lange Dahingeschiedenen im Tode gefolgt war.

Über diese alten Zeiten sprach er noch einmal mit mir.
Ein kleiner Abglanz der Freundschaft mit meinem Vater
war auf mich gefallen, „den einen von Wolfsohns Söhnen",
von dem er in „Von Zwanzig bis Dreißig" spricht, und
manches freundliche Wort über meine eigene Poeterei,
manches vertrauliche über sich selbst, hatte er – mündlich
und schriftlich – an mich gerichtet. An mich, dem die
Liebe zu dem Menschen wie dem Dichter Fontane sozusagen im Blute lag. Als ich ihn zum letzten Male, im Sommer
1898, dem letzten seines Lebens, auf dem „Weißen Hirsch"
bei Dresden besuchte, traf es sich zufällig, daß er gerade
das erste Exemplar von „Von Zwanzig bis Dreißig" aus
Berlin erhalten hatte. „Mein Leipzig lob ich mir" lautet
der Titel des Abschnitts über die Jahre in der fröhlichen

Pleißestadt. Er zeigte es mir voll Freude. Und ich konnte mich gleich revanchieren. Denn ich hatte sein Bild mitgebracht, das Aquarell von Ottensooser, das Unikum, das der Dreiundzwanzigjährige einst seinem Freunde in Leipzig schenkte und das mir als Erbteil zugefallen war. So kamen wir ganz von selbst auf jene Tage zu sprechen.

„Bin ich's denn wirklich?" fragte er sinnend, indem er das Bild betrachtete.

Und ich erzählte ihm, wie oft meine Mutter es mir geschildert habe, daß die jungen Mädchen die Fenster aufgerissen und dem Originale dieses Bildes nachgeschaut hätten, wenn es durch das stille Schrötergäßchen nach eben jenem alten Hause schritt, in dem mein Vater wohnte.

Er lächelte. „Davon hab ich gar nichts gemerkt. Und", fügte er hinzu, „ich möchte eigentlich wünschen, ich hätte anders ausgesehen; mir gefallen die gebräunten Unteroffiziersgesichter viel besser als die blassen Dichtergesichter."

An diese Worte erinnerte ich ihn, als ich kurze Zeit darauf bei ihm anfragte, ob er trotzdem damit einverstanden sei, daß ich das Bild an seinem achtzigsten Geburtstage veröffentlichte.

Und er antwortete (aus Karlsbad am 31.August 1898, also drei Wochen vor seinem Tode):

„Natürlich können mich Aufsatz und Bild nur freuen, und wenn letzteres mehr nach blassem Dichter als nach gebräuntem Unteroffizier aussieht, so verbessert das dem Publikum gegenüber, das den Dichter nicht blaß genug kriegen kann, nur meine Lage."

Und ich sah im Geiste das nämliche schalkhafte Lächeln im Gesichte des alten Fontane, das über seine Züge glitt, als er mir sagte, er wünschte, der junge Fontane hätte anders ausgesehen ...

Dresden, am Tage der Enthüllung des Berliner Fontane-Denkmals, dem 7. Mai 1910

Anhang

Zur Geschichte
der Erstedition von 1910

„Theodor Fontanes Briefwechsel mit Wilhelm Wolfsohn", herausgegeben von Wilhelm Wolters, dem ältesten Sohn Wolfsohns, erschien 1910 als erste nicht von den Fontane-Erben besorgte oder in Auftrag gegebene selbständige Briefpublikation. 1904 waren die „Briefe an seine Familie" (2 Bände) – als Herausgeber zeichnete Fontanes Schwiegersohn K. E. O. Fritsch –, 1910 „Briefe an seine Freunde" (2 Bände) von Paul Schlenther und Otto Pniower ediert worden. Beide Sammlungen erfolgten im Auftrag der testamentarisch eingesetzten „Kommission zur Prüfung und Erschließung des literarischen Nachlasses Theodor Fontanes", der Mete Fritsch-Fontane, Paul Schlenther und der Rechtsanwalt Paul Meyer angehörten; sie erschienen im Verlag Friedrich Fontanes, des jüngsten Sohnes des Dichters. Die „Zweite Sammlung" mit den Schreiben an die Freunde beginnt mit einem Brief vom Mai 1846; sie enthält die schon früher verfaßten Briefe an den Jugendfreund Wilhelm Wolfsohn nicht. Doch gerade diesen Briefen, die lange Zeit als die bis 1846 einzigen überlieferten galten, ist schon bald nach des Dichters Tod von verschiedenen Seiten größtes Interesse entgegengebracht worden, nicht zuletzt von den Erben und der Nachlaßkommission selbst. Ihrer Veröffentlichung durch Wilhelm Wolters im Jahre 1910 – seine Ausgabe war die erste Publikation eines Brief*wechsels* – ging denn auch ein acht Jahre währendes Ringen zwischen den Erben und dem Herausgeber voraus.

Arthur Levysohn, der Chefredakteur des „Berliner Tageblatts", das der Schriftsteller und Lustspielautor Wilhelm Wolters seit 1896 mit Dresdner Theaterkorrespondenzen belieferte, wandte sich als erster an die Erben mit der Bitte, der Publikation von Briefen Fontanes an Wolfsohn in seiner Zeitschrift zuzustimmen. Friedrich Fontane und die Nachlaßkommission versagten jedoch, „besonders in Rücksicht auf die damals noch lebende Gattin des Dichters ihre Zustimmung zum Abdruck". Auch der Redakteur von „Westermanns Monatsheften", Dr. Düsel, hatte erklärt, daß er sich glücklich schätzen würde, die frühen Briefe zuerst abdrucken zu dürfen; er bezeichnete sie (nach einer Äußerung Wolters' im Brief an Friedrich Fontane vom 5. November 1905) als „zu den köstlichsten gehörend, die je aus des Dichters Feder geflossen".

Im Oktober 1905 – Emilie Fontane war bereits vor drei Jahren verstorben – unternahm Wolters einen weiteren Versuch, das Einverständnis der Erben zur Veröffentlichung der Briefe ihres Vaters zu erlangen, indem er die Redaktion der „Dresdner Neuesten Nachrichten" in dieser Angelegenheit beim Verleger Friedrich Fontane vorstellig werden ließ. Wolters wußte sich als Besitzer der Fontane-Briefe im Recht, sie publizieren zu dürfen, doch hatten die Mitglieder der Nachlaßkommission nicht nur die Werke, sondern auch die hinterlassenen Briefe zu gesetzlich geschützten „Schriftwerken" erklärt und damit alle Publikationsabsichten von dritter Seite zu bremsen versucht. Die Zeitungsredaktionen waren dadurch verunsichert, ob sie berechtigt seien, Fontane-Briefe ohne die Zustimmung der Erben zu veröffentlichen. Wolters, der sich auf eine „ererbte Freundschaft" und die persönliche Bekanntschaft mit dem verehrten Dichter berufen konnte, wollte sicher auch aus Gründen der Pietät zunächst nicht auf die Zustimmung der Erben verzichten. In einem Brief vom November 1905 an die Nachlaßkommission (Anlage zu Wolters Brief vom 5. November 1905) erläuterte Friedrich Fontane seine Ansichten über die Publizierung der Briefe seines Vaters an Wilhelm Wolfsohn; er schrieb: „Ihr Inhalt soll sehr intim sein, indem darin besonders Charakterzüge der Braut Th. F.s, der späteren Frau Emilie geschildert werden. Es erscheint mir sehr wichtig, diese Briefe an uns zu bringen, bzw. Kopien von den Originalen zu nehmen, und habe ich aus diesem Grunde die durch die Korrespondenz meiner Firma mit den Dr. Wolters besonders befreundeten ‚Dresdner Neuesten Nachrichten' sich bietende Gelegenheit benutzt, Herrn Wolters aus seiner Reserve herauszulocken. Die Briefe seines Vaters sind nach meinem Urteil recht unbedeutend und werden wohl auch dem Sohne kaum druckfähig erscheinen. Ein *Briefwechsel* als Buchausgabe erscheint mir deshalb ausgeschlossen. Dagegen ist wohl zu überlegen, ob man durch Gewährung des Abdrucks dieser Briefe [...] in irgendeinem Blatt die Zustimmung Wolters' zwecks Aufnahme der Th. F.schen Briefe in den durch Schlenther und Prof. Pniower herauszugebenden Band erreicht." Wolters plante genau das, was Friedrich Fontane als „ausgeschlossen" erschien: er war gewillt, in eigner Verantwortung im Verlag Friedrich Fontane den *Briefwechsel* zu edieren. Im Dezember 1905 schickte er, auf einen für ihn günstigen Bescheid hoffend, Abschriften der Briefe Fontanes an Friedrich Fontane, die dieser vervielfältigen ließ und der Kommission zur Kenntnis brachte. Am 17. Februar 1906 beschloß diese, „ihren bisherigen prinzipiellen Entscheidungen über Spezialausgaben von Briefen Th. F.s entsprechend, [...] eine Genehmigung zu einer gesonderten Herausgabe des Briefwechsels Fontane-Wolfsohn nicht zu erteilen". Wolters verweigerte daraufhin sein Einverständnis zur Publikation von Briefen Fontanes an seinen Vater in der von Schlenther und Pniower bearbeiteten „Zweiten Sammlung". (Die ablehnende Haltung der Erben hat auch die Herausgabe des Briefwechsels Fontane-Friedlaender verhindert.)

Im Unterhaltungsblatt der „Dresdner Neuesten Nachrichten" veröffentlichte Wilhelm Wolters am 1. Januar 1910 – ohne jetzt noch um Genehmigung der Erben nachzusuchen – einige Briefe Fontanes an seinen Vater. Dies geschah in einem kleinen Artikel mit der Überschrift „Theodor Fontanes politische Anfänge. Mit unveröffentlichten Briefen des Dichters". Wiedergegeben wurden Fontanes Briefe vom 10. November 1849, Wolfsohns Antwort vom 13. November 1849, und die Fontane-Briefe vom 15. November und 11. Dezember 1849 (Nr. 9, 10, 11 und 13 dieser Ausgabe). Friedrich Fontane wurde nun umgehend bei Wolters vorstellig und erklärte, „daß, wenn der Abdruck Th. Fontanescher Briefe, die bekanntlich häufig Indiskretionen enthalten, anstandslos geduldet wird, auch Unbefugte, wie z. B. Autographensammler, von dem vermeintlichen Recht des Abdrucks Gebrauch machen werden". Ein seinem Brief beigelegter Bürstenabzug der Rückseite des Titelblattes des im Druck befindlichen 2. Bandes der „Zweiten Sammlung" mit der Druck-Untersagung aller „im Sinne des Gesetzes als Schriftwerke" geltenden Briefe sollte als Warnung dienen. Wolters ließ sich jedoch davon nicht beeindrucken und schrieb am 31. Januar 1910 an Friedrich Fontane: „Gesetzlich haben Sie kein Recht, mir die Veröffentlichung dieser Briefe zu verbieten. [...] Ihre Sorge, es könnten durch Indiskretionen, die in den Briefen enthalten sind, Unannehmlichkeiten entstehen, ist bei *meinen* Briefen, schon ihres Alters wegen, unbegründet. Ich weiß ja auch selbst ganz genau, welche von den Briefen oder welche Stellen in ihnen sich zur Veröffentlichung aus Gründen des Takts nicht eignen würden. [...] Ich stehe auch dem Theodor Fontane von ‚Von Zwanzig bis Dreißig' weit näher als die Herren Hofrat Dr. Schlenther und Dr. Pniower. Ich kenne ihn nicht nur aus diesen einzigen Jugendbriefen, sondern auch aus den Erzählungen meiner Eltern; wie viele Male ist sein Name in unserem Hause genannt worden, und sein Bild als junger Mensch steht mir seit meiner eigenen Jugend leibhaftig vor Augen."

Wolters' Brief veranlaßte Friedrich Fontane zu dem an seine Geschwister gerichteten Resümee: „Was wir befürchteten, ist auch tatsächlich eingetroffen. Herr W. Wolters behauptet [...], überhaupt im Recht zu sein, die in seinem Besitz befindlichen Briefe in jeglicher Beziehung veröffentlichen zu dürfen, also sowohl durch Zeitungsabdruck wie in Form der Buchausgabe. Die Angelegenheit ist äußerst fraglich [...], wir müssen bekennen, daß trotz allem die Sache für die Erben nicht so günstig liegt, wie es äußerlich vielleicht den Anschein hat. Wir raten deshalb dringend zu einer entgegenkommenden Haltung."

Friedrich Fontanes Rat wurde nun befolgt: man arrangierte sich, schon damit Wolters nicht bei einem den Erben bzw. dem Verlag „unbequemen Verleger" das Buch erscheinen lasse. Am 11. Mai 1910 bedankte sich Wolters bei Friedrich Fontane für die Übersendung der „wundervollen neuen Ausgabe von ‚Von Zwanzig bis Dreißig‘" (gemeint ist die 5., mit 40 Abbildungen versehene Auflage), zu der er das hier nach dem Original reproduzierte Bild des Vaters (vgl. S. 166) beigesteuert hatte, und der „beiden Bände Briefe"; er hoffte, hinsichtlich seiner Ausgabe „bald weiteres mitteilen zu können". „Theodor Fontanes Briefwechsel mit Wilhelm Wolfsohn" erschien – im wesentlichen unkommentiert herausgegeben – im Oktober 1910, und zwar im Verlag von Georg Bondi (Berlin). Paul Schlenther verabsäumte nicht, im „Berliner Tageblatt" vom 16. November 1910 das „schlanke Büchlein" vorzustellen, das „vor den großen umfassenden Sammlungen einen Vorteil hat, den jene beim besten Willen nicht erbeuten konnten: man hört hier nicht bloß den Hall, sondern bisweilen auch den Widerhall. Aus dem Solo wird manchmal ein Duett. Neben Orest vernimmt man Pylades". Im Vorwort zu seiner Ausgabe hebt Wolters nun die „Liebenswürdigkeit der Erben Fontanes" hervor, der er die „Benutzung" der Antwortbriefe seines Vaters verdanke. Nach dem Erscheinen der Ausgabe scheint der Austausch der Briefkonvolute (dem 1905 schon ein Austausch von Abschriften vorausgegangen war) erfolgt zu sein. Wolfsohns Briefe befanden sich im Nachlaß seines Sohnes Wilhelm Wolters; dessen Frau Ella verkaufte sie – vermutlich aus Geldmangel und ohne persönlich engagiert zu sein – dem Antiquar Richard Bertling in Dresden. Bertlings Sohn Hans übergab sie „im Tauschwege" seinem Freund Bruno Gebauer in Weinböhla bei Meißen, der sie seiner Frau zum Geschenk machte (Gebauer an das Fontane-Archiv, 12. Oktober 1956). Von dem

Ehepaar Gebauer kaufte 1956 das Fontane-Archiv Wolfsohns Briefe, das Gedicht „Meinem Theodor" (vgl. S. 64 f.)
und vier Briefe Philippine Fontanes an Wolfsohn. Wolfsohns Briefe sind erst vom Jahre 1849 an überliefert; das
Vorhandensein von zwölf weiteren Briefen läßt sich aus
ihnen erschließen. Es muß offen bleiben, ob diese schon zu
Lebzeiten Fontanes des Aufbewahrens nicht für wert befunden wurden oder durch häufigen Wohnungswechsel
verloren gingen. Josef Ettlinger, der seit Juli 1905 Fontanes
schriftstellerischen Nachlaß sichtete, gibt an, daß die „Ge-
genbriefe Wolfsohns sich nur zum Teil noch in Fontanes
Nachlaß vorgefunden" haben (Vossische Zeitung, 12. Februar 1911, Sonntagsbeilage Nr. 7, S. 51). Nicht einer der von
Fontane in „Von Zwanzig bis Dreißig" erwähnten Briefe,
die er von Wolfsohn „aus den beiden russischen Hauptstädten" erhalten zu haben behauptet und in denen − wie
er schreibt − die Großfürstin Helene „eine Rolle spielte",
ist erhalten geblieben. Den 14 Briefen Wolfsohns stehen 41
von Fontane an den Jugendfreund gerichtete Schreiben gegenüber, sorglich verwahrt vom Empfänger und dessen
Sohn. Über den weiteren Verbleib der Fontane-Briefe ist
nichts bekannt. Es ist nicht auszuschließen, daß sie Friedrich Fontane bereits vor der großen Versteigerung des
Fontane-Nachlasses bei Meyer & Ernst im Oktober 1933
(der Auktionskatalog verzeichnet die Briefe an Wolfsohn
nicht), aus finanzieller Not heraus, verkauft hat. Im
Fontane-Archiv blieben lediglich drei Abschriften (Typo-
skripte) der Briefe vom 10. November 1847, vom 10. November 1849 und vom 11. Dezember 1849 erhalten; sie stimmen,
ebenso wie die Vorabdrucke in den „Dresdner Neuesten
Nachrichten", mit den Texten in Wolters' Ausgabe überein.

   Wolters hat die Briefe seines Vaters leicht gekürzt (insbesondere betreffen die Kürzungen die Briefe Nr. 23 und
24). Daß auch Fontanes Briefe gekürzt wurden, „aus Gründen des Takts", wie es Wolters in seinem Brief an Friedrich
Fontane vom 31. Januar 1910 andeutet, ist wahrscheinlich,

hatte doch schon am 6. Januar 1906 Friedrich Fontane in einem Schreiben an Paul Schlenther von den Streichungen gesprochen, die Wolters in den ihm zugesandten Abschriften der Briefe Fontanes an Wolfsohn vorgenommen hat.

Zu dieser Ausgabe

Textgrundlage für die Briefe Wilhelm Wolfsohns sind die Handschriften im Theodor-Fontane-Archiv der Deutschen Staatsbibliothek, Potsdam; für Emilie Rouanet-Kummers Brief und für die Briefe Fontanes folgt unser Text der Erstausgabe von Wilhelm Wolters, mit Ausnahme des Briefes vom 7. August 1851, der (zuerst in den Fontane-Blättern, Bd. 2, Heft 3, 1970, S. 155 veröffentlicht) nach der Handschrift im Deutschen Literaturarchiv/ Schiller-Nationalmuseum Marbach am Neckar publiziert werden kann. Datierungen der Fontaneschen Briefe konnten berichtigt und erschlossen werden; Wolters' Zuordnung der Nachschrift vom 18. Dezember 1854 zum Brief vom 25. Juli 1854 (der von Fontane nicht datiert war) erwies sich als falsch und wurde korrigiert.

Den Gedichten Wolfsohns und Fontanes liegen die Handschriften im Fontane-Archiv, dem Auszug aus „Von Zwanzig bis Dreißig" der handschriftliche Entwurf im Märkischen Museum Berlin (zuerst in den Fontane-Blättern, Bd. 2, Heft 3, 1970, S. 160−164 veröffentlicht), dem Brief Fontanes an Wilhelm Wolters vom 29. Juni 1898 die Handschrift in der Berliner Stadtbibliothek zugrunde.

Allen Institutionen sei für die Publikationserlaubnis dieser Texte gedankt.

Orthographie und Interpunktion wurden behutsam modernisiert; der Lautstand blieb erhalten. Schreibweisen wie u. a. „in Folge", „Kaffe", „Affaire" wurden ebenso belassen wie grammatikalische Inkonsequenzen und (leicht verständliche) Abkürzungen. Ergänzungen stehen in [ ]. Titel von Werken und Periodika sind generell in „ " gesetzt worden. Das im 19. Jahrhundert übliche Zeichen für Reichstaler wird mit „Rtr." wiedergegeben.

Die Datumsangaben in den Briefen Wolfsohns, meist am Schluß des Briefs stehend, sind um der leichteren Benutzbarkeit der Ausgabe willen an den Anfang der Briefe gesetzt worden. Alle Zusätze zum Datum wurden übernommen, erschlossene Daten stehen in [ ].

Anmerkungen und Register ergänzen einander in der Erläuterung von Sachbezügen, Personen und Periodika.

Die Anregung zu dieser Ausgabe gab Frau Prof. Charlotte Jolles (London).

Bei der Zusammenstellung der Kommentare erfuhr ich vielfache Unterstützung: im Theodor-Fontane-Archiv der Deutschen Staatsbibliothek, Potsdam, benutzte ich die unveröffentlichten Briefe Emilie Rouanet-Kummers an ihre Adoptiveltern Bertha und Karl Kummer sowie den Nachlaß Friedrich Fontanes; im Deutschen Literaturarchiv/Schiller-Nationalmuseum Marbach am Neckar den Nachlaß Berthold Auerbachs; in der Universitätsbibliothek der Humboldt-Universität Berlin den Nachlaß Moritz Lazarus'; in der Handschriftenabteilung der Staatsbibliothek Preußischer Kulturbesitz Berlin-West unveröffentlichte Briefe Wilhelm Wolfsohns und Wilhelm Wolters'. Hinweise vielfältiger Art gab Herr Dr. Peter Goldammer (Weimar). Frau Anita Golz (Weimar) betreute die Ausgabe mit Engagement und Sachkenntnis als Lektorin.

Herr Wolfgang Wolters in Dresden gestattete mir mit steter Bereitwilligkeit Einblick in die erhalten gebliebenen Reste des Nachlasses seines Urgroßvaters und stellte Bildvorlagen aus diesem Nachlaß zur Verfügung.

Allen gilt mein Dank.

Die reprofähigen Vorlagen für die beigegebenen Abbildungen fertigte Herr Eberhard Renno (Weimar).

Berlin, August 1988   Ch. Sch.

Anmerkungen

Beim Nachweis der Handschriften für unveröffentlichte Briefe werden folgende Abkürzungen verwendet: DL/SNM – Deutsches Literaturarchiv/Schiller-Nationalmuseum Marbach am Neckar; FAP – Theodor-Fontane-Archiv der Deutschen Staatsbibliothek, Potsdam; SBPK – Staatsbibliothek Stiftung Preußischer Kulturbesitz, Berlin-West.

1 FONTANE AN WOLFSOHN, [LEIPZIG, 16. NOVEMBER? 1841]

Feier des morgenden Tages – Vermutlich ist der Bußtag (Mittwoch, 17. November) gemeint, der Feiertag war. (Der Reformationstag, 31. Oktober, der ebenfalls Feiertag war, fiel 1841 auf einen Sonntag.)
Fontan – Fontane unterzeichnet diesen Brief noch mit der französischen Form seines Namens.

2 FONTANE AN WOLFSOHN, [DRESDEN, ZWISCHEN 5. UND 8.JULI 1842]

vielbesprochene Terrasse – Die Brühlsche Terrasse (vgl. S. 139).
Scheherezade – Arabisierte Form des persischen Namens Tschirazad (von edlem Anlitz); sie ist die Erzählerin der mit Geister- und Zauberwesen durchwebten Märchen von „Tausendundeiner Nacht".
Dein Sinn ist zu ... – Zitat aus Goethes „Faust" (Erster Teil, Vers 44).
Bekenntnis einer unschönen Seele – Parallelbildung zu „Bekenntnisse einer schönen Seele", dem Titel des 6. Buches von Goethes „Wilhelm Meisters Lehrjahre".
auf Kamschatka – Der Name der fernöstlichen sibirischen Halbinsel steht hier für grenzlose Einsamkeit in unendlicher Ferne.
meiner Nachbarschaft – Gemeint ist das 1786 erbaute „Hotel de Saxe" (vgl. S. 59), das unmittelbar neben der Struveschen Apotheke am Dresdner Neumarkt, dem Ort von Fontanes Tätigkeit,

unweit der Brühlschen Terrasse, lag. Auch in seiner Korrespondenz für die „Eisenbahn" vom 4. November 1842 berichtet Fontane über Gäste dieses Hotels.

Licht erster Größe ... Fürst Pückler – Der Dresdner Korrespondent der „Vossischen Zeitung" berichtete unter dem 6. Juli aus der sächsischen Metropole: „Unter den vielen Individuen aller Nationen, welche in dieser Zeit unsere freundliche Hauptstadt meistens nur zu durchfliegen pflegen, hat sich bei einem etwas längeren Aufenthalte besonders der Fürst Pückler hervorgetan, da der weltbekannte Reisende nicht nur durch geistige Anmut und Schärfe die Teilnahme der hiesigen Gesellschaft fesselte, sondern auch mit seinem gewöhnlichen orientalischen Gefolge von Mohren, Türken und arabischen Pferden hier erschien. Die letzteren sind in der Tat ausgezeichnet schöne Tiere und haben mit Recht alle Hippologen Dresdens in Bewegung gesetzt." (Nr. 158, 11. Juli 1842).

Mensen Ernst ... Menagerie – Der Schnelläufer Ernst Mensen zählte nicht – wie die meisten aus der Pücklerschen „Menagerie" – zu den in den dreißiger Jahren während seiner Afrikareisen käuflich erworbenen Sklaven, sondern war einem 1841 erlassenen Ruf Pücklers gefolgt und als Bediensteter nach Muskau gekommen. Dieser „Merkur" trug, wie ein Biograph Pücklers schildert, „türkische Kleidung mit einer lichtblauen, goldgestickten Mütze und einer gleichfarbigen Brieftasche zum Umhängen, die er an einem zierlichen Riemen trug. Derart lief er ohne Ermüdung die vierzig Meilen von Muskau nach Berlin. [...] Geld brauchte er nur, um sich Schuhe und Strümpfe zu kaufen; er schlief im Freien, nährte sich von allem, was er fand. [...] Muskau genügte seinem Raumbedürfnis nicht. Sein Dämon ergriff ihn wieder, und er verließ Muskau nach Jahresfrist. Es hieß, daß er die Quellen des Weißen Nils entdecken wollte." (August Ehrhard, Fürst Pückler. Berlin-Zürich 1935, S. 318.)

Quellen des Nil – Die Quelle des Weißen Nils, eines Nebenflusses des in den Viktoria-See mündenden Kagera, wurde erst in den achtziger Jahren des 19. Jahrhunderts entdeckt, während der Ursprung des Blauen Nils bereits Ende des 18. Jahrhunderts gefunden worden war.

Tutti Fruttis des Verstorbenen – Anspielung auf Hermann Pückler-Muskaus 1834 anonym erschienenes Buch „Tutti Frutti. Aus den Papieren des Verstorbenen", dessen Autor allgemein bekannt war.

einem Mohren – Joladour.

Pair von England – Der „Dresdner Anzeiger" meldete am 27. Juni 1842 die Ankunft des „Lords und Pairs von England, von Walde-grave mit der Comtesse von Waldegrave" aus London im „Hotel de Saxe".

Tieck – Ludwig Tieck lebte seit 1819 in Dresden; 1841 war er von Friedrich Wilhelm IV. nach Berlin berufen worden, übersiedelte jedoch erst im Herbst 1842 endgültig in die preußische Haupt-stadt.

Wasser trinkt wohl niemand gern ... – Die von Fontane abgewandel-ten Verse finden sich im „Dresdner Anzeiger" (Nr. 186, 5. Juli 1842) im Text einer Annonce, die zum Besuch der Gastwirtschaft auf dem Waldschlößchen anläßlich eines „Festes zu Ehren des Gambrinus" am 6. Juli einlädt. Sie lauten dort: „Wasser trink ich gar nicht gern./ Mit diesem bleibt mir fern!/ Bier! Bier! Bier!/ Wünsch ich mir!" Die Auffindung dieser Verse bestimmte das er-mittelte Briefdatum.

3 JELLINEK, MÜLLER UND FONTANE AN WOLFSOHN, [LEIPZIG, ENDE JUNI/ANFANG JULI 1843]

auf Deinem Wege zur Heimat – Der Brief ist nach Brody in Gali-zien adressiert, wo Wolfsohn auf seiner Reise in die Heimatstadt Odessa Mitte Juli 1843 bei Verwandten mütterlicherseits Station machte.

männliches Wirken – Max Müller spielt auf die von Wolfsohn be-absichtigte, aber nicht verwirklichte Fortsetzung der auf mehrere Bände berechneten „Schönwissenschaftlichen Literatur der Rus-sen" an, deren 1. Band im April 1843 in Leipzig erschienen war.

Mutter – Adelheid Müller lebte mit ihrer Tochter in Leipzig.

dreschen – Hier soviel wie: lästern, tratschen.

Müller und Jellinek ... Prof. Weiße – Die Studenten Max Müller und Hermann Jellinek waren sich durch gemeinsame Arabisch-stunden bei Professor Fleischer und Vorlesungen über Logik, Me-taphysik und Geschichtsphilosophie bei Professor Weiße näher-gekommen.

De mortuis et absentibus nil nisi bene – (lat.) Über Tote und Abwe-sende soll man nichts Schlechtes sagen.

Malice – Hier: kleine boshafte Bemerkung.

zurückempfangenes Manuskript – Es handelt sich vermutlich um das John-Prince-Manuskript (einen Aufsatz über den englischen Arbeiterdichter und 19 Übertragungen seiner Gedichte; vgl. S. 18) oder um die einem Leipziger Verleger angebotene Sammlung „Gedichte eines Berliner Taugenichts", die bereits im Sommer 1842 von Julius Froebel in Zürich abgelehnt worden war (der Absagebrief Froebels blieb, undatiert, in einer Abschrift im FAP erhalten).

die Brüder Josephs den alten Jakob hintergehn – Altes Testament, 1. Buch Mose 37.

über vier Wochen bin ich ja wieder Schuljunge – Gemeint ist Fontanes Plan, das Abitur nachzuholen, um Geschichte studieren zu können. Zu diesem Zwecke kehrte er – nach einem Zwischenaufenthalt in Berlin Ende Juli 1843 (vgl. S. 28) – zu seinen Eltern nach Letschin zurück.

totaliter – (lat.) ganz und gar, völlig.

„Einigkeit" – Das Gedicht war bereits ein knappes Jahr zuvor, am 29. Juli 1842, in der Leipziger „Zeitung für die elegante Welt" erschienen, zu einer Zeit, da Jellinek noch nicht in Leipzig war, das Gedicht also nicht unbedingt kennen mußte. Vgl. S. 20 f.

Die Novelle Puschkins (von D. Sabinin) – Von Stefan Sabinin und Christian Gottlieb Tröbst war bereits 1840 in Jena ein Band „Alexander Puschkins Novellen" mit fünf Übersetzungen erschienen. Hier handelt es sich vermutlich um das Manuskript einer Übersetzung von Puschkins „Hauptmannstochter", das Wolfsohn von einem Abschiedsbesuch beim Probst Sabinin in Weimar am 16. Mai 1843 mitgebracht und Fontane zur Lektüre gegeben hatte. „Die Hauptmannstochter" erschien 1848 als 2. Band von „Alexander Puschkins Novellen", jedoch zeichnete als Übersetzer nur der 1847 nach sieben Jahren Rußlandaufenthalt zurückgekehrte Tröbst.

meiner Tante – Philippine Fontane; bei ihr wohnte Fontane während seines Aufenthaltes in Leipzig (nach Beendigung der Apothekerzeit in Dresden) im Frühjahr und Sommer 1843. Einem Schreiben Wolfsohns an Tante Philippine von Mitte August 1843 aus Odessa war ein „Liebes- und Freundesgruß" für Fontane, den Wolfsohn noch in Leipzig vermutete, beigelegt; er ist nicht überliefert. Philippine antwortete Wolfsohn am 26. August 1843 und schrieb ihm: „Unser Theodor ist jetzt daheim im Kreise der Seinen" (Fontane-Blätter, H. 20, 1974, S. 294).

entre nous soit dit – (franz.) unter uns gesagt.

4 FONTANE AN WOLFSOHN, LETSCHIN, 29. FEBRUAR 1844

Dein Lied – Wolfsohn hatte Fontane das am 28. Oktober 1843 in
Odessa verfaßte Gedicht „Meinem Theodor" übersandt (vgl.
S. 64 f. und S. 173 f.).

muß ist eine harte Nuß – Sprichwörtliche Redensart.

Louis Fort lebt ja noch – In Forts Verlag in Leipzig waren 1839 (unter dem Pseudonym Ernst Richter) Wolfsohns erstes Buch „Der
Journalistenspiegel", 1840 und 1841 (unter dem Pseudonym Carl
Maien) seine Gedichtsammlungen „Veilchen" und „Sternbilder"
sowie das Taschenbuch „Jeschurun" (1841) und 1843 „Die schönwissenschaftliche Literatur der Russen" (unter seinem Namen) erschienen.

der alte Gott – Der Gott des alten Bundes. Fontane schreibt hier
die von Wolfsohn schon in jungen Jahren geknüpften Geschäfts-
beziehungen seiner Zugehörigkeit zum Judentum zu.

„Finnland und die Finnländer" ... *Hinrichs* – Dieses von Wolfsohn
übersetzte Buch von F. Derschau war 1843 in der C. J. Hinrichs-
schen Buchhandlung in Leipzig erschienen.

in Versen zu erwidern – Fontanes Antwort in Versen, „Einem
Freunde in Odessa" (vgl. S. 68 f. und S. 175 f.), erschien nicht in
Laubes „Zeitung für die elegante Welt".

Deinen Brief – Dieser Brief Wolfsohns von Ende Oktober 1843 ist
nicht überliefert.

der Giftmischer-Zunft zugesellt – Fontane arbeitete als Defektar in
der väterlichen Apotheke in Letschin.

vom 1. April ab in Berlin Pharmazie studiere – Um zum Examen als
Apotheker zugelassen zu werden, mußte der Prüfling entweder
drei Jahre Gehilfe gewesen sein und zwei Semester „dem aus-
schließlichen akademischen Studium über Botanik, Chemie, Physik, Pharmazie und Pharmakologie" obgelegen haben oder volle
fünf Jahre Gehilfentätigkeit nachweisen (vgl. Manfred Gill, Theodor Fontanes Aufenthalte in Letschin. In: Fontane-Blätter, Bd. 3,
Heft 6, 1975, S. 433). Im Februar 1844 war Fontane demnach ge-
sonnen, den ersten Weg zu beschreiten. Er trat jedoch am 1. April
1844 seinen Dienst als Einjährig-Freiwilliger in Berlin an, und erst
von Juli 1846 an, nach dem Ausscheiden aus der Polnischen Apotheke, bereitete er sich auf dem zweiten Wege auf das Staatsexa-
men als Apotheker vor, das er am 2. März 1847 bestand. Vgl. S. 32.

Mit mir also war's nichts im Literatentum – Vgl. S. 25 ff.

5 FONTANE AN WOLFSOHN, [BERLIN ANFANG AUGUST 1846]

meine Wohnung − Fontane wohnte in den Sommermonaten 1846 bis zum Spätherbst in der Wohnung seines Onkels August in der Dorotheenstraße 60; „zwei Treppen hoch [...], nicht als Gast, sondern als regelrechter Mieter" („Von Zwanzig bis Dreißig").

empfing Deinen lieben Brief − Dieser Brief von Ende Juli 1846, in dem Wolfsohn Fontane bat, sich um für ihn eingegangene Sendungen aus Rußland zu kümmern, ist nicht überliefert.

Expedition nach dem Anhaltischen Bahnhof ... Wilhelmstraße − Der Weg von der Dorotheenstraße zum Anhalter Bahnhof führte durch die Wilhelmstraße (heute Otto-Grotewohl-Straße), in der sich damals die Ministerien befanden.

Koffer und Reisesack − Es handelte sich um Bücher, Zeitschriften und andere Materialien, die Wolfsohn während seines Aufenthaltes in Rußland vom Juli 1843 bis Dezember 1845 zur ursprünglich beabsichtigten Fortsetzung seiner „Schönwissenschaftlichen Literatur der Russen" gesammelt hatte (er verwandte die Materialien später für die fünf zwischen 1848 und 1851 herausgegebenen Bände „Rußlands Novellendichter" und „Erzählungen aus Rußland"). Nach Empfang auf dem Anhaltischen Bahnhof sollte Fontane „Koffer und Reisesack" durch Heinrich Brockhaus' Vermittlung einem hier nicht Genannten zur Weiterbeförderung übergeben. Am 13. August bedankte sich Wolfsohn bei Brockhaus, bei dem seine nächsten Übersetzungen herauskommen sollten, für die Übermittlung der Sachen; er schreibt: „Für Ihre Freundlichkeit, die es mir möglich gemacht hat, meine längst erwarteten Bücher schnell und freudig willkommen zu heißen, danke ich Ihnen recht von Herzen. [...] Ich beschäftige mich jetzt zunächst mit genauer Durchsicht des Materials für das besprochene Unternehmen" (Hs SBPK).

Tore − Brandenburger Tor.

Berichte ... über Deine Dresdner Vorlesungen ... Auftreten in Leipzig − Über Wolfsohns Vorlesungen über die deutsche Poesie des Mittelalters in Dresden (von Februar bis Mai 1846) hatte z. B. Cottas „Morgenblatt für gebildete Leser" am 2. Juli 1846 berichtet; über die im Mai und Juni 1846 in Leipzig gehaltenen Vorträge über „einzelne Gestalten unserer Literatur" war u. a. in der Augsburger „Allgemeinen Zeitung" vom 2. Juni 1846 ein Bericht erschienen.

mehrwöchentlicher Aufenthalt bei meinen Eltern − Fontane war nach seinem Ausscheiden aus der Polnischen Apotheke in der Berliner

Friedrichstraße (30. Juni 1846) zu seinen Eltern nach Letschin gefahren.

Führe Deinen Plan aus – Wolfsohn verwirklichte seinen Plan, in
Berlin Literaturvorlesungen zu halten, erst anderthalb Jahre später, im Februar und März 1848 (vgl. Brief 8)

Prutz ... ein volles Auditorium – Robert Prutz hielt vom 10. Februar
bis 28. März 1846 in Berlin im „Hotel du Nord" acht Vorträge
über die „Geschichte des deutschen Theaters mit besonderer Be-
rücksichtigung der geselligen und öffentlichen Verhältnisse" (sie
erschienen 1847 als Buch; wiederabgedruckt in: Robert Eduard
Prutz, Zu Theorie und Geschichte der Literatur. Bearbeitet und
eingeleitet von Ingrid Pepperle. Berlin 1981, S. 160–238). Der Kritiker der „Vossischen Zeitung", Ludwig Rellstab, schrieb nach der
ersten Vorlesung, die das Verhältnis des Theaters zur Gegenwart
behandelte: „Ein Name von solchem literarischen und politischen
Ansehen mußte nicht nur zahlreiche, sondern eben die gebildet-
sten Zuhörer versammeln. Das Auditorium war denn auch bis auf
den letzten Platz gefüllt" (Nr. 36, 12. Februar 1846).

Lind-Enthusiasmus – Jenny Linds Auftritte in der Berliner Oper
und im Konzertsaal des Schauspielhauses dauerten von Februar
bis Anfang April 1846. Die Teilnahme des Berliner Publikums
zeugte nicht nur von Enthusiasmus, sondern auch – wie es in der
Presse hieß – von „Liebe und Verehrung" der Künstlerin.

Corso fahren – Ausflüge im Tiergarten zu Pferde oder in Kut-
schen.

Tschech II. – Gemeint ist: ein Attentäter auf den König.

Johannes-Rolle – Rolle des Verkünders (die Ankunft des Messias
war durch Johannes den Täufer verkündigt worden); hier auf
Wolfsohn übertragen, der bei seinen Vorträgen 1846 in Leipzig
u. a. zeitgenössische Dichter (Platen, Lenau) behandelt hatte und
in diesem Zusammenhang auch auf Fontanes lyrische Produkte
zu sprechen gekommen war.

Übrigens bin ich der Meinung – Nach dem seine Reden beendenden
Ausspruch Catos d. Ä.: Ceterum censeo, Carthaginem esse delen-
dam (lat.; übrigens bin ich der Meinung, daß Karthago zerstört
werden muß); sprichwörtlich für etwas, auf das man als dringend
Notwendiges stets zurückkommt.

Kneipe – Studentische Bezeichnung für: Zimmer, Bude.

6 FONTANE AN WOLFSOHN, [BERLIN, ANFANG AUGUST 1846]

meine Braut – Fontane war seit dem 8. Dezember 1845 mit Emilie
Rouanet-Kummer verlobt.
Deinen zweiten Brief – In diesem nicht überlieferten Brief von
Ende Juli 1846 nahm Wolfsohn offenbar von der Notwendigkeit,
ihm eine Unterkunft zu besorgen, Abstand.
beiliegendes Prachtstück – Brief 5.

7 FONTANE AN WOLFSOHN, BERLIN 10. NOVEMBER 1847

altes Weib – Fontane stellte es später in „Vor dem Sturm" als
Hoppemarieken dar.
Norne im Scottschen Piraten – In Walter Scotts Roman „Der Pirat"
erscheint Norna von Fitful-Head, die von den Bewohnern Shet-
lands als mit übernatürlichen Kräften begabt angesehen wird, auf
anscheinend geheimnisvollen Wegen plötzlich und unbemerkt
auf der jeweiligen Szene des Geschehens. Scott schildert ihr
Äußeres u. a. so: „Ihr vom Regen triefendes Oberkleid bestand
aus einem groben dunkelfarbigen Zeuge. [...] Dicke, dauerhafte
Schuhe, von dem halbgegerbten Leder des Landes, waren mit
Riemen [...] über den scharlachroten Strümpfen gebunden."
die von Dir übersetzte russische Novelle – In Gustav Kühnes Zeitschrift „Europa" erschien in den Nummern vom 21. und 28. August 1847 in Wolfsohns Übersetzung die Novelle „Eine Million"
von Nikolaj Pawlow.
Hekate – Göttin der Geister in der griechischen Mythologie.
die lieben, alten Jungen – Vgl. S. 77.
„einen langen Schlaf zu tun" – Schiller, „Wallensteins Tod" (V, 5).
„in das Land zu reisen" ... – Shakespeare, „Hamlet" (III, 1). Fontane hatte 1841/43 den „Hamlet" übersetzt; in seiner Übertragung
lauten die Verse: „Vor jenem unbekannten Land, daraus/Kein
Wandrer heimgekehrt."
... je länger der abgewickelte Faden wird – Nach der Vorstellung der
griechischen Mythologie teilten die Moiren (lat. Parzen) dem
Menschen seinen Anteil am Leben zu: Klotho spann den Lebens-
faden, Lachesis teilte das Lebenslos zu, Atropos schnitt den Le-
bensfaden ab.
Daß ich verlobt bin – Vgl. die erste Anm. zu Brief 6.
Medoc – Französischer Rotwein aus der Gironde.

wie der Graf von Gleichen – Die Sage schreibt Ernst III., Graf von Gleichen, eine vom Papst legitimierte Doppelehe mit seiner ersten Gattin und der Türkin Melechsala zu; diese hatte ihn während des Kreuzzuges 1228 aus türkischer Gefangenschaft befreit.

Staffel – Von Fontane häufig verwendet für: Stufe.

mit dem Cottaschen „Morgenblatt" auf dem besten Fuße – Am 13. Oktober 1843 war die Übertragung „aus dem Englischen von John Prince", „Eines Vaters Wehklage", im „Morgenblatt für gebildete Leser" erschienen; bis Juni 1847 folgten weitere 13 Balladen, u. a. 1845 „Der Wettersee", „Der Wenersee", „Treu-Lischen", 1846 „Der sterbende Douglas", „Rizzios Tod", 1847 die Feldherrnlieder („Der alte Ziethen", „Der alte Derffling", „Der alte Dessauer", „Seydlitz", „Keith", „Schwerin" und „Schill"), teils anonym, teils unterzeichnet.

Fiduzit – (lat.) Zuversicht, Vertrauen.

ein episches Gedicht ... im „Morgenblatte" zu Gesicht kommen wird – Fontane hatte kurz zuvor, am 2. November 1847, dem Redakteur des „Morgenblatts", Hermann Hauff, den Abdruck des kleinen Epos' „Von der schönen Rosamunde" angeboten. Es wurde dort jedoch erst fast drei Jahre später (vom 13. bis 20. September 1850) in neun Folgen abgedruckt. Durch Wolfsohns Vermittlung war bereits im Dezember 1849 die Buchausgabe bei Katz erschienen (vordatiert auf 1850); vgl. die Briefe 10–14 und den Kontrakt mit Katz, S. 177 f.

Dramas ... im Geiste in mir lebt – Gemeint ist das Fragment gebliebene Drama „Karl Stuart", an dem Fontane 1848/49 in Bethanien arbeitete (1. Szene) und das er erst Anfang 1852 endgültig aufgab; die 1. Szene erschien in der Gedichtausgabe von 1851, die 2. Szene veröffentlichte Helmut Richter in seinem Buch „Der junge Fontane" (1969), weitere Entwürfe werden in der Ausgabe der Gedichte im Aufbau-Verlag publiziert.

wieder hinterm Tische – Am 1. Dezember 1847 trat Fontane als erster Apotheker in die Jungsche Apotheke in Berlin ein (vgl. auch die fünfte Anm. zu Brief 8).

Dekokte – Durch Abkochung gewonnene Arzneien.

Matthäi am letzten – Hier soviel wie: zu Ende; volkstümliche Redensart nach den Schlußworten des Matthäus-Evangeliums („bis an der Welt Ende").

Müllern verfehlte ich im vorigen Jahr – Während Max Müllers Studien in Berlin 1844 war Fontane häufig mit ihm zusammen gewesen (vgl. Ch. Jolles, Friedrich Max Müller und Theodor Fontane.

In: Fontane-Blätter, Bd. 4, H. 7, 1980, S. 558ff.). Max Müller, der seit April 1845 in Paris lebte, war wohl vor seiner Übersiedlung nach London (Juni 1846) noch einmal besuchsweise in Berlin gewesen. Vgl. auch Brief 9, S. 80.

Georg Günther ... Liebe und Dankbarkeit – In „Von Zwanzig bis Dreißig" beschreibt Fontane den „an Wissen und Charakter" bedeutendsten seiner Leipziger Bekannten als Typus des *„energisch leidenschaftlichen,* zornig verbitterten" Sachsen. „Er hatte für künstlerische Dinge, speziell auch für Poetisches, ein sehr gutes Verständnis. [...] Besonders gern ging er an meinen freien Tagen mit mir spazieren, meilenweite Wege bis nach Eilenburg hin [...]. Auf diesen Spaziergängen hab ich manches gelernt, denn er war ein sehr gescheiter Mann und sprach dabei so harmlos wie ein Kind."

die liebenswürdigen Melgunows – Fontane hatte das Ehepaar Melgunow durch Wolfsohns Vermittlung 1846 während ihres Aufenthaltes in Berlin kennengelernt. Eine Begegnung zwischen Fontane und Nikolaj Melgunow wäre auch schon 1842 in Dresden möglich gewesen, wo sich letzterer seit dem 1. Juli 1842 im Hotel „Stadt Berlin" aufhielt (vgl. die Rubrik „Angekommene Fremde" im „Dresdner Anzeiger" vom 1. Juli 1842). Vgl. Brief 16.

p[er] Adresse Kummer – Fontane wohnte seit seiner Rückkehr aus Letschin Anfang November 1847 bis zu seinem Eintritt in die Jungsche Apotheke am 1. Dezember bei den Adoptiveltern seiner Braut.

8   FONTANE AN WOLFSOHN, BERLIN, 10. JANUAR 1848

Soeben komm ich aus dem Guerraschen Zirkus – Fontane besuchte die zweite Vorstellung des seit dem 5. Januar 1848 in Berlin gastierenden Zirkus von Alessandro Guerra aus Rom in der Königstädtschen Reitbahn (Sophienstr. 16), die abends 7 Uhr eine „große außerordentliche Vorstellung der höhern Reitkunst und Pferdedressur" bot.

Cito-Brief – Dieser Eilbrief Wolfsohns vom 8. oder 9. Januar 1848 ist nicht überliefert.

aus den ... Dresdner Tagen – Wolfsohn hatte den Freund während dessen Aufenthalt in Dresden 1842/43 von Leipzig aus des öfteren besucht und dabei auch Fontanes damalige Unterkunft in der Struveschen Apotheke kennengelernt.

wie der Salzhering in seiner Tonne – Fontane hat die Unterkunft in der Leipziger Hainstraße in seiner Autobiographie „Von Zwanzig bis Dreißig" anschaulich geschildert: Wir stiegen „drei Treppen hoch, in ein Hinterhaus hinauf, in dessen oberster Etage das Personal [...] untergebracht war. [...] für uns andre aber, und wir waren unsrer vier, existierte nur eine [...] kleine Stube mit einem noch kleineren Alkovenanhängsel, in welch letzterem vier Betten standen, von denen zwei nur mit Hilfe von Überkletterung erreicht werden konnten. Dieser Alkoven, fensterlos, empfing sein Licht durch das vorgelegene Zimmer, das aber eigentlich auch kein Licht hatte. Wo sollte es auch herkommen? Der Hof war fast ganz dunkel."

ich bewohne eine Schandkneipe – Fontane wohnte in der Jungschen Apotheke Ecke Königs- und Georgenkirchstraße.

Du kommst ... Richte Dich so ein ... – Wolfsohn traf am Sonntag, dem 16. Januar 1848, in Berlin ein. Vgl. S. 34.

den ganzen Schwamm – Volkstümlich für: alles.

tant mieux – (lat.) um so besser.

Teekessel – Dummkopf (mit dem nichts Rechtes anzufangen ist).

seit sechs Wochen – Sowohl diese Zeitangabe als auch die Wendung in Fontanes Brief vom 10. November 1847, daß er „zwischen heut und drei Wochen" wieder hinter dem Apothekertische stehen werde, weist als Eintrittsdatum in die Jungsche Apotheke den 1. Dezember (nicht 1. Oktober) 1847 aus.

als ich Dich einlud – Im Sommer 1846; vgl. Brief 5.

nach Börne ein echter Deutscher, ein – *Bedienter* – Fontane bezieht sich hier auf Ludwig Börnes oft mit Bitterkeit geäußerten Unmut über die Bedientenseele des „ächten Deutschen". In den „Briefen aus Paris" heißt es im 43. Brief vom 17. März 1831: „Der Deutsche aber ist Bedienter."

9 FONTANE AN WOLFSOHN, BERLIN, 10. NOVEMBER 1849

Deine freundlichen Zeilen – Dieser Brief Wolfsohns ist nicht überliefert.

mich ins deutsche Publikum einzuschmuggeln – Gemeint sind Wolfsohns Bemühungen, einen Verleger für Fontanes Epos „Von der schönen Rosamunde" zu finden. Fontane hatte es schon im November 1847 vergeblich dem „Morgenblatt" angeboten (vgl. die fünfzehnte Anm. zu Brief 7).

Der hinkende Bote kommt ... nach – Das Unangenehme folgt später (sprichwörtliche Redensart).

an Schwab ... geschrieben – Fontane hatte am 19. Oktober 1849 Gustav Schwab um Fürsprache bei Cotta für die Herausgabe seiner „Gedichte" gebeten. Schwab antwortete im Dezember 1849 mit „freundlicher Teilnahme" und „bereitwilliger Zusage", sich bei Cotta für Fontane zu verwenden. Am 18. April 1850 schrieb Fontane an Schwab (bei Übersendung des Manuskripts für die Ausgabe der „Gedichte"), daß das Epos „Von der schönen Rosamunde" inzwischen ohne sein Dazutun erschienen sei: „Einer meiner Dresdner Freunde [Wolfsohn], der das Manuskript zufällig in Händen hatte, überraschte mich kurz vor Weihnachten mit meinem eigenen Gedicht. Ein fataler Liebesdienst!" Cotta lehnte die Gedichtausgabe ab (vgl. die elfte Anm. zu Brief 15).

daß nichts über Cotta geht – Cotta gehörte zu den renomiertesten deutschen Verlegern.

den „alten Dessauer" – Gemeint ist der Dessauer Verleger Moritz Katz. Wortspiel mit dem „Alten Dessauer", Leopold I., Fürst von Anhalt-Dessau (1676–1747), den Fontane in seiner Ballade „Der alte Dessauer" (1847) als Sieger der Schlacht von Kesselsdorf (1745) im 2. Schlesischen Krieg verherrlicht.

„Seht die Lilien ..." – Matthäus-Evangelium 6, 28.

„des Menschen Sohn ..." – Matthäus-Evangelium 8, 20.

nicht mehr in Bethanien – Fontane hatte durch Vermittlung eines Freundes seiner Eltern, des Pastors Ferdinand Schultz, von Mitte September 1848 bis zum 30. September 1849 im Diakonissenhaus Bethanien zwei Apothekenschwestern ausgebildet. Mit Beendigung dieser Tätigkeit begann Fontanes Existenz als freier Schriftsteller. Vgl. S. 38.

trotz seiner freien Verfassung und der anderthalbjährigen Segnungen des Ministeriums Habicht – Nach den Märzereignissen 1848 war aufgrund von Petitionen aus dem Volk in Anhalt-Dessau das Ministerium Habicht-Köppe berufen worden. Die Verfassungsurkunde verkündete u. a. eine „demokratisch-monarchische Regierungsform", die Abschaffung des Adels und das Ausgehen aller Gewalt vom Volk. Selbst der Einfluß der Reaktion in Preußen vermochte zunächst nicht, die Verfassung abzuschaffen. So wurde die Redaktion der „Zeitungshalle" von Berlin nach Dessau verlegt, und auch Michail Bakunin, der seit Oktober 1848 steckbrieflich gesucht wurde, fand hier Unterschlupf. Er schrieb später in seiner „Beichte", daß Anhalt, „ganz von preußischen Gebieten umgeben, seltsamerweise damals die freieste Konstitution nicht nur Deutschlands, sondern [...] der ganzen Welt besaß". Erst im April 1852 (Wolfsohn hatte Ende Dezember 1851 hier noch heiraten dürfen) wurde dem Herzog von Anhalt-Dessau von einer zur Regelung der Verfassungsangelegenheiten ernannten Kommission der Entwurf einer neuen landständischen Verfassung für ganz Anhalt (Anhalt-Dessau und Anhalt-Köthen) vorgelegt, die 1853 in Kraft trat.

erwart ich ... einige Zeilen hierauf – Wolfsohn antwortete umgehend am 13. November 1849 (Brief 10).

kleine Widmung – Vgl. die zweite Anm. zu Brief 12.

Müller (der Londoner) – Max Müller.

Meine Braut ist ... in Schlesien – Emilie Rouanet-Kummer war seit Mitte Oktober 1849 bei ihren Verwandten in Liegnitz. Am 8. November schrieb sie an Bertha Kummer: „Von Theo erhielt ich gestern drei Zeilen, worüber ich mich sehr geärgert habe, so kalt und nüchtern waren sie" (Hs FAP).

wohnst Du ... bei mir – Wolfsohn war Ende November zwei Tage in Berlin (vgl. Fontanes Brief an Lepel, 2. Dezember 1849).

10 Wolfsohn an Fontane, Dresden, 13. November 1849

Die „Dresdner Zeitung" ... braucht einen Korrespondenten – Fontane begann zwei Tage später Korrespondenzen für die Zeitung zu schreiben; die erste legte er Brief 11 bei.

Ton, den dieses radikale Blatt ... anstimmt – Die Redaktion der „Dresdner Zeitung" veröffentlichte Ende 1849 in den „Vereinigten Volksblättern für Sachsen und Thüringen" einen Artikel, in dem es heißt: „Die ‚Dresdner Zeitung' war in Gefahr, den Schlägen zu erliegen, die sie betroffen. Der Beharrlichkeit der Redaktion und der kräftigen Unterstützung gleichgesinnter Freunde ist es gelungen, die Zeitung zu erhalten. Jetzt kämpft sie wieder mit erneuter Kraft für die Grundsätze der Demokratie. [...] Die Redaktion erkennt die Verpflichtung vollkommen an, die ihr das große Vertrauen der Gesinnungsgenossen auferlegt. Wie sie bisher nicht gewankt hat, so wird sie auch in Zukunft feststehen im Kampfe für Freiheit und Unabhängigkeit des Volkes." Die „Vereinigten Volksblätter für Sachsen und Thüringen", die zunächst Robert Binder herausgab, wurden während Binders Haft von G. Liebert redigiert.

Seit dieses Gedicht in meinen Händen – Wolfsohn hatte das Manuskript „Von der schönen Rosamunde" bei seiner Abreise aus Berlin am 25. März 1848 mit nach Dresden genommen. Von dort schrieb er am 2.Juli 1848 an Bertha Kummer, die das Epos zu besitzen wünschte, daß er die Romanzen für sie habe abschreiben lassen: „Ich wollte in Theodors Interesse das Manuskript nicht aus den Händen geben." (Hs FAP).

kostspielige Ausstattung – Es handelt sich um eine mit Goldschnitt und Goldverzierungen versehene, in Sarsenet gebundene Miniaturausgabe.

L[ouis]dor – In Deutschland Bezeichnung für ein goldenes Fünftalerstück.

setzte ich davon nicht in Kenntnis – Vgl. die vierte Anm. zu Brief 9.

Dresdener Druckerei – C. H. R. Römpler.

buchhändlerische Ankündigung – Der Text dieser in verschiedene Zeitungen gesetzten Annonce lautet: „Im Verlag von Moritz Katz in Dessau ist soeben erschienen und in allen Buchhandlungen zu haben: Von der schönen Rosamunde. Gedicht von Theodor Fontane. Circa 4 Bogen auf feinstem Velinpapier im Formate der Cottaschen Miniaturausgaben. – Allen, die in einer Zeit gewaltiger Erschütterungen noch Herz und Sinn haben für das unvergänglich Schöne und Harmonische echter Poesie wird dieses Gedicht eine freudig überraschende Gabe sein. Es ist eine Reihe Gesänge, vom frischen Hauch englischer Balladendichtung durchweht. Die Reinheit, Innigkeit und Kraft der Empfindung, der Wohllaut und malerische Reichtum der Sprache, die Einfachheit und wahrhaft künstlerische Klarheit des Vortrags geben diesem Werke das Gepräge klassischer Vollendung."

nachträgliche Anfrage bei Dir – Sie ist nicht überliefert.

eine literar. Soirée – Über ihre Verwirklichung ist nichts bekannt.

Aufsatz ... in der Augsb[urger] „A[llgemeinen] Z[eitung]" – Ein Artikel Wolfsohns über die „Schöne Rosamunde" ist in dieser Zeitung weder im Dezember 1849 noch später erschienen.

Grüße Max Müller – Müller hatte sich am 8. und 9. November 1849 auf der Durchreise in Berlin aufgehalten (vgl. Brief 9).

Brief an Frau von Melgunow – Er enthielt Artikel Wolfsohns für die Zeitschrift „Moskwitjanin", die Sophie Melgunow an ihren Mann weiterleiten sollte.

11 Fontane an Wolfsohn, Berlin, 15. [November] 1849

Kelch der Entbehrung – Fontane hat das Bild in seinem Gedicht
„Shakespeares Strumpf" verwendet, das am 9. November 1841 im
„Leipziger Tageblatt" erschienen war und das er Mitte 1842 in die
Sammlung „Gedichte eines Berliner Taugenichts" aufnahm (vgl.
die achte Anm. zu Brief 3); für die Publikation der Verse in den
„Gedichten" (1851), die Fontane 1849 vorbereitete, ließ er die Strophe 2 mit dem Vers „Der Entbehrung Kelch geleert" weg.
pauvren – (franz.) armen.
mein erster Artikel – Er behandelt das Polizeiregiment in Berlin.
ein Zeichen oder einen Buchstaben – Fontane veröffentlichte unter
dem Buchstaben TE vom 18. November 1849 bis 13. April 1850 insgesamt 28 Berliner Korrespondenzen in der „Dresdner Zeitung",
(abgedruckt in: Der junge Fontane. Dichtung, Briefe, Publizistik.
Hrsg. von Helmut Richter, 1969, S. 419–495).
Zur Melgunow … wieder bei ihr zu erscheinen – Fontane war sowohl
1846 als auch 1848 mit Sophie Melgunow und ihrem Mann Nikolaj in Berlin zusammengetroffen. Vgl. Brief 16.
Deine Soirée – Vgl. die zehnte Anm. zu Brief 10.
kleine Reise – Vgl. die fünfte Anm. zu Brief 13.
einem Schreck … ähnlich sah – Vgl. die vierte Anm. zu Brief 9.
meiner Braut dedizieren – Vgl. die zweite Anm. zu Brief 12.
Ankündigung des Gedichts – Vgl. die achte Anm. zu Brief 10.
im Napoleonischen Bulletin-Stil – Die Bulletins Napoleons I. über
die Schlachten seiner Armee waren meist in einem ruhmredigen
Stil abgefaßt und erregten seinerzeit – obwohl sie oft nicht der
Wahrheit entsprachen – großes Aufsehen.
Dr. Müller – Hermann Müller.
Kritisieren in der Augsburger „Allgemeinen" – Vgl. die elfte Anm. zu
Brief 10.
Dein Kommen – Wie aus Fontanes Brief an Lepel vom 2. Dezem-
ber 1849 hervorgeht, war Wolfsohn Ende November für 2 Tage in
Berlin.
Kontrakt – Vgl. S. 177 f.

12 Fontane an Wolfsohn, Berlin, 24. November 1849

„Dresdner Zeitung" … einige Zeilen – Der Brief der Redaktion vom
November 1849 ist nicht überliefert.

„*Zueignung*" ... *jene vier Strophen* – Fontane wollte ursprünglich dem Romanzenzyklus das Gedicht „Zueignung" (in der 1. Auflage der „Gedichte" mit dem Titel „An Emilie", seit der 2. Auflage 1875, gekürzt, seit der 3. Auflage, 1889, mit dem Titel „Winterabend") voranstellen, hat dann aber die vier Strophen durch die folgenden vier Verse ersetzt:

> An Emilie
> Liebe dacht es, Liebe schrieb es,
> Und wie viel ihm immer fehle
> Auch mit seinen Fehlern lieb es,
> Als den Spiegel meiner Seele.

i. e. – id est: (lat.) das heißt.

Dein Kommen – Vgl. die vorletzte Anm. zu Brief 11.

Schlußzeile – Sie lautet in der 1. und 2. Auflage: „Der Schmerz um dieses Leben"; erst seit 1874: „Der Schmerz um alles Leben".

13 Fontane an Wolfsohn, Berlin, 11. Dezember 1849

Brief von der „Dresdner Zeitung" – Der Brief ist nicht überliefert.

„Preußen – ein Militär- oder Polizeistaat?" – Vgl. die vierte Anm. zu Brief 11.

altpreußische Gesinnung – Unter Altpreußen wurden diejenigen Teile Preußens verstanden, welche schon vor dem preußisch-französischen Krieg von 1806/07 unter preußischem Szepter gestanden hatten (Ost- und Westpreußen, Pommern und Brandenburg); unter altpreußischer Gesinnung ist hier Fontanes im Artikel zum Ausdruck kommende Bejahung des „militärisch organisierten Rechtsstaates" Friedrichs II. zu verstehen.

Mein Gehen mit der „Dresdner Zeitung" – Vgl. die vierte Anm. zu Brief 11.

zur Reise – Fontane fuhr zum Weihnachts- und Neujahrsfest 1849 über Dresden nach Liegnitz zu seiner Braut.

noch keine Exemplare – Die Buchausgabe „Von der schönen Rosamunde" kam um den 18. Dezember 1849 heraus; sie wurde in Dresden gedruckt, aber wohl in Dessau gebunden.

Waldeck-Arbeit – Auf den Hochverratsprozeß gegen den Führer der preußischen Demokraten, Franz Leo Benedikt Waldeck, den die „Kreuzzeitungs"-Partei mit Hilfe gefälschter Dokumente angestrengt hatte und der zur Zufriedenheit aller rechtlich Gesinn-

ten mit einem Freispruch endete, war Fontane in seinen Korrespondenzen für die „Dresdner Zeitung" des öfteren mit
Engagement zu sprechen gekommen; eine größere Arbeit schrieb
er darüber nicht.

14   Fontane an Wolfsohn. [Berlin, 15. Dezember 1849]

am Dienstag – Gemeint ist Dienstag, der 18. Dezember 1849. Diesen Zeitpunkt hatte Wolfsohn offenbar in einem nicht überlieferten Brief vorgeschlagen.
Feldherrnlieder ... dem Grafen Schwerin meine Huldigung – Fast
gleichzeitig mit der „Schönen Rosamunde" erschien bei Hayn in
Berlin die kleine Sammlung „Männer und Helden. Acht Preußenlieder" (1850). Das letzte Gedicht, „An den Grafen Schwerin
(zur Zeit Präsident der zweiten Kammer)", huldigt dem Grafen
Schwerin-Putzar und seinem Vorfahren, dem Feldmarschall Kurt
Christoph Graf von Schwerin (1684 bis 1757), der auch in dem in
der Sammlung enthaltenen Gedicht „Schwerin" besungen wird.
darfst Du mich am 20. erwarten – Wie Fontane an Lepel schrieb
(12. Januar 1850) war er bereits am 20. Dezember in Liegnitz bei
seiner Braut; er muß also spätestens am 19. Dezember in Dresden
gewesen sein.
Sgr. – Silbergroschen (= 12 Pfennig); 30 Silbergroschen =
1 Reichstaler.

15   Fontane an Wolfsohn, Letschin, 9. Januar 1850 und Berlin,
     [12. Januar 1850]

in die Arme meiner Braut – Vgl. die dritte Anm. zu Brief 14.
Das Bild – Über dieses von Adolf Dietrich Kindermann gemalte
Porträt schrieb Emilie Rouanet-Kummer am 28. Dezember 1849
aus Liegnitz an ihre Adoptivmutter Bertha Kummer: „Theo ist in
Dresden sehr gefeiert worden, hat aber trotz seiner beschränkten
Zeit sich dennoch für mich in Öl malen lassen, und hoffen wir,
daß in diesen Tagen Wolfsohn das Bild nachschicken wird, worauf ich mich unendlich freue, denn es soll auch wohl getroffen
sein." (Hs FAP).
„Dresdner Tageblatt" – Fontane hat den Titel der Zeitung in Erinnerung, wie er bei Gründung 1846 lautete; seit Oktober 1848 hieß

sie: „Dresdner Journal und Anzeiger"; das Blatt enthält im Januar 1850 keine Annonce der „Schönen Rosamunde".

„Dresdner Zeitung" – In Nr. 300 vom 22. Dezember 1849 wird auf S. 1546 in einer Anzeige des Verlags die „Rosamunde" als „passendes Weihnachtsgeschenk" angekündigt. Nr. 10 vom 11. Januar 1850 enthält die Ankündigung, die in der achten Anm. zu Brief 10 zitiert wurde.

werd ich rechtschaffen sorgen – Fontane übersandte am 4. März 1850 ein Exemplar der „Rosamunde" einem Tunnel-Kollegen und bat ihn „bei etwa erfolgender Besprechung gleichzeitig einen Blick auf die Männer und Helden desselben Verfassers" zu tun (der Brief ist zitiert im Katalog 530, 1957, der Firma Stargardt).

Deinen Trompetenstoß – Vgl. die elfte Anm. zu Brief 10.

in irgendwelchen sächsischen Blättern – Am 27. Mai 1850 erschien (anonym) eine sehr lobende Einzelrezension der „Rosamunde" in den von Marggraff redigierten „Blättern für literarische Unterhaltung". „Die großen überregionalen kritischen Zeitschriften, die einzigen, die für Autoren und Verleger bedeutsam waren, trugen in den fünfziger Jahren allesamt als Druckort Leipzig im Impressum, wurden bei Brockhaus, Herbig und Lorck herausgegeben und von Kühne, Gutzkow, Marggraff, Prutz und Schmidt redigiert. Die einsame, aber wichtige Ausnahme stellte Cottas ehrwürdiges „Morgenblatt" dar [...]. Allem Berlinischen dagegen haftete – neben Schlimmerem – auch stets das Odium des Provinziellen an." (Michael Masanetz, Theodor Fontanes Frühwerk in den liberalen Rezensionsorganen des Nachmärz. In: Theodor Fontane im literarischen Leben seiner Zeit. / Beiträge aus der Deutschen Staatsbibliothek. 6, Berlin 1987, S. 167).

vielbesprochene Soirée – Fontane war während seines Aufenthaltes in Dresden, durch Wolfsohns Vermittlung, von Emil Devrient „freundlich empfangen" worden (Emilie Fontane an ihren Mann, 26. Juni 1852). Über die Verwirklichung der dabei besprochenen geplanten Soirée ist nichts bekannt.

Der „Dresdner Zeitung" ... Artikel-Reihenfolge – Fontanes nächste Artikel in der genannten Zeitung stammen vom 29. und 30. Januar und behandeln „Des Königs Freunde – seine Feinde" und „Unsere Kammern" (vgl. die vierte Anm. zu Brief 11.).

Von G. Schwab ... einen ... Brief erhalten – Fontane beantwortete Schwabs nicht überliefertes Schreiben vom Dezember 1849 erst am 18. April 1850 (vgl. die vierte Anm. zu Brief 9).

Herausgabe ... bei Cotta – Sie kam nicht zustande; Cotta lehnte in einem Schreiben an Schwab vom 12. Mai 1850 die Herausgabe der Gedichtsammlung ab, da die Buchhandlung „nicht mehr als zwei oder höchstens drei Gedichtsammlungen" pro Jahr herausgeben konnte und diese schon zugesagt waren. Auch die 1849 erschienenen Einzelpublikationen der „Schönen Rosamunde" und der „Männer und Helden", die darum nicht in die Gedichtausgabe aufgenommen werden konnten, wurden in Cottas Brief als Grund für die Ablehnung bemüht. Fontane wurde diese am 13. Mai mitgeteilt (das Schreiben blieb nicht erhalten). Vgl. Liselotte Lohrer, Fontane und Cotta. In: Festgabe für Eduard Berend, Weimar 1959, S. 450 f.

mit Deinem Kommen nach Berlin ... Du ziehst ... in meine Nähe – Wolfsohn hatte mehrmals die Absicht, sich für immer in Berlin niederzulassen (vgl. auch Brief 33).

Das Feuilleton der „National-Zeitung" – In Nr. 15 vom 10. Januar 1850 schrieb ein ungenannter Verfasser [Julius Schramm ?]: „ ‚Von der schönen Rosamunde' heißt ein artiges Gedicht von Theodor Fontane, das in Dessau bei Moritz Katz eben erschienen ist. Es ist ein kleines Epos, das die traurige Geschichte der schönen Tochter Cliffords und König Heinrichs erzählt. Der frische Volkston in dem Gedicht, die wechselnden Bilder vom verborgenen Liebesleben des Königs, die Eifersucht der Königin und ihre Rache sind eingehend, lebhaft und verdienen die Anerkennung des jungen Dichters, der Kraft der Darstellung, Fantasie, Leichtigkeit in Behandlung des Verses und ein poetisches Talent besitzt, das über die Reflexion hinausreicht. Wir machen auf ihn aufmerksam um so mehr, da soeben von ihm eine andere poetische Gabe, ‚Männer und Helden', erschienen ist, welche beweist, daß der junge Dichter Produktionskraft besitzt. Später werden wir darauf zurückkommen, inzwischen sei es uns erlaubt, ein paar kleine Gedichte zu seiner Empfehlung hier beizufügen, die ihn auch als lyrischen Dichter empfehlen." – Es folgen die Gedichte „Guter Rat", „Der erste Schnee" und „Das Fischermädchen", die die im November 1850 erschienene Ausgabe der „Gedichte" (datiert 1851) eröffnen.

in der „Illustrierten Zeitung" – Die bereits zitierte Ankündigung des Verlages (vgl. die achte Anm. zu Brief 10) erschien in der Leipziger „Illustrierten Zeitung" am 5. Januar 1850 (S. 15).

in der „Moden-Zeitung" – In der Leipziger „Allgemeinen Moden-Zeitung" wurde diese Ankündigung nicht ermittelt; die Beilage zu dieser Zeitung stand uns nicht zur Verfügung.

freundliches Geschenk – Wolfsohn hatte Fontane, als dieser kurz vor Weihnachten 1849 in Dresden war, eine Ausgabe von Goethes „Iphigenie" für die in Liegnitz weilende Emilie Rouanet-Kummer mitgegeben.

einige Zeilen – Vgl. den folgenden Brief.

Empfiehl mich ... Emil Devrient – Die durch Wolfsohn vermittelte Bekanntschaft mit dem Schauspieler verhalf Fontane zweieinhalb Jahre später in London zu einem engeren Kontakt mit Devrient.

16 EMILIE ROUANET-KUMMER AN WOLFSOHN, LETSCHIN,
    14. APRIL 1850

Ihr sinniges Geschenk – Vgl. die sechzehnte Anm. zu Brief 15.

Theodors Portrait – Vgl. Brief 15 und die zweite Anm. dazu.

den Druck seiner „Rosamunde" habe ich mit Freudentränen empfangen – Über den Empfang des ihr gewidmeten Epos, dessen Druck Wolfsohn vermittelt hatte und das ihr Fontane zu Weihnachten 1849 in Liegnitz überreichte, schrieb Emilie am 28. Dezember an Bertha Kummer: „Wie reichlich ich wieder von meinem Theodor bedacht worden, wißt Ihr wohl, meine Freude über die *gedruckte* ,Rosamunde' und die Feldherrnlieder ließ aber den Abend für nichts weiter Raum in meinem Herzen" (Hs FAP).

Die Tage in Dresden – Vgl. die dritte Anm. zu Brief 14

Möbel ... das hemmend ihm im Wege steht – Dieser Brief wurde in einer schwierigen Situation (Emilie und Fontane waren schon viereinhalb Jahre verlobt) geschrieben; zwei Monate später, am 22. Mai 1850, klagte sie aus Letschin der Adoptivmutter Bertha Kummer: „Ich harre jetzt in Geduld und nehme jede neue, geknickte Hoffnung mit Ergebung auf. Der Wille Gottes macht uns demütig, ich hätte nie geglaubt, so ruhig und sanft werden zu können. [...] Von Michaelis an, wo Jenny [Fontanes Schwester] wahrscheinlich heiraten wird, und die Eltern dann sich einschränken müssen, wird auch mein Leben ein anderes werden. Zu Euch kann ich nicht und herumziehen und mal von dem und dann des anderen Verwandten Gnade ein Weilchen leben, *will* ich nicht mehr. Gott sei Dank kann ich manches leisten und werde suchen, eine Stellung zu erhalten. [...] Erst [...] machte mich diese Idee recht trostlos, daß ich nun nach fünfjährigem Harren, anstatt mich zu verheiraten, an ein Unterkommen bei fremden Leuten denken muß, aber jetzt bin ich gefaßt und sehe keinen anderen

Ausweg." Anfang August 1850, nach Fontanes Berufung als Lektor des Literarischen Kabinetts, stand die Heirat, die am 16. Oktober stattfand, schon fest. Emilie schrieb am 5. August an ihre Adoptivmutter: „Grüße und küsse meinen guten Vater und sage ihm, er müßte sich nun auch ein bißchen Unruhe meinetwegen gefallen lassen, er ist mich dann ja auf immer los. Ach, Mutter, ich werde nun meinen Theo bekommen, mich nie wieder von ihm trennen müssen, glaube mir, ich erkenne mein Glück in seiner ganzen Größe" (Hss FAP).

Anwesenheit in Berlin – Gemeint ist Wolfsohns Aufenthalt vom 16. Januar bis 25. März 1848, als ihn Emilie oft im Hause ihrer Adoptiveltern traf. Sie reiste am 8. Februar 1848 nach Liegnitz.

Pinchens Einflüsterungen – Während oder nach Fontanes Aufenthalt in der Wohnung seines Onkels August in der Dorotheenstraße im Sommer und Herbst 1846 war es zu Unstimmigkeiten zwischen Emilie und Tante Pinchen gekommen (vgl. auch S. 31 f.). So schrieb Emilie z. B. am 18. April 1847 aus Ludwigslust an Bertha Kummer: „Bist Du bei Fontanes gewesen? Ich hoffe, meiner geschieht dort nicht mehr Erwähnung." Und Ende Mai 1847 heißt es in einem weiteren Brief an die Adoptivmutter: „Pinchen hat zu Theodors Tante Antoine gesagt, ich hätte ihr das Herz gebrochen, da ich ihr die Liebe der Letschiner Fontanes geraubt hätte. Ich Unglückliche" (Hss FAP). Die Differenzen übertrugen sich schließlich auch auf Wolfsohn, der noch im Juni 1847 seine Übersetzung von Puschkins „Kapitänstochter" Philippine Fontane gewidmet hatte. Am 2. Juli schrieb er an Bertha Kummer: „Ich habe mit Theodors Onkel und Tante aufs Entschiedenste und für immer gebrochen."

Eifersucht ... Frau von Melgunow – Fontane hatte Nikolaj Melgunow und dessen deutsche Frau Sophie 1846 durch Wolfsohns Vermittlung kennengelernt; 1848 und im Frühjahr und Herbst 1849 besuchte er Sophie Melgunow, die aus Gesundheitsgründen allein in Berlin lebte, des öfteren; er machte auch Lepel mit „der schönen Russin" bekannt.

Fontanes in Amerika – Philippine und August Fontane. Fontane hatte 1849 selbst mit dem Gedanken gespielt, nach Amerika auszuwandern (vgl. sein Gedicht „Liebchen komm ...""). In dem Briefentwurf an Georg Günther vom November 1849 schreibt er: „Sie fordern uns auf zur Übersiedlung nach Amerika. Was mich angeht, so wär ich noch vor wenigen Monaten mit Leib und Seele der Ihre gewesen. Ich habe seitdem *für mich* wieder hoffen und –

am Vaterlande noch immer nicht verzweifeln gelernt. [...] der Gedanke der Freiheit, einmal in die Welt geschleudert, ist nicht mehr auszurotten [...]. Ob rasch oder langsam – *wir schreiten fort*; [...] die Freiheit und Unabhängigkeit, die der eine draußen in der Welt sucht, findet der andere in dem Freistaat der Kunst und Wissenschaft. Ich liebe die deutsche Kunst. Das ist mein eigentliches Vaterland, und es aufzugeben, *sie* aufgeben, hieße mich selbst aufgeben. Jeder zieht seines Weges, – ich den meinen."

17   FONTANE AN WOLFSOHN, BERLIN, 3. MAI 1850

Fontane legte diesen Brief seinem Schreiben an Emilie Gey vom 7. Mai bei. Vgl. den folgenden Brief 17a.

Keil schrieb mir neulich – Der Brief ist nicht überliefert.

„Reichsbremse" ... *fast noch röter* – Das illustrierte politisch-satirische Blatt „Deutsche Reichs-Bremse" wurde 1849/50 „unter Verantwortlichkeit der Verlagshandlung Fr. Keil & Comp. in Leipzig" einmal wöchentlich als Gratisbeilage zum „Leuchtturm" ohne Datumsangabe ausgegeben. Kennzeichnend für Haltung und Gestaltung des Blattes ist der Gruß zum neuen Jahr in der ersten Nummer von 1850, wo es heißt: „Die Reichsbremse geht immer mit der Zeit und überläßt es reallastablösungsscheuen Junkern, der Zeit soweit voraus zu sein, daß sie von der Zeit nichts sehen und nichts hören. [...] Die Bremse wird auch fernerhin der Zeit *folgen*, sie wird *verfolgen* alles, was der Bewegung der Zeit hemmend entgegentritt, sie wird *verabfolgen* ihre giftigen Stiche den gutgesinnten Rückwärtsern aller Kategorien [...]. Wir haben eine große Majorität – von Gemeinheiten hinter uns: Unzählige Rechtsverletzungen, disziplinarische Beamtenversetzungen, Demokraten-Ausweisungen, zerfetzte Verheißungen, faule Reichsverwesung, alltägliche Kammerauflösungen, Gefängnisüberfüllungen, großartige Enthüllungen, deutschen Bodens bürgerblutige Rötung, Dreierverfassung und Groschenvertretung, stete Einnahmeverminderung, Darlehnskassenplünderung, Hochverratsprozesse, Kreuzzeitungspresse, Gerlach und Stahl, Reaktionspersonal, Vertreter, Verräter, Regierungen, Oktroyierungen, Polizei, Hinkeldey, Miserabler, Konstabler, Dunker, Junker, Laffen, Pfaffen, Spione, Krone, Kanone und dergleichen mehr."

Mit der „Dresdner Zeitung" ist's auch vorbei – Die letzte Korrespondenz über „Verschiedenes" war am 13. April 1850 erschienen.

Mitarbeiter ... der „Deutschen Reform" – Von Fontane erschienen in dieser Zeitung zwischen 9. Mai und 17. Juli 1850 drei Artikel mit englischen Themen und ein Aufsatz über Scherenberg.

i. e. – id est: (lat.) das heißt.

Pawlowsche Novellen – Der zweite Band von „Rußlands Novellen- dichter", der 1848 bei Brockhaus in Leipzig erschienen war, ent- hielt in Wolfsohns Übersetzung die Erzählungen „Eine Million", „Der Namenstag", „Der Yatagan" und „Der Maskenball" von Ni- kolai Pawlow.

kleine Berichte schreiben – Solche Berichte aus Fontanes Feder sind nicht erschienen; zur Zeit der Mitarbeit Fontanes an der „Deut- schen Reform" brachte der Experte für russische Literatur, Fried- rich Bodenstedt, dort eigene Übersetzungen und sein Gebiet be- treffende Aufsätze, so daß für derartige Arbeiten Fontanes von vornherein kein Raum blieb.

18   FONTANE AN WOLFSOHN, BERLIN, 10. OKTOBER 1850

gratulor – (lat.) ich gratuliere.

Unternehmen ... schmeichelhafte Zuschrift – Fontane war das vom 28. August datierte, von Robert Prutz und Wolfsohn unterzeich- nete Zirkular zugeschickt worden, das Schriftsteller und Wissen- schaftler zur Mitarbeit am neuzugründenden „Deutschen Mu- seum" aufforderte.

fleißiger Arbeiter – Im „Deutschen Museum" ist von Fontane nur das Gedicht „Der Tag von Hemmingstedt" erschienen.

in Eurem Weinberge – Vgl. Matthäus-Evangelium 20, 1-16.

Hochzeit ... auf das „Wann" Deiner Reise hierher influieren – Wolf- sohn nahm an Fontanes Hochzeit am 16. Oktober 1850 teil. Er be- absichtigte ohnehin eine Reise nach Berlin, um als angehender Dramatiker die Hilfe des damaligen Generalintendanten der Ber- liner Bühnen (bis 1851), Karl Theodor von Küstner, in Anspruch zu nehmen und sich mit den Theaterverhältnissen der Stadt be- kanntzumachen. Ferner las er in jenen Tagen Otto Ludwigs „Erb- förster" vor „einem kleinen Kreis von Fachleuten" (Fontane an Lepel, 21. Oktober 1850).

19 FONTANE AN WOLFSOHN, BERLIN, 19. NOVEMBER 1850

Zeitungslesen, referieren – Fontane schildert seine Tätigkeit beim „Literarischen Kabinett".

„keine Ruh bei Tag und Nacht" – Aus der Auftrittsarie des Leporello in Mozarts „Don Giovanni", Text von Lorenzo da Ponte.

Dein Brief – Der Brief vom November 1850 ist nicht überliefert.

schöne Gegend – „Auch eine schöne Gegend" (berlinisch: Ooch 'ne scheene Jejend!, verballhornt: Nischt wie Jejend!): Bezeichnung für eine reizlose Landschaft. Der Ausspruch ist zuerst in Tiecks Märchendrama „Der gestiefelte Kater" (1797) nachgewiesen worden. Heine verwandte ihn in seinem „Tannhäuser" (1836), im „Ex-Nachtwächter" und in „Himmelfahrt" („Letzte Gedichte", 1853-1855) für Hamburg, München und Berlin. Bei Glaßbrenner (dem oft die Autorschaft für diesen Ausspruch zugeschrieben wurde) unterhalten sich zwei Frauen darüber, wo ihre Söhne in den Freiheitskriegen gefallen sind. Auf die Antwort der einen: „Bei Leipzich!" erwidert die andre tröstend: „Ooch 'ne scheene Jejend!" (1832). Vgl. Röhrich, Lexikon der sprichwörtlichen Redensarten, Freiburg 1974; W. Kiaulehn, Der richtige Berliner in Wörtern und Redensarten, München 1966.

praeter propter – (lat.) ungefähr.

einiges Gekohle – Vgl. zum Inhalt dieses Artikels Brief 23.

Kammereröffnung – Die Volksvertretung in Preußen bestand seit dem 30. Mai 1849 aus der Zweiten Kammer (Abgeordnetenhaus), deren Mitglieder durch Wahl bestimmt wurden, und der aus erblicher Mitgliedschaft zusammengesetzten Ersten Kammer (seit 1854: Herrenhaus). Die Eröffnung beider Kammern fand am 21. November 1850 um 11 Uhr im Weißen Saal des Berliner Schlosses statt, doch vertagte bereits am 4. Dezember eine allerhöchste Order die Sitzungen beider Kammern bis zum Januar 1851.

Abtreten des Ministeriums ... genug „Staat gerettet" ... Krisis – Nach dem Tode Friedrich Wilhelms Graf von Brandenburg am 6. November 1850 (er hatte seit dem 8. November 1848 als Präsident des Ministeriums Brandenburg-Manteuffel, dem sogenannten „Ministerium der rettenden Tat" fungiert) trat – ganz im Gegensatz zu Fontanes Hoffnungen – im Dezember 1850 Otto Theodor Freiherr von Manteuffel allein an die Spitze des Staatsministeriums und übernahm gleichzeitig das Außenministerium. Die Reaktion setzte mit voller Kraft ein; erst 1858 wurde Manteuffel durch die „Neue Ära" abgelöst.

Artikel über Lenau – Er war nicht zu ermitteln.
zweite Auflage der „Rosamunde" – Eine zweite Auflage erschien bei Katz Ende 1852 (vordatiert auf 1853).
Als Berichterstatter – Als Mitarbeiter des „Literarischen Kabinetts" (seit August 1850).
von seinem ehemaligen Korrespondenzler – Vermutlich denkt Fontane an seine Korrespondententätigkeit für die „Dresdner Zeitung" (November 1849 bis April 1850); in diese Zeit fiel seine durch Wolfsohn vermittelte Bekanntschaft mit Katz.
Sic transit etc. – Sic transit gloria mundi: (lat.) so vergeht die Herrlichkeit der Welt.

20 FONTANE AN WOLFSOHN, BERLIN, 22. NOVEMBER 1850

stehst Du in Beziehungen zu Brockhaus – In Brockhaus' Verlag erschienen in Wolfsohns Übersetzung von 1848 bis 1851 drei Bände „Rußlands Novellendichter".
einen Korrespondenten – Fontane wurde erst zwei Jahre später, vom letzten Quartal 1852 bis Ende 1853, Berlin-Korrespondent an Brockhaus' „Deutscher Allgemeiner Zeitung".
Kammerverhandlungen – Vgl. die siebente Anm. zu Brief 19.
nenne aber nicht das Literarische Kabinett – Als Mitarbeiter dieser ministeriellen Institution (von August bis Dezember 1850) hatte Fontane u. a. die Aufgabe, Beziehungen zu Zeitungsredaktionen zu knüpfen, mit der ausdrücklichen Verpflichtung, dies als ein privates Vorgehen erscheinen zu lassen.
Kugler ... passenden Beitrag – Während Wolfsohns Mitredaktion (bis August 1851) erschien kein Beitrag von Franz Kugler im „Deutschen Museum".

21 FONTANE AN WOLFSOHN, BERLIN, 3. JANUAR 1851

mein Korrespondenzbeitrag ... bei der „Deutschen Allgemeinen Zeitung" antichambriert – Offenbar hatte Wolfsohn Fontanes (im Brief 19 mitgeschicktes) „Gekohle über Theater, Bücher und ähnliche unschuldige Gegenstände", das für das „Deutsche Museum" bestimmt, dort aber nicht angenommen worden war, an Brockhaus weitergegeben, bei dem er den Freund als Korrespondenten empfehlen wollte (vgl. auch die zweite Anm. zu Brief 20).

Literarische Kabinett aufgelöst – Der Auflösung in der zweiten De-
zemberhälfte 1850 folgte schon am 6. Januar 1851 eine Neuorgani-
sierung unter der Bezeichnung „Zentralstelle für Preßangelegenheiten", in die Fontane am 1. November 1851 wieder eintrat. Das
Publikationsorgan der „Zentralstelle" war die „Preußische (Adler-)
Zeitung".
par pitié – (franz.) aus Mitleid.
„Schlacht bei Hemmingstedt" – Vgl. die erste Anm. zu Brief 22.
meine Verse ... ausschließlich gelobt worden – Über die Berliner Rezensionen der „Gedichte", im November 1850 bei Carl Reimarus
(W. Ernst) erschienen (vordatiert auf 1851), schrieb Fontane am
gleichen Tage an seinen Freund Friedrich Witte in Rostock: „Die
Berliner Kritik hat mich überaus glimpflich behandelt. Die
‚Kreuz-Zeitung' machte den Anfang, dann kam Tante Voß und
die ‚Constitutionelle', schließlich die ‚Nationale' und der ‚Staats-
anzeiger'. Fast alle Besprechungen sagen dasselbe, und zwar läuft
es darauf hinaus: ich verstünde sehr schön zu übersetzen und sehr
schön nachzubilden. Ich erlebe dabei die Demütigung, daß meine
eignen Produkte immer erst im zweiten Gliede stehn – doch unter uns gesagt, *ich bin ganz zufrieden damit.*" Die Rezension in der
„Neuen Preußischen (Kreuz-)Zeitung" (Nr. 292, 15. Dezember
1850) stammte von George Hesekiel, die Kritik in der „Vossischen
Zeitung" (Nr. 296, 12. Dezember 1850) von Hermann Kletke; in
der „National-Zeitung" erschien eine anonyme Besprechung
(21. Dezember 1850).
an der Quelle – Fontane denkt an Wolfsohns Mitredaktion am
„Deutschen Museum", die diesem neue Beziehungen eröffnete.

22 Wolfsohn an Fontane, L[eipzig], 7. Januar 1851

Dein Gedicht ... wir nehmen es – „Der Tag von Hemmingstedt" erschien im 8. Heft (2. Aprilheft) 1851 im „Deutschen Museum"
(S. 569ff.).
fall ich im vierten Heft ... her. Vorgestimmt habe ich schon – Ein spe-
zieller Artikel aus Wolfsohns Feder über Fontane ist im „Deutschen Museum" nicht erschienen. Im Rahmen einer Besprechung
des von Otto Friedrich Gruppe herausgegebenen „Deutschen
Musenalmanachs für das Jahr 1851" hatte Wolfsohn im 1. Heft des
„Deutschen Museums", das bereits am 15. Dezember 1850 ausgegeben worden war, u. a. geschrieben (S. 72): „Mehrere Seiten neh-

men die Beiträge eines erst auftretenden jungen Dichters, Paul Heyse, ein. Ein Talent von so unverkennbarer Kraft, daß man seine Fehler nur mit der größten Schonung berühren möchte, aber im Streben nach entfesselter Natürlichkeit zu einer so unkünstlerischen Überspannung der Phantasie, zu einer so unschönen Widernatürlichkeit gedrängt, daß man ihm seine Verirrungen nicht streng genug vorhalten kann. [...] Zu dem Musenalmanach hat begreiflicherweise Berlin das größte Kontingent gestellt; umso mehr vermissen wir zwei dichterische Persönlichkeiten, die, unseres Wissens, zu den begabtesten in Spreeathen gehören – Bernhard von Lepel und Theodor Fontane, der eine von harmonischem Sinn und wohltuender Klarheit, der andere von ursprünglichem, aber künstlerisch geläutertem Wesen, innig und von reiner, fast vollendeter Form."

23   Wolfsohn an Fontane, Leipzig, 20. Januar 1851

Deine Korrespondenz ... „etliches Gekohle" – Vgl. Brief 19 und die erste Anm. zu Brief 21.
Erwähnung eines Stücks ... einer Bühne – Vermutlich hat Fontane über Charlotte Birch-Pfeiffers Drama in vier Akten „Das Forsthaus" geschrieben, das im November 1850 mehrmals im Berliner Schauspielhaus aufgeführt worden war.
Musenalmanach – Vgl. die zweite Anm. zu Brief 22.
bei Deiner Stellung – Gemeint ist Fontanes damalige Mitarbeit an einer ministeriellen Einrichtung.
ci-devant – (franz.) ehemals.
wie es um Dich steht – Fontane war nach der Auflösung des Literarischen Kabinetts (Mitte Dezember 1850) bis November 1851 (vgl. die zweite Anm. zu Brief 21) arbeitslos.
„Preußische Spiegelbilder" ... welche Ähnlichkeit – Der im 1. Heft der „Wartburg" von 1851 (S. 35-39) unter der Überschrift „Spiegelbilder aus Preußen. Aus Berlin" erschienene Korrespondenzbericht behandelt dieselben Themen wie die „Korrespondenz aus Berlin" vom 4. Januar 1851 im 2. Heft des „Deutschen Museums" (S. 148-155), u. a.: die Lage Manteuffels, die freihändlerischen Artikel in der „Deutschen Reform"; wörtliche Übereinstimmungen sind jedoch selten.
Geschäftslokal unseres Verlegers – Christian Friedrich Rost war bis zu seinem Tode (1856) gemeinsam mit seinem Sohn Hermann In-

haber der Firma J. C. Hinrichs in Leipzig, in deren Verlag das „Deutsche Museum" 1851 erschien; das Geschäftslokal lag in der Grimmaischen Straße 16.

einige Nummern der alten „Dresdner Ztg." – Vgl. die vierte Anm. zu Brief 11.

24   WOLFSOHN AN FONTANE, LEIPZIG, 20. FEBRUAR 1851

weiteren Verlauf ... einer Sache – Vgl. Brief 23.

„John Prince" – Wolfsohn kannte Fontanes in der „Eisenbahn" erschienene Gedichtübersetzungen von John Prince und sicherlich auch dessen John-Prince-Manuskript, das 1842/43 entstanden war, aber unveröffentlicht blieb. Vgl. die achte Anm. zu Brief 3.

Mein Art[ikel] „Theodor Fontane" – Er ist im „Deutschen Museum" nicht erschienen; sein Druck konnte bislang nicht nachgewiesen werden.

„Puschkins Ende und Lermontows Anfang" ... „Deutsche Liedersammlungen" – Es ist nicht bekannt, ob diese Aufsätze Wolfsohns gedruckt worden sind.

Was ich über Heyse gesagt – In einem Artikel im 2. Heft des „Deutschen Museums" von 1851 mit dem Titel „Francesca da Rimini", der auch Silvio Pellicos gleichnamige Tragödie und Dantes Gestaltung der Episode behandelt, hatte Wolfsohn über Paul Heyses Stück (1850), dem er „Esprit, Formtalent und Einbildungskraft" zugestand, u. a. geschrieben: „Es hat sich in Berlin ein junger Mann gefunden, der Francesca von Rimini shakespearisieren zu müssen glaubte. [...] Wen er dabei mehr beleidigt, ob Shakespeare, dessen Äußerlichkeiten und Wendungen er so geschickt nachahmt, während er am heiligen Geiste seiner Dichtung sich so schwer versündigt – oder Dante – oder die arme Seele, der dieser in seiner ‚Divina Commedia' ein so rührendes Denkmal gesetzt – das mag sich Herr Heyse selbst beantworten, wenn er diese dramatische Jugendsünde reumütig abgebüßt hat. Wir trauen ihm eben die Fähigkeit zu solcher Reue und Buße vollkommen zu." *wegen einer ... Lebensfrage* – Über die schwierige Lage, in der sich Wolfsohn wegen seiner ungeklärten Staatsbürgerschaft befand und die ihn an der Weiterführung der Mitredaktion am „Deutschen Museum" sowie an der Eheschließung hinderte, gibt am besten sein Brief an Varnhagen von Ense vom 31. Dezember 1850 Auskunft, in dem er schreibt: „[...] ich war die ganze Zeit teils

wirklich krank, teils krankhaft erregt, und bin es noch. [...]
Meine ganze Existenz ist noch in so unseligem Schwanken, daß
ich nicht einmal sagen kann: dahin und dorthin will ich meine bescheidenen Mittel und Kräfte wenden. Denken Sie nur, ich figu-
riere noch immer als russischer Untertan, obgleich mein Paß alle
Ursache hat, sich der Prüfung eines Kundigen möglichst zu ent-
ziehen: was ich aber auch immer zu meiner Einbürgerung in
Deutschland versuche, scheitert an der ersten Forderung, die
überall gestellt wird – daß ich einen Emigrationsschein beibringe.
Rußland zählt bekanntlich schon den animus emigrandi zu Kapi-
talstaatsverbrechen, um so weniger ist eine Sanktion der Tatsache
zu erlangen. Auf diese Weise bin ich verdammt, die historische
Heimatlosigkeit meines Stammes polizeilich in jeder Fiber nach-
zufühlen. Und als Redakteur einer Zeitschrift, die ich nun einmal
nicht anders als in liberalster Richtung führen kann, laufe ich jeden Augenblick Gefahr, der heiligen Inquisition in die Hände zu
geraten; ja, schon bei einem strengen Paßexamen würde ich bis
zum Nimmerwiederaufstehen durchfallen ... Könnten *Sie* vielleicht mir in diesem Labyrinth einen Faden in die Hand geben,
mit dem meine bürgerliche Anknüpfung an Deutschland möglich
wäre, auch ohne den russischen Emigrationsschein?"
Gedichte? Das größere – „Der Tag von Hemmingstedt". Vgl. die erste Anm. zu Brief 22.

25 FONTANE AN WOLFSOHN, BERLIN, 22. FEBRUAR 1851

Des Anfangs ist er ledig ... – Abgewandeltes Zitat aus Bürgers Ballade „Lenore": „Des Leibes bist du ledig,/ Gott sei der Seele gnädig." Auch im Tunnel-Protokoll vom 2. März 1851, also nur wenige
Tage später, benutzte Fontane dies abgewandelte Zitat: „Des Anfangs sind wir ledig,/ Gott sei der Seele gnädig."
*Deine Sprache ... zum Verbergen der Gedanken ... alexanderartig ausru-
fen ... ich möchte Talleyrand sein* – Fontane verbindet hier zwei seinerzeit geläufige geflügelte Worte. Die Wendung „Die Sprache
ist dem Menschen gegeben, um seine Gedanken zu verbergen"
wird Charles Maurice de Talleyrand zugeschrieben (er soll sie
1807 in einem Gespräch mit dem spanischen Unterhändler Iz-
quierdo gebraucht haben; nach B. Barère de Vieuzac, „Memoi-
res", Paris 1842, Bd. 4). Alexander des Großen Ausspruch: „Wahrlich, wenn ich nicht Alexander wäre, möchte ich Diogenes sein",

wird von Plutarch in seinen „Vergleichenden Lebensbeschreibungen" zitiert.

Deine Rezension – Vgl. die dritte Anm. zu Brief 24.

auf vier Seiten – „Der Tag von Hemmingstedt" nimmt im „Deutschen Museum" drei Seiten ein.

Patagonier – Indianer im Süden Südamerikas (Argentinien, Chile).

Karaiben – auch: Kariben; indianische Völkergruppe im Norden Südamerikas.

in London – Fontane war vom 25. Mai bis zum 10. Juni 1844 in London gewesen. Das „Tagebuch", das er nach dieser Reise schrieb (es befindet sich jetzt im FAP), kannte Wolfsohn möglicherweise.

Roman von der Mrs. Gore – Fontanes Übersetzung von Catherine Gores Roman „The money-lender", die er 1843 anfertigte, befindet sich, in einer maschinenschriftlichen Abschrift, im Fontane-Archiv („Abednego, der Pfandleiher"). – 1860 verfaßte Fontane für Lorcks „Frauen der Zeit" einen kurzen biographischen Abriß über Catherine Grace Gore.

seit dem Jahre 40 – Vgl. die zweite Anm. zu Brief 24. Bei der Jahresangabe irrt Fontane.

Handwerkervereine – Fontane denkt vermutlich in erster Linie an den „Großen Berliner Handwerkerverein". Er war am 16. April 1844 mit behördlicher Genehmigung gegründet worden und diente zunächst der allgemeinen Weiterbildung seiner Mitglieder. Wegen Ausnutzung zu politischen Zwecken und Beteiligung eines Teils der Mitglieder an den Umsturzabsichten des Jahres 1848 wurde der Verein von dem Berliner Polizeipräsidenten Hinkeldey als „Pflanzstätte kommunistischer Ideen" bezeichnet und im Juni 1850 geschlossen. 1859 wurde er erneut gegründet.

Korrespondenten-Posten ... nehm ich ... an – Wegen Säumigkeit Fontanes kam es nicht zur Veröffentlichung von Korrespondenzen aus seiner Feder im „Deutschen Museum". Vgl. Brief 26.

Ballade – „Der Tag von Hemmingstedt".

im Sommer ... werden die Sorgen kommen – Fontane denkt an die für August bevorstehende Geburt des ersten Kindes.

26 FONTANE AN WOLFSOHN, 8. MÄRZ 1851

in unserem „Tunnel" habe ich ... reussiert – Die erste Lesung der Ballade im Berliner literarischen Sonntagsverein „Der Tunnel über der Spree" hatte am 2. März 1851 stattgefunden; trotz Einwände

der Heyse-Kuglerschen Fraktion wurde „Der Tag von Hemmingstedt" am 6. April 1851 preisgekrönt. Vgl. die zweite Anm. zu
Brief 50.

mit einigem Anstand bezahlt wird – Am 1. Juli 1851 schrieb Fontane
an seinen Rostocker Freund Friedrich Witte: „Vor 8 Tagen erhielt
ich aus Leipzig 4 Taler, geschrieben: vier Taler, für meinen ‚Tag
von Hemmingstedt'. Da ich zwei Monate dran gearbeitet hatte,
macht das pro Tag 2 Silbergroschen. Dabei kann man satt werden. Vivat das deutsche Dichtertum und die Noblesse der Buchhändler. Übrigens kümmere ich mich um meinen würdigen Wolfsohn gar nicht mehr; solche Freundschaft kann mir gestohlen
werden."

Sgr. – Silbergroschen; vgl. die vierte Anm. zu Brief 14.

Regula de tri – (lat.) Dreisatz-Regel.

„Kunstblatt" – „Deutsches Kunstblatt".

Perücken-Wihl – Der Maler David Wihl.

Voltigeurs – Kunstspringer.

à nos moutons – (franz.) Hier: Kommen wir zur Sache!

Williams – Shakespeares.

Deine Rezension über Heyses Stück – Vgl. die fünfte Anm. zu
Brief 24.

wird hier sehr gebilligt – Fontane berichtete selbst am 7. Januar 1851
an Bernhard von Lepel über die Aufnahme von Heyses „Francesca da Rimini" während einer „Tunnel"-Sitzung: „Im übrigen
dringt Paul doch nicht recht durch; sein Stück findet man mehr
genial-tuerisch als wirklich genial und ihn selbst mehr geistreich
als dichterisch. Er ist brennend ehrgeizig, das ist gut; aber er ist
auch eitel bis zum Exzeß, und das ist nicht gut. Er dünkt sich in
Dingen fertig, wo er kaum angefangen hat."

„Th. Fontane" von W. Wolfsohn – Der Artikel erschien nicht in
Heft 7, auch ein späterer Druck konnte nicht nachgewiesen werden.

Ceterum censeo – Vgl. die vorletzte Anm. zu Brief 5.

27   FONTANE AN WOLFSOHN, [BERLIN, 7. AUGUST 1851]

Dein Paß ... nach Böhmen reist – Wolfsohn benötigte den Paß für
Reisen nach Brünn und nach Rußland, die er aus Existenzgrün-
den zu unternehmen gezwungen war. Vgl. auch die sechste Anm.
zu Brief 24.

unter Grüßen ... für Gebr. Katz – Der Brief ist „per Adresse Gebrüder Katz" nach Dessau gerichtet, wo Wolfsohn Anfang August 1851 Erkundigungen wegen seiner Einbürgerung einzog.

28 WOLFSOHN AN FONTANE, DESSAU, 19. JANUAR 1852

nicht um mich kümmerst – Vgl. den Schlußsatz der zweiten Anm. zu Brief 26.

Anhalt-Dessauischer Staatsbürger ... und ... verheiratet – Die Heirat mit der Christin Emilie Gey, die für den Juden Wolfsohn nach „Eintritt der Reaktion" nur noch in Anhalt-Dessau, der Heimat Moses Mendelssohns, möglich war, hatte die Erwerbung der Staatsbürgerschaft des Herzogtums und die Aufnahme in die Gemeinde der Stadt Dessau zur Voraussetzung. Wolfsohn erhielt am 13. Dezember 1851 von dem Gemeindevorstand Dessaus ein Schreiben des Inhalts: „Nachdem Herzoglich-Anhaltische Regierung unter heutigem Tage Ihnen das Anhalt-Dessauische Staatsbürgerrecht erteilt hat, der Gemeinderat hiesiger Stadt bereits unterm 10. des Monats Ihnen die Aufnahme in die hiesige Gemeinde unter der Bedingung der Erwerbung des Staatsbürgerrechts zusicherte, so vollziehen wir hierdurch Ihre, des Dr. Wilhelm Wolfsohn aus Odessa, Aufnahme in die hiesige Stadtgemeinde." Die Einbürgerung erfolgte ohne Vorlage eines Emigrationsscheines; die Eheschließung fand am 31. Dezember 1851 statt, mit anschließender Trauung nach israelitischem Ritus.

Dir schrieb – Brief 24.

längerer Aufenthalt in Braunschweig – Wolfsohn hielt sich im Zusammenhang mit seinen Bemühungen um Einbürgerung in einem der deutschen Kleinstaaten im März 1851 und (für längere Zeit) im Oktober 1851 in Braunschweig auf. Diese Stadt war ihm durch dort lebende Bekannte, zu denen auch der Verlagsbuchhändler Georg Westermann gehörte, als ein wünschenswertes Domizil erschienen.

satirisch-parodischen Text – Vgl. die ersten Absätze von Brief 25.

parodisch – Alte Form für parodistisch.

Du kamst mit Leuten in Berührung – Z. B. mit dem zwischen Berlin und Dresden hin- und herreisenden Moritz Lazarus und dem Dresdner Maler Julius Hübner, dessen Gemäldeausstellung in Berlin im September 1851 Fontane besuchte und der ihm „sehr gefiel".

den alten Dessauer spielen zu hören – Beim Dessauer Marsch handelt
es sich um eine volkstümliche Melodie italienischen Ursprungs.
Da der Fürst Leopold I. von Dessau sie bei ihrem Erklingen nach
der Schlacht bei Cassano 1705 zu seiner Lieblingsmelodie erklärt
hatte, wurde sie ihm zu Ehren anläßlich seines siegreichen Ein-
zugs in Turin 1706 (spanischer Erbfolgekrieg) als Marsch gespielt.
Als königlich preußischer Armeemarsch Nr. 1 trug er maßgeblich
zur Einführung des Gleichschritts bei.
Dr. Müller und Deiner Schwiegermutter – Mit Hermann Müller und
Bertha Kummer hatte Wolfsohn während seines Aufenthaltes in
Berlin 1848 (Januar bis März) viele gemeinsame Stunden ver-
bracht

29 Fontane an Wolfsohn, Berlin, 21. Januar 1852

gratulor – (lat.) ich gratuliere.
seit November v. J. ... wieder zu essen habe – Vgl. die zweite Anm. zu
Brief 21.
ist Chambre garnie vermietet – Seit Herbst 1851 an Friedrich Witte,
den Fontane während seiner Tätigkeit in der Schachtschen Apotheke kennengelernt hatte.
aus alten Zeiten her – Aus den Leipziger Tagen 1841/42 und Sommer 1843, als Fontane im Hause der Familie Gey verkehrte.
mit Prutz auseinandergekommen bist – Wolfsohn hatte die mit Robert Prutz übernommene Redaktion des „Deutschen Museums"
am 1. September 1851 wegen seiner ungeklärten Situation als
Staatsbürger niedergelegt.

30 Wolfsohn an Fontane, Dessau, 25. Januar 1852

Dein Besuch – Er erfolgte in den ersten Februartagen.
mit Schauenburg in Bonn – Wolfsohn hielt sich vom 7.-10. Oktober
1851 in Bonn auf, dem Wohnsitz Hermann Schauenburgs.

31 Fontane an Wolfsohn, Berlin, 1. Februar 1852

meine neuen Arbeiten – Es handelt sich wohl um Fontanes Übersetzungen englischer Balladen (u. a. „Der Aufstand von Northum-
berland", „Robin Hood").

trotz alledem und alledem – Im Dezember 1843 schrieb Ferdinand Freiligrath, nach Robert Burns' „For all that", das an die Armen gerichtete Gedicht „Trotz alledem!"; viereinhalb Jahre später (im Juni 1848) entstand sein „die Bourgeoisie auf dem Thron" entlarvendes Gedicht „Trotz alledem! (Variiert)", das 1849 im 1. Heft der „Neueren politischen und sozialen Gedichte" in Köln im Selbstverlag erschien. Beide Gedichte enthalten die Verszeile: „Trotz alledem und alledem".

32 WOLFSOHN AN FONTANE, DESSAU, 3. FEBRUAR 1852

sans comparaison – (franz.) ohne Vergleich.
der schrecklichste der Schrecken – Aus Schillers „Lied von der Glocke" (1799).
das „Nützliche mit dem Angenehmen" – Nach Horaz, Ars poetica (Vers 343): Der erringt den Beifall von allen, der das Nützliche mit dem Angenehmen verbindet.
Bretter ... unter Hülsen – Gemeint sind die Bretter der Berliner königlichen Bühnen, deren Generalintendant seit 1851 Botho von Hülsen war.

33 FONTANE AN WOLFSOHN, BERLIN, 27. FEBRUAR 1852

Brief an Professor v. d. Hagen – Er wurde nicht geschrieben; vgl. auch die erste Anm. zu Brief 34.
wohlwollende Zeilen Varnhagens (an den ich mich ... gewandt hatte) – Fontane hatte sich am 10. Februar 1852 schriftlich an Varnhagen von Ense gewandt und in Wolfsohns Namen „im Interesse Alexander Jungs, dessen neustes Buch über ‚Goethes Wanderjahre' noch immer als Manuskript umherirrt, einige Empfehlungszeilen" erbeten. Varnhagen schrieb daraufhin am 11. Februar 1852 an Fontane: „Sie haben mir gütigst einen Wunsch des Herrn Dr. Wolfsohn eröffnet, den ich zu erfüllen sogleich herzlich gern bereit war, aber dabei im Zweifel stand, in welcher Weise dieses am schicklichsten geschehen könnte. [...] Über Nacht fiel mir ein, daß der abgerissene Schluß eines Briefes die bequeme Form böte, mit guter Art alles das harmlos auszusprechen, was dem nächsten Zweck förderlich sein könnte. [...] Ein solches Blatt bin ich so frei, Ihnen in der Anlage ergebenst zu überreichen, mit der

gehorsamsten Bitte, solches, im Fall es Ihre Billigung hat, mit meinen besten Grüßen dem Herrn Wolfsohn zu senden, der dann sein Heil damit versuchen möge." – Die „wohlwollenden Zeilen" (der abgerissene Schluß eines fingierten Briefes) blieben nicht erhalten.

Die Antwort – Sie ist nicht überliefert.

welche weiteren Schritte ich mit dem A. Jungschen Manuskripte tun soll – Fontane schickte das Manuskript an Wolfsohn zurück. Jungs Abhandlung „Goethes Wanderjahre und die wichtigsten Fragen des 19. Jahrhunderts" erschien erst 1854 bei C. G. Kunze in Mainz.

Meine eignen Angelegenheiten – Fontanes beabsichtigte Reise nach England.

Humboldt – an den ich mich schriftlich wandte – Fontane schrieb am 1. März 1852 auch an Bernhard von Lepel: „Du weißt, daß ich zunächst bei [Wilhelm von] Humboldt, dann auch bei einem meiner Verwandten mit dem vielbesprochenen 300 Taler-Gesuch abgefallen bin."

Einsendung von Feuilleton-Artikeln – Zwischen Mai und November 1852 erschienen in der unter Kuratel der „Zentralstelle für Preßangelegenheiten" stehenden „Preußischen (Adler-)Zeitung" von Fontane 18 Artikel und „Londoner Briefe".

Reisegeld ... auftreiben – Vgl. die vierte Anm. zu Brief 35.

Katz ... die Übersetzungen zu vervollständigen – Gemeint sind die Übersetzungen englischer Balladen, die Katz in Verlag nehmen sollte. Fontane gab später den Plan einer Separatpublikation der Übersetzungen auf; sie wurden Teil der „Balladen", die Ende 1860 bei Wilhelm Hertz erschienen (vordatiert auf 1861). Vgl. die elfte Anm. zu Brief 49.

über Deine Zukunft beschließen magst – Wolfsohn machte im Mai 1852 Dresden zu seinem ständigen Wohnsitz. Vgl. S. 41 f.

nil admirari – (lat.) sich über nichts wundern.

34 WOLFSOHN AN FONTANE, DESSAU, 29. FEBRUAR 1852

Epistel an Nibelungen-Hagen – Wolfsohn hatte seine Absicht, mit Hilfe des Berliner Professors von der Hagen zunächst durch Literaturvorlesungen in der Singakademie in der preußischen Hauptstadt festen Fuß zu fassen, wieder fallen gelassen. – Der Spitzname Hagens erklärt sich aus seinen wiederholten Ausgaben des Nibelungenliedes in mittelhochdeutscher Sprache (seit 1805).

1840/41 war in 2 Abteilungen „Das Nibelungenlied als Volksbuch"
in hochdeutscher Übertragung von Heinrich Beta mit einem Vorwort von Friedrich von der Hagen erschienen.

derselben Erwägung – Fontanes im vorhergehenden Brief ausgesprochene Warnung vor Berlin.

Jung betreffend – Wolfsohns und Fontanes Bemühungen um das
Manuskript Jungs führten zu keinem Ergebnis (vgl. die zweite
und vierte Anm. zu Brief 33).

Katz ... Balladen – Vgl. die neunte Anm. zu Brief 33.

Deinem Jungen – George Fontane.

35   FONTANE AN WOLFSOHN, [BERLIN, MITTE MÄRZ 1852]

Jungsche Angelegenheit ... Varnhagensche Zeilen – Vgl. die zweite
und vierte Anm. zu Brief 33.

Reisevorbereitungen – Für den Aufenthalt in England von Anfang
April bis September 1852.

aus Braunschweig längst zurück bist – Wolfsohn verließ Braunschweig am 10. März 1852.

Die erforderlichen Gelder ... Papa ... Lepel – Fontanes Vater gab
200 Taler für die Reise, und Lepel vermittelte eine Unterstützung
des „Tunnels" von 100 Talern.

Katz ... auf die Balladen anzubeißen – Vgl. die neunte Anm. zu
Brief 33.

die 2te Auflage meiner „Rosamunde" – Sie erschien Ende 1852 bei
Katz, vordatiert auf 1853.

Dieser Schritt ... war der letzte – Fontane blieb entgegen dieser Absicht auch weiterhin mit Moritz Katz in geschäftlichen Verbindungen; außer der zweiten Auflage der „Schönen Rosamunde" erschien bei Katz auch das England-Buch „Ein Sommer in
London" (1854), aus dem schon vorher in der im gleichen Verlag
von Karl Elze herausgegebenen Zeitschrift „Atlantis" Auszüge
veröffentlicht worden waren.

für ihre freundlichen Zeilen – Die Nachschrift zu Brief 34.

Matthäi am letzten – Vgl. die neunzehnte Anm. zu Brief 7.

36 FONTANE AN WOLFSOHN, BERLIN, [26. MÄRZ 1852]

beau-reste − (franz.) schönes (hier: unbeschriebenes) Überbleibsel.
Hertz ... Ablehnungsschreiben ... Varnhagensche Empfehlung − Vgl.
Brief 33 und die zweite sowie vierte Anm. dazu. Hertz' Ablehnung
ist nicht überliefert.
Abreise nach London − Fontane verließ Berlin am 2. April 1852.
Katz ... Brief − Er ist nicht überliefert.
mirabile dictu! − (lat.) erstaunlich zu sagen.
Exemplare − Von der 1. Auflage der „Schönen Rosamunde"; vgl.
die sechste Anm. zu Brief 35.

37 WOLFSOHN AN FONTANE, DESSAU, 2. APRIL 1852

Gelingen Deines Planes − Die Reise nach England.
Jungs Manuskript − Vgl. die zweite und vierte Anm. zu Brief 33.

38 FONTANE AN WOLFSOHN, BERLIN, 16. NOVEMBER 1852

von England zurück − Fontane war am 25. September 1852 wieder
in Berlin eingetroffen.
an einer und derselben Quelle − Vermutlich eine Lesekonditorei oder
ein Lesekabinett.
Gedicht − Lepel nahm das Gedicht „Trasteveriner" in seine
Sammlung „Lieder aus Rom" (1846) auf.
Trasteveriner − Jenseits des Tiber Wohnende, im Stadtteil Traste-
vere.
Ich sah Devrient − Fontane beschrieb Emil Devrients Gastspiele in
London am 22. Juni 1852 in der „Preußischen (Adler-)Zeitung"
unter dem Titel „Das deutsche Theater in London". Er erwähnt
die Begegnung hier in Erinnerung an sein und Wolfsohns Zusam-
mentreffen mit dem Schauspieler in Dresden im Dezember 1849
(vgl. die achte Anm. zu Brief 15).
langweiligste Zeitung Deutschlands − Die „Preußische (Adler-)Zei-
tung", Nachfolgerin der „Deutschen Reform" (vgl. die siebente
Anm. zu Brief 33).
Katzen will ich weder − Die „Londoner Briefe" erschienen dennoch
unter dem Titel „Ein Sommer in London" 1854 bei Katz; vgl. die
siebente Anm. zu Brief 35.

das Kind – Rudolf Fontane.
pauvre – (franz.) arm, jämmerlich.
die Nonpareils – (franz.) die Unvergleichlichen.

39 FONTANE AN WOLFSOHN, KRÄNZLIN BEI NEU-RUPPIN, 7. JULI 1853

freundlichen Zeilen – Dieser Brief Wolfsohns von Anfang Juli 1853 ist nicht überliefert.
nach Dessau – Wolfsohn hatte in Dessau geschäftlich zu tun; der vorliegende Brief ist dorthin gerichtet.
„Veilchen" – Fontane erinnert an Wolfsohns erste Gedichtsammlung (vgl. die dritte Anm. zu Brief 4).
Wolfsohn-Sohn – Wolfsohns erster Sohn Matthias Wilhelm (später Wilhelm Wolters) wurde am 8. November 1852 geboren.
4 Wochen in Bethanien – Im Juni 1853.

40 FONTANE AN WOLFSOHN, BERLIN, 25. JUNI 1854

hübsche junge Dame – Lisbeth Scherz.
Hôtel de Saxe oder de Rome – Diese beiden einander gegenüber gelegenen Hotels am Dresdner Neumarkt waren Fontane besonders gut erinnerlich, da die Struvesche Apotheke, in der er 1842/43 konditionierte, neben dem erstern gelegen war (vgl. S. 59).

41 WOLFSOHN AN FONTANE, DRESDEN, 26. JUNI [1854]

stante pede – (lat.) stehenden Fußes, sofort.
„Ein Herr von tausend Seelen" – Vgl. die zweite Anm. zu Brief 45.
reizendste Aussicht ... dicht an der Terrasse und am Theater – Die spätklassizistische Gebäudegruppe der vormals Calberlaschen Zuckersiederei, die seit 1853 das Hotel Bellevue (vgl. S. 143) beherbergte, lag unmittelbar an der Elbe, keine zweihundert Schritt von der katholischen Hofkirche entfernt, mit freiem Blick auf den Zwinger und auf die Stufen der Brühlschen Terrasse. Die Gebäude brannten 1945 aus und wurden 1950 abgetragen. In neuster Zeit ist an der gleichen Stelle ein neues Hotel Bellevue errichtet worden.
Prinzen – Matthias Wilhelm Wolfsohn (später: Wilhelm Wolters).

zweiter Wolfsohneide – August Wolfsohn wurde am 26. November
1854 geboren; ihm folgte am 25. Januar 1856 der Sohn Franz.
aufs beste für sie gesorgt sein – Wolfsohn machte die beiden Damen
in Dresden auch mit Berthold Auerbach bekannt. Er schrieb diesem am 1. Juli 1854: „Meines Fontanes Frau nebst einer andern
recht liebenswürdigen Berlinerin trinken heute nach 3 Uhr bei
uns Kaffee. Ein oder zwei Tassen unseres von Ihnen so sehr gewürdigten Kaffees sind aber *unter allen Umständen* Ihnen zuge-
dacht. Die Damen waren ganz glücklich, als sich ihnen die Aussicht eröffnete, Auerbach kennenzulernen. [...] Sie finden [...]
sonst [...] vielleicht – Roquette, der mit Fontane von Berlin her
befreundet ist" (Hs DL/SNM).

42   FONTANE AN WOLFSOHN, BERLIN, [29. JUNI 1842]

die Damen – Emilie Fontane und Lisbeth Scherz.
Hôtel de Bellevue – Vgl. S. 139 und die dritte Anm. zu Brief 41.

43   FONTANE AN WOLFSOHN, BERLIN, [19. JULI 1854]

Deine Reise – Vgl. die erste Anm. zu Brief 44.
Freundlichkeit ... erwiesen – Vgl. die voraufgehenden Briefe.

44   FONTANE AN WOLFSOHN, BERLIN, [25. JULI 1854]

freuen wir uns ... Dich zu sehen – Wolfsohn reiste im August 1854
nach Berlin, in der Absicht, sein bereits in Karlsruhe (Dezember
1853) und in Dresden (1. Januar 1854) aufgeführtes Schauspiel
„Zar und Bürger" dort auf die Bühne zu bringen. Der Versuch
mißlang jedoch; erst im März 1858 kam es in Berlin mit Dawison
in der Hauptrolle zur Aufführung. – Fontane schrieb am 20. September 1854 über den Besuch Wolfsohns an seine Mutter: „Daß
Wolfsohn hier war, hat Dir Emilie schon geschrieben. Storm hat
in ihrem Herzen seitdem einen Kollegen. Sie hat dem einen wie
dem andern gegenüber in den meisten Stücken recht, übertreibt
aber über alle Maßen. Du weißt, sie ist wie Piccolomini sagt:
,leicht fertig mit dem Urteil!' und schüttet das Kind mit dem
Bade aus."

45 Wolfsohn an Fontane, Dresden, 18. September 1854

Dir versprochen – während seines Aufenthaltes in Berlin im August 1854.
„Herr von tausend Seelen" – Das Stück, das die Leibeigenschaft behandelt, wurde in überarbeiteter Form unter dem Titel „Nur eine Seele" im Februar 1855 zum ersten Mal in Leipzig, am 26. Januar 1856 im Beisein des Autors im Berliner Friedrich-Wilhelmstädtischen Theater (heute: Deutsches Theater) und anschließend auf allen größeren deutschsprachigen Bühnen erfolgreich aufgeführt. Die Druckfassung von „Nur eine Seele" (Dresden 1857) ist „Meinem Freunde Theodor Fontane gewidmet".
seine Antwort – Der Brief Eduard Devrients an Wolfsohn ist nicht überliefert.
auf die Bühne schicken – Wolfsohn hatte ursprünglich beabsichtigt, das Stück am 1. Oktober 1854 in Leipzig uraufführen zu lassen. Er nahm nun davon Abstand.

46 Fontane an Wolfsohn, Berlin, 10. Dezember 1854

leiblichen und geistigen Kindern – Der zweite Sohn August und das Drama „Nur eine Seele".
Deinen Brief – Der Brief Wolfsohns von Ende November 1854 ist nicht überliefert.
dran man vorher scheiterte – Vgl. Brief 45.
„Zar und Bürger" – Vgl. die Anm. zu Brief 44.
Stunden zu geben ... habe – Fontane unterrichtete die Töchter der Geheimräte Flender und von Wangenheim auf Empfehlung des Direktors der Zentralstelle für Preßangelegenheiten, Dr. Ludwig Metzel, von 1853 bis 1855.
kleine Tour durch Sachsen – Über ihre Verwirklichung ist nichts bekannt.
auf dem Wege nach Warschau – Schauenburg übernahm die Tätigkeit als Arzt in russischen Diensten während des russisch-türkischen Krieges nicht.

47 Fontane an Wolfsohn, Berlin, 27. Januar 1855

Deinen Brief vom November ... Ich beantwortete ihn – Fontane beantwortete Wolfsohns nicht überlieferten Brief von Ende November
1854 mit Brief 46.
Stundengeben – Vgl. die fünfte Anm. zu Brief 46.
Inseln der Seligen – Nach der griechischen Mythologie (Homer)
führten von Zeus ausgewählte Helden auf den Inseln der Seligen,
am Rande der Erde, fern von Menschen und Göttern ein glückli-
ches Leben ohne Tod.
Schillersche Thema von der „Hoffnung" – Anspielung auf Schillers
Gedicht „Hoffnung", in dem es heißt: „Noch am Grabe pflanzt er
die Hoffnung auf".

48 Fontane an Wolfsohn, Berlin, 3. Oktober 1856

Deine lieben Zeilen – Dieser Brief Wolfsohns vom 1. oder 2. Oktober 1856 ist nicht überliefert.
ich reise morgen früh – Fontane hatte von Anfang September bis
Anfang Oktober 1856 Urlaub von seiner Tätigkeit in London erhalten; er reiste am 4. Oktober wieder nach England zurück.

49 Fontane an Wolfsohn, Berlin, 26. Mai 1859

Deine ... Zeilen – Dieser Brief Wolfsohns vom Mai 1859 ist nicht
überliefert.
nach kurzer Irrfahrt durch die Schönebergerstraße ... – Den Sommer
1859 verlebten Fontanes „in einer kleinen Sommerwohnung nahe
Schöneberg", Potsdamer Straße 33, „anständig und auch groß genug, mit Garten und Laube, freilich nicht elegant", wie Emilie am
12. März 1859 an Fontane schrieb. Schöneberg war damals noch
ein Dorf bei Berlin.
mich gelegentlich der Welt verkündigt hast – Vgl. S. 178 f.
Jean Bart ... eben zum Admiral ernannt – Fontane verwandte die
Anekdote auch in seinem Gedicht „Jan Bart" (1888), dessen erster
Entwurf (nach einer Tagebuchnotiz) bereits in das Jahr 1858 fiel.
travailler pour le roi de Prusse – (franz.) für den König von Preußen
arbeiten; soviel wie: umsonst arbeiten.
Malkontenten – (franz.) Unzufriedenen.

segensreichen Umschwunge ... Das alte Regime – Das Ministerium Manteuffel war im Herbst 1858 durch die „Neue Ära" abgelöst worden. Auslösender Faktor war die Abdankung des geisteskranken Friedrich Wilhelm IV. zugunsten seines Bruders, des späteren Wilhelm I.

die Religion hat man per Nürnberger Trichter besorgen wollen – Nach dem Regierungsantritt Friedrich Wilhelms IV. (1840), der sich zu der strengen anglikanischen Frömmigkeit hingezogen fühlte, hatte die Kirche z. B. durch Aufrufe versucht, die „Sonntagsfeier und den Kirchenbesuch in ihrer alten Heiligkeit wiederherzustellen" („Die Eisenbahn", 8. Januar 1842).

Nürnberger Trichter – Hörgerät für Schwerhörige; scherzhafte Bezeichnung für eine Lehrmethode, die nur aus Einpaukerei besteht.

durch Hundehetzen das Böhmer-Land katholisch machen – Schon im 15. Jahrhundert zeichnete sich der Kampf des Klerus gegen die kirchlichen und nationalen Reformbestrebungen der Nachfolger von Jan Hus durch große Grausamkeit und Greuel aus. Der Schlacht am Weißen Berg bei Prag (1620) folgte dann die gewaltsame Vernichtung aller religiösen und politischen Freiheiten des Landes; Böhmen wurde ein rein katholisches Erbland.

3 Bände über England u. Schottland – Am 30. April 1858 hatte Fontane an Henriette von Merckel geschrieben: „Ich möchte 3 Bände zu gleicher Zeit edieren. Band I: Bilderbuch aus England (lauter kurze Skizzen, wie ich deren nachgerade so viele geschrieben habe). Band II: die englische Presse. Die englische Kunst. Das englische Theater. Band III: Englische Balladen, alte und neue, übersetzt von Th. F." 1860 erschienen bei Ebner in Stuttgart „Aus England. Studien und Briefe über Londoner Theater, Kunst und Presse" und bei Springer in Berlin „Jenseit des Tweed". Der Balladenband, den Fontane, wie er in einem Brief an Merckel vom 3. Juni 1858 schreibt, aus dieser Verbindung lösen und „ganz getrennt" edieren wollte, ist 1860 zu einer Sammlung aller Balladen erweitert worden, die bei Wilhelm Hertz erschien (vordatiert auf 1861; vgl. auch die neunte Anm. zu Brief 33).

die Herren Jungens – Matthias Wilhelm und August Wolfsohn.

Mein ältester ... ist in London geblieben – George Fontane blieb nach der Rückkehr der Eltern nach Berlin (Mitte Januar bzw. Februar 1859) noch bis Mitte Oktober bei der befreundeten englischen Arztfamilie Merington in London.

der jüngste – Theodor Fontane jun.

50 FONTANE AN WOLFSOHN, BERLIN, 28. NOVEMBER 1859

Cache-nez – (franz.) Halstuch.

im Tunnel ... präsidieren – Fontane, im Juli 1843 von Lepel als Gast in den „Tunnel" eingeführt, seit September 1844 Mitglied des literarischen Sonntagsvereins, war von Dezember 1859 bis Dezember 1860 „Haupt" des „Tunnels". Zu Fontanes Mitgliedschaft und Tätigkeit im „Tunnel" vgl. die von J. Krueger herausgegebenen Sitzungsprotokolle und den Kommentar, in: Theodor Fontane, Autobiographische Schriften, Bd. III/1 und 2, 1982.

Kaufmann ... „Bürger von Berlin" – Ein Jahr später, am 27. Dezember 1860, empfahl Wolfsohn ihn auch an den nach Berlin übersiedelten Auerbach mit den Worten: „Diese Zeilen sollen nur Herrn Bankier Kaufmann aus Berlin bei Ihnen einführen, den Schwiegersohn meiner Landsmännin Frau Michalowsky, einen recht liebenswürdigen jungen Mann" (Hs DL/SNM).

Aufsätze über Shakespeare – Vgl. Wolfsohns Rezension, S. 179–184.

enfin – (franz.) endlich; hier: kurz und gut.

schottisches Reisebuch ... das letzte Drittel im „Morgenblatt" – In der Sonntagsbeilage der „Vossischen Zeitung" waren zwischen 29. Mai und 14. August 1859 neun „Bilder und Briefe aus Schottland" erschienen; im Feuilleton der „Neuen Preußischen (Kreuz-)Zeitung" zwischen 30. August 1859 und 22. April 1860 sechs schottische Reisebilder und im „Morgenblatt für gebildete Leser" zwischen dem 9. Oktober 1859 und 1. Januar 1860 acht Skizzen. Zwei Beiträge wurden darüberhinaus in der „Berliner Revue" (29. Juli 1859) und in der „Presse" (Wien) (23. Dezember 1859) vorabgedruckt. Die Buchausgabe erschien unter dem Titel „Jenseit des Tweed" bei Springer in Berlin (1860).

Der Zöllner ... den braven Mann – Anspielung auf Bürgers „Lied vom braven Mann" (1778), in dem das mitten auf einer Brücke stehende Häuschen des Zöllners von schmelzenden Eismassen bedroht ist und er mit seiner Familie schließlich von einem Bauern aus den Fluten gerettet wird. Die letzten beiden Verse der sechsten Strophe lauten: „Der bebende Zöllner mit Weib und Kind,/ Er heulte noch lauter als Strom und Wind."

Mitarbeiterschaft – Am selben Tage bat Fontane auch Paul Heyse mit ähnlichen Worten um die Vermittlung von Rezensionen: „Zu dem gewöhnlichen Feuilletongeschwätz möcht ich mich nicht gern hergeben, aber kritische Arbeiten, Besprechungen belletristischer und historischer Bücher [...], Aufsätze über englisches Le-

ben, das würden [...] Dinge sein, mit denen ich mich gern be-
schäftigte."
„Studien etc." – Vgl. die elfte Anm. zu Brief 49.
Neigroschen – Neugroschen: Ursprünglich sächsische Scheide-
münze zu 10 Pfennig; seit 1840 dem Wert des Silbergroschens entsprechend (vgl. die vierte Anm. zu Brief 14).

51   WOLFSOHN AN FONTANE, DRESDEN, 7. DEZEMBER 1859

Deine Shakespeare-Aufsätze – Vgl. die elfte Anm. zu Brief 49 und
S. 179–184.
*der eine [hat] meine „Osternacht" vor kurzem nur darum erscheinen las-
sen ...* – Der Verleger Rudolf Kuntze hatte auch Wolfsohns erstes
Stück „Zar und Bürger" (1857, Vorwort vom 10. Januar 1857) erst
nach dem Erfolg von „Nur eine Seele" (1857, Vorwort vom 21. Dezember 1856) gedruckt; die „Osternacht" erschien 1859 (Vorwort
vom 20. Mai 1859).
Schrift kritischen Inhaltes – Nicht nachweisbar.
Art[ikel] über die Ristori – Er erschien nicht in Brockhaus' „Gegen-
wart", die 1856 mit Beendigung des Hauptwerkes, der 10. Auflage
des Konversationslexikons, eingestellt wurde, sondern unter dem
Titel „Adelaide Ristori" ungezeichnet in dem Nachfolgewerk der
„Gegenwart", betitelt: „Unsere Zeit", Jahrbuch zum Conversa-
tionslexikon, 1. Band, S. 54-59.
Lorck in Leipzig empfehlen – Wolfsohn, der Mitte Juli 1859 mit
Lorck in Dresden zusammengetroffen war, vermittelte Fontanes
Verbindung zu Lorcks biographischem Lexikon „Männer der
Zeit" (mit Supplement: „Frauen der Zeit"), das seit August 1858
in Einzelheften publiziert wurde. Fontanes Artikel erschienen
vom 16. Heft an, das Ende 1860 herauskam. Insgesamt steuerte er
etwa 40 Artikel bei.
Dein schottisches Reisebuch – „Jenseit des Tweed"; vgl. die sechste
Anm. zu Brief 50.
mich ... Andree ... bei Lorck redlich unterstützen wird – Lorck war wie
Wolfsohn mit Karl Andree befreundet; er bot Andree, als dieser
Anfang 1855 von Bremen nach Sachsen übersiedelte, die Leitung
seiner „Hausbibliothek für Länder- und Völkerkunde" an.
ein ... Plätzchen zu erobern – Diese Verbindung kam nicht zustande, da Fontane die Vorlesungen nicht an Wolfsohn schickte.
findest Du auch – Dich – Vgl. S. 178 f.

52 Fontane an Wolfsohn, Berlin, 8. Dezember 1859

bekannte Reismauer – durch die man ins Schlaraffenland kommt.
als wackrer Reaktionär – Die „Leipziger Zeitung" war ein ministe-
rielles Organ.
vom Januar an Vorlesungen halten will – In der „Vossischen Zeitung" vom 3. Januar 1860 (Nr. 2, 2. Beilage) kündigte Fontane an:
„Der Unterzeichnete beabsichtigt, von Mittwoch, den 11. Januar
an (von 5 bis 6) in Arnims Hotel eine Reihe von wöchentlichen
Vorträgen über England, seine Parteien, seine Presse und einzelne
Erscheinungen seiner Kunst und Dichtung zu halten. Die bis
jetzt gewählten Themata sind folgende: Whigs und Tories; englische Historienmalerei; die Times; Tennyson und Longfellow; Oxford und die englischen Universitäten; das Hochland und die
Hochländer; englische Balladen und schottische Volkspoesie. Bil-
lets à 3 Taler für 10 Vorlesungen (à 5 Taler für ein Doppelbillet)
sind in der Skulskischen Leihbibliothek, Schadowstr. 9 zu haben.
Theodor Fontane." In einer ungezeichneten Notiz hieß es am
8. Januar 1860 (Nr. 7, 2. Beilage) unter „Wissenschaftliche und
Kunstnotizen": „Herr Theodor Fontane, gleich ausgezeichnet
als Dichter und Feuilletonist, beginnt am nächsten Mittwoch in
Arnims Hotel Unter den Linden eine Reihe von Vorlesungen über
die schottischen Hochlande und über englische Zustände, die er
durch jahrelangen Aufenthalt in England und vielfache Reisen
nach allen Richtungen aus eigener Anschauung kennt. An der
Hand eines solch poetischen Führers, noch dazu durch gründliche Studien hinlänglich vorbereitet, wird gewiß jeder Gebildete
mit Vergnügen bald das schottische Hochgebirge mit seinen Hel-
dengestalten und Ländern, bald die Fabrikstädte mit ihren rau-
chenden Dampfschloten und ihrer riesigen Industrie gern durch-
schweifen. Im Voraus dürfen wir den Zuhörern einen hohen
Genuß, ebensoviel Unterhaltung als Belehrung von diesen Vorlesungen versprechen." Am 15. Februar versicherte Fontane in der
„Vossischen Zeitung" (Nr. 39, 2. Beilage) seinem Publikum: „Mittwoch, den 16. d. M., findet meine sechste Vorlesung (Altenglische
Balladen) von 5 bis 6 in Arnims Hotel bestimmt statt. Tages-Bil-
lets à 15 Silbergroschen an der Kasse." Fontane hielt vom 11. Januar bis 14. März 1860 zehn Vorträge: „Whigs und Tories", „Times", „Die englische Historienmalerei", „Tennyson", „Oxford",
„Altenglische Balladen", „Altschottische Balladen", „Longfellow",
„Das schottische Hochland", „Melrose-Abbey und Abbotsford".

zum Abdruck in der „Leipziger" – In der „Leipziger Zeitung" wurde keiner von Fontanes Vorträgen gedruckt. Nr. 3 stimmt z. T. mit dem 7. und 9. der bereits 1857 publizierten „Briefe aus Manchester" überein, die in den Band „Aus England" (1860) aufgenommen wurden; Nr. 5 erschien in überarbeiteter Form in der Wiener Zeitung „Das Vaterland" (3.-12. Januar 1861); Nr. 6 und 7, unter dem Titel „Die alten englischen und schottischen Balladen", im „Morgenblatt für gebildete Leser" (5. Februar–5. März 1861); Nr. 9, unter dem Titel „Das schottische Hochland und seine Bewohner", in: „Europa. Chronik der gebildeten Welt", Leipzig 1860, Nr. 16; Nr. 10, zwei Kapitel aus „Jenseit des Tweed", vorabgedruckt in der „Kreuz-Zeitung" bzw. „Vossischen Zeitung". Im Fontane-Archiv befinden sich die Handschriften für „Whigs und Tories", „Die englische Historienmalerei", „Longfellow" und eine Abschrift für „Das schottische Hochland"; die Publikation des bisher unveröffentlichten Longfellow-Aufsatzes in den Fontane-Blättern wird von Helen Chambers vorbereitet.

Shakespeare-Aufsätze – Vgl. die elfte Anm. zu Brief 49.

schottische Reise – „Jenseit des Tweed"; vgl. die sechste Anm. zu Brief 50.

Mitarbeiterschaft an seinem „Männer der Gegenwart" – Vgl. die fünfte Anm. zu Brief 51.

Elb-Athen – Analogiebildung zu dem von Heinrich Beta erfundenen Namen Spree-Athen für Berlin.

wollen wir uns ... unterhalten – Diese für Mai 1860 beabsichtigte Begegnung kam nicht zustande.

i. e. – id est: (lat.) das heißt.

Die „Beiblätter" – Wolfsohns „Kulturbriefe" in der „Wissenschaftlichen Beilage" der „Leipziger Zeitung".

53 Wolfsohn an Fontane, Dresden, 9. Dezember 1859

im Januar Vorträge ... Glück zu den Deinigen – Die „Vossische Zeitung" brachte am 13. Januar 1860 (Nr. 11, 1. Beilage) unter „Wissenschaftliche und Kunst-Notizen" eine (ungezeichnete) sehr lobende Besprechung des ersten Vortrages am 11. Januar, „Whigs und Tories", an deren Schluß es heißt: „Ein sehr gewähltes Publikum folgte mit sichtbarem Interesse dem Vortrage des Redners, der sich besonders durch Eleganz und gewählte Sprache auszeichnete." – Vgl. die dritte Anm. zu Brief 52.

Ich über Goethe – In der sächsischen Presse ließ sich für den Zeitraum Januar bis April 1860 nichts über Goethe-Vorlesungen Wolfsohns ermitteln.

im vorigen Winter ... über Schiller – Über diese im Februar und März 1859 in Dresden gehaltenen Vorträge schrieb Amelie Bölte in einem „Mitte Februar" datierten Bericht aus Dresden in der „Novellen-Zeitung": „Gestern hielt Wolfsohn seinen ersten Vortrag im Hotel de Saxe, bei gedrängt vollem Hause. Sein schwieriges Thema, von Schiller zu reden, dem nimmerendenden Schiller, würzte er mit Erinnerungen an Lessing und Goethe und ein Zurückführen aller auf den unsterblichen Shakespeare. Aus den allgemeinen Betrachtungen hob er glücklich eine Vergleichung der drei bürgerlichen Trauerspiele ‚Emilia Galotti', ‚Clavigo' und ‚Kabale und Liebe' hervor, bemerkend, daß Lessing seinen Stoff von aller geschichtlichen Beziehung abgelöst, Goethe getreu die Memoiren von Beaumarchais nacherzählt, Schiller aber an das persönliche Erlebnis seiner Figuren das Allgemeine des Staates und der Gesellschaft geknüpft, das Sonderinteresse mit dem der ganzen Menschheit verbunden habe und daß in diesem Übergehen von dem Einzelnen auf das Allgemeine seine Eigentümlichkeit, seine Größe und auch sein Verdienst bestehe. An diese interessante Episode seiner Vorlesung knüpfte er dann noch zum Schluß einen glänzenden Vergleich Schillers mit der jetzigen realistischen Schule, wobei er der letzteren eine sehr untergeordnete Stelle anwies, nicht in ihren Leistungen, sondern in ihrer Absicht, indem sie das höchste Bestreben des Menschen auf sein irdisches Glück, sein zeitliches Wohl richte, Schiller aber die höchste sittliche Vollkommenheit als Maßstab alles Strebens aufstelle" (Nr. 10, 9. März 1859, S. 154).

Verhältnis zur „Leipziger Ztg." – Vgl. die achte Anm. zu Brief 51.

Lorck ... Andree – Vgl. die fünfte und die siebente Anm. zu Brief 51.

54 WOLFSOHN AN FONTANE, [DRESDEN, 5. NOVEMBER 1860]

nach Franzensbad – Wolfsohn war mit seinem ältesten Sohn Matthias Wilhelm am 9. Juli 1860 über Zwickau und Bad Elster nach Franzensbad gereist, wo er sich seines Bronchialkatarrhs wegen bis in den August hinein aufhielt und sich gleichzeitig mit der Familie seiner Schwester traf.

Meine Schwester ... mit ihrem Mann und ihren Kindern – Ernestine Geduld, geb. Wolfsohn mit ihrem Mann Matthias und den Töchtern Franziska (später verheiratete Halberstadt) und Sophie (später verheiratete Jolles).

auf einige Jahre – Die Familie blieb in Dresden. Ernestine liegt wie ihr Bruder auf dem Alten Jüdischen Friedhof in Dresden begraben.

Geburtstag meiner Frau – Der 7. November.

55   Fontane an Wolfsohn, Berlin, 7. November 1860

Nachkur auf dem Lande – Vgl. den in Kränzlin geschriebenen Brief vom 7. Juli 1853 (Nr. 39).

Cache-nez – (franz.) Halstuch.

kleines Dingelchen – Martha (genannt Mete).

56   Fontane an Wolfsohn, Berlin, 1. Januar 1861

In 14 Tagen darf man Dich also erwarten – Ein Brief an Fontane, mit dem Wolfsohn sein Kommen ankündigte, ist nicht überliefert. Möglicherweise erhielt Fontane auch durch Berthold Auerbach Kenntnis von Wolfsohns Reiseplan. Auerbach wurde am 27. Dezember 1860 über Wolfsohns beabsichtigten Aufenthalt in Berlin auf seiner Reise nach Petersburg informiert. Auerbach schrieb daraufhin am 30. Dezember 1860 an Wolfsohn: „Steigen Sie hier in Scheibles Hotel am Gensdarmenmarkt ab. Da ist's billig und ich gut bekannt" (Hs DL/SNM). Wolfsohn kehrte im Juni 1861 aus Petersburg über Berlin nach Dresden zurück.

russischer Reisender – Wolfsohn reiste von Berlin über Königsberg nach Petersburg, um dort Literaturvorlesungen zu halten und Gespräche wegen Gründung der „Russischen Revue" zu führen.

57   Fontane an Emilie Wolfsohn, Berlin 19. August 1865

der Heimgegangene – Wolfsohn starb am 16. August 1865 an Leberkrebs.

Dokumente und Zeugnisse

WOLFSOHN AN FONTANE
MEINEM THEODOR, 28./16. OKTOBER 1843

Vgl. S. 29 f., Brief 4 (s. 66 f.) und das Faksimile der Handschrift, die sich im Theodor-Fontane-Archiv befindet, S. 64 f.

174 *28./16. Oktober* – Wolfsohn gibt neben dem Datum des Gregorianischen auch das Datum des Julianischen Kalenders an; der Julianische Kalender besaß in Rußland bis 1923 Gültigkeit.

FONTANE AN WOLFSOHN
EINEM FREUNDE IN ODESSA

Vgl. S. 29 f. und Brief 4 (S. 67). Fontane nahm das 1844 entstandene Gedicht um 1845 in das 2. Grüne Buch (eine handschriftliche Gedichtsammlung) und in das Gedichtmanuskript auf (von Friedrich Fontane als das „Älteste Manuskript der ‚Gedichte‘" bezeichnet); das 2. Grüne Buch ist nur in Abschriften überliefert, das Gedichtmanuskript blieb erhalten (Theodor-Fontane-Archiv); vgl. das Faksimile, S. 68 f.
In der Abschrift aus dem 2. Grünen Buch (im FAP) die Varianten: 1,4 Drücker und Bedrückte *statt*: Sklaven und Tyrannen   1,5 Ja *statt*: Nein   5,1 Nein *statt*: Flieh.

175 *Upas* – Indisch-malaiischer Baum (Antiaris toxicaria), dessen Milchsaft ein Pfeilgift liefert.
Themis – Griechische Göttin der Rechtsordnung und der Gerechtigkeit.

AN RUSSLAND

Vgl. S. 30 f. und das Faksimile, S. 69. Fontane nahm das 1844 entstandene Gedicht um 1845 in das 2. Grüne Buch und das Gedichtmanuskript auf (vgl. die Vorbemerkungen zu „Einem

Freunde in Odessa") und publizierte es in den „Gedichten" (1851). In der Gedicht-Ausgabe die Varianten: 2,4 Doch, über Nacht *statt*: Doch heimlich nachts 3,4 „Geistesschwäche" *(so auch im 2. Grünen Buch) statt*: bloße „Schwäche".

MORITZ KATZ AN FONTANE, [NOVEMBER 1849]

Der „Kontrakt" ist nur durch die Ausgabe des Briefwechsels Fontane-Wolfsohn von Wilhelm Wolters (1910) überliefert.

177 *Schreiben vom 14. d. M.* – Vgl. Brief II (S. 87f.).

WOLFSOHN, KULTURBRIEFE. XXXVII. KÜNSTLERJOURNALISTIK. – DREI ALBUMS

In: Wissenschaftliche Beilage der Leipziger Zeitung. Nr. 3, 9. Januar 1859, S. 10.

178 *in ihrer ersten Gestalt* – Der erste Jahrgang von 1854.
Organ eines Berliner Schriftstellerkreises – Die „Argo" war im wesentlichen das Organ des „Rütli", einer Anfang Dezember 1852 in Berlin gegründeten Abzweigung des „Tunnels über der Spree", der zunächst Friedrich Eggers, Fontane, Martin Bormann, Paul Heyse, Franz Kugler, Bernhard von Lepel, Adolf Menzel, Wilhelm von Merckel und Theodor Storm angehörten.
179 *Heyse ... reizende Novelle* – „L'Arrabiata".
spätere glückliche Metamorphose – Die „Argo" wurde nach einer dreijährigen Pause 1857–1860 von Eggers, Theodor Hosemann und Franz Kugler herausgegeben.
nur in der „Argo" poetische Lebenszeichen ... erhalten – Fontane hat in der „Argo" von 1854 die Erzählungen „Goldene Hochzeit" und „James Monmouth" sowie elf Balladen, 1857 eine Tenzone mit Lepel und „Archibald Douglas", 1858 „Tagebuchblätter aus Fremde und Heimat" (I–VIII) und 1859 vier „Altschottische Balladen" veröffentlicht (die Bände erschienen jeweils im Spätherbst des vorangehenden Jahres).
Von Jugend auf – Vgl. Brief 25 (S. 113 f.) und die siebente Anm. dazu.

[WOLFSOHN], THEATER, KUNST UND PRESSE IN LONDON

In: Wissenschaftliche Beilage der Leipziger Zeitung. Nr. 93, 18. November 1860, S. 378 f.

179 *Aus England* – Vgl. die elfte Anm. zu Brief 49.

180 *Penny-Theater* – Gemeinde- oder Lokaltheater in London im 19. Jahrhundert, meist ohne festen Spielort, auf Abonnementsbasis; der Eintritt betrug einen oder zwei Penny; auch „gaff theatre" (Schmiere) oder „dukey" genannt.

181 *puritanisches Interregnum* – Während der bürgerlichen Revolution in England (1640–1660) lag die Schauspielkunst, die von den Puritanern abgelehnt wurde, brach.
mit dem Augenblicke der Restauration – 1660 wurde Karl II. König von England.
Elisabethisches Drama – Während der Regierungszeit von Elisabeth I. (1558–1603) nahmen Schauspielkunst und Dramatik einen großen Aufschwung. Neben Shakespeare sind als Dramatiker u. a. zu nennen: Christopher Marlowe (1564 bis 1593), Ben Jonson (1574–1637), Beaumont (1586–1615) und Fletcher (1576–1625).

182 *Joseph Harris* – Richtig: Henry Harris.
Rich. Steele – Steele war nicht Schauspieler.

183 *Twelfth Night* – Shakespeares Komödie „Twelve Night or What you will" hat in der deutschen Übersetzung nur den Titel „Was ihr wollt".

184 *Atkinson* – Nicht ermittelt; möglicherweise meint Fontane Miß Atherton, die allerdings nur von 1732 bis 1744 an Londoner Theatern auftrat.

FONTANE, AUS DEM MANUSKRIPT FÜR „VON ZWANZIG BIS DREISSIG"

Unser Text gibt die letzte ablesbare Fassung des korrigierten Manuskripts, das 1895 niedergeschrieben wurde und sich jetzt im Märkischen Museum (Berlin) befindet. In der 1898 veröffentlichten Autobiographie ist dieser Abschnitt gekürzt.

185 *Reußischen oder Schwarzburger Fürstentümer* – Cruzigers Geburtsort Eisenberg gehörte zum Herzogtum Sachsen-Altenburg.

186 *Gros d'armee* – (franz.) Hauptteil.

   ... meist aus armen Thüringern zusammensetzte – Nur Köhler und Cruziger waren Thüringer.

   sehr guten Häusern entstammten – Krieges Vater war Kaufmann, Schauenburgs Vater Domänen-Rentmeister; die Berufe der Väter Köhlers, Pritzels, Prowes, Semmigs werden in den Universitätsakten mit Färber, Forstmeister, Bäckermeister und Gewerbetreibender angegeben.

187 *Hedda Gabler* – Ibsens Schauspiel „Hedda Gabler" war 1891 in der Übersetzung von Emma Klingenfeld deutsch erschienen.

   „Iduna" – Das Taschenbuch hieß „Jeschurun"; Fontane verwechselt es mit dem in Wien herausgegebenen Taschenbuch „Iduna. Edlen Frauen und Mädchen gewidmet", dessen 22. Jahrgang 1842 erschien.

188 *noch lebenden oder doch erst jüngst gestorbenen Dichter* – Puschkin fiel im Februar 1837, Lermontow im Juli 1841 im Duell, Gogol starb 1852.

   Bodenstedt – Er war zwischen 1840 und 1865 der beschäftigste und geschäftstüchtigste Übersetzer aus dem Russischen, ohne jedoch in Genauigkeit und Formvollendung an Wolfsohns Übersetzungskunst heranzureichen.

189 *Briefe ... Großfürstin Helene* – Vgl. S. 200.

   nicht einmal in Berlin –Vgl. S. 29.

   von einer Petersburger Reise zurückgekehrt – Wolfsohn übernahm die Mitredaktion des „Deutschen Museums" vor seiner Reise nach Petersburg (Oktober 1851); zu diesem Zeitpunkt hatte er die Mitredaktion bereits aufgegeben.

   1851 ... Dresden – Wolfsohn wohnte bis September 1851 in Leipzig.

   „Nur eine Seele" – Ursprünglich unter dem Titel „Ein Herr von tausend Seelen"; vgl. die Briefe Nr. 41 und 45.

190 *nur noch „eine Säule..."* – „Noch eine hohe Säule zeugt von verschwundner Pracht": Ludwig Uhland, „Des Sängers Fluch" (1804).

   aus einer gewissen Dankbarkeit – Vgl. die zweite Anm. zu Brief 28.

   1853 nach Dresden – Wolfsohn übersiedelte im Mai 1852 nach Dresden.

   „Nordische Revue" – „Russische Revue. Zeitschrift zur Kunde des geistigen Lebens in Rußland"; sie wurde 1864 zu einer „Nordischen Revue" erweitert.

FONTANE AN WILHELM WOLTERS, 29. JUNI 1898

191 *Meine Toilette war so stark rückständig* – Ein halbes Jahr zuvor,
am 2. Januar 1898, hatte Fontane an Fritz Mauthner geschrieben: „Ich freue mich sehr, Sie bald sehen zu dürfen. [...] Jeder Tag paßt mir gleich gut, wenn ich nur am Morgen mit
Hülfe einer Karte erfahre: ‚Heute geht es los.' Ohne solche
Karte bin ich immer in einem Räuberzivil, in dem ich mich
nicht gern präsentiere. Nicht nur aus Eitelkeit, sondern
beinah mit Rücksicht auf Sittlichkeitsparagraphen."
Ihr Stück – Vermutlich meint Fontane: „Die törichte Liebe",
ein Schauspiel in drei Aufzügen (unter teilweiser Benutzung
einer Pawlowschen Novelle) von Wilhelm Wolters und
K. Gjellerup; das Schauspiel war am 17. Februar 1898 zum ersten Male am Dresdner Hoftheater aufgeführt worden.

NACHWORT VON WILHELM WOLTERS
ZU „THEODOR FONTANES BRIEFWECHSEL
MIT WILHELM WOLFSOHN" (1910)

Vgl. „Zur Geschichte der Erstedition", S. 195–201.

191 *Weißer Hirsch* – Fontane war von Mitte Mai bis Ende Juni
1898 im Sanatorium des Dr. Lahmann.

192 *Aquarell* – Das Aquarell aus Wolfsohns Nachlaß hat Wilhelm Wolters in der Ausgabe des Briefwechsels von 1910 veröffentlicht. Es befand sich 1911 im Besitz des Verlages Friedrich Fontane (nach: Thieme-Becker, Allgemeines Lexikon
der bildenden Künstler, Bd. 26, Leipzig 1932).
Aufsatz – Der Aufsatz (und die geplante Erstpublikation des
Ottensooserschen Aquarells) konnten bisher nicht ermittelt
werden.
Berliner Fontane-Denkmal – Das Denkmal von Max Klein
wurde im Tiergarten aufgestellt.

Verzeichnis von nicht überlieferten Briefen Wolfsohns an Fontane

1) August 1843 (im Brief Philippine Fontanes an Wolfsohn vom 26. August 1843 erwähnt)
2) Ende Oktober 1843 (in Brief 4 erwähnt)
3) Anfang August 1846 (in Brief 5 erwähnt)
4) Anfang August 1846 (in Brief 6 erwähnt)
5) 8. oder 9. Januar 1848 (in Brief 8 erwähnt)
6) Anfang November 1849 (in Brief 9 erwähnt)
7) Mitte November 1850 (in Brief 19 erwähnt)
8) Anfang Juli 1853 (in Brief 39 erwähnt)
9) Ende November 1854 (in Brief 47 erwähnt)
10) Anfang Oktober 1856 (in Brief 48 erwähnt)
11) Mitte Mai 1859 (in Brief 49 erwähnt)

Register

Das Register erfaßt alle im Briefwechsel sowie in den Dokumenten und Zeugnissen genannten oder durch die Anmerkungen aufgeschlüsselten Personen und Periodika. Bei Künstlern und Wissenschaftlern, die in gängigen Lexika hinreichend behandelt sind, beschränken sich die biographischen Hinweise auf die Lebensdaten.

er zu den Gründern der am 24. Februar 1842 sich zunächst als „Allgemeinheit" konstituierenden „Halleschen Burschenschaft" und war ihr Sprecher und Lesewart; die Haussuchung bei ihm am 3. März 1843 veranlaßte die Untersuchungen wegen burschenschaftlicher Umtriebe an verschiedenen deutschen Universitäten; Friedensburg wurde mit Karzer und Stadtarrest bestraft; lebte dann in Almerich bei Naumburg und war seit 1894 Redakteur der Wochenausgabe der „Hamburger Nachrichten" 185

Länder- und Völkerkunde" und „Lorcks Eisenbahnbücher"
heraus; in seinem Verlag erschien „Männer der Zeit. Biogra-
phisches Lexikon der Gegenwart" von August 1858 bis Anfang
1862 in 21 Lieferungen (mit 2 Supplementheften: Frauen der
Zeit); die ersten 12 Hefte wurden mit der Jahreszahl 1860 in der
1. Serie, das 13.–21. Heft mit den Supplementheften in der
2. Serie mit der Jahreszahl 1862 zusammengefaßt (das Lexikon
enthielt ca. 1200 Biographien noch lebender und wirkender
Persönlichkeiten) 158 160f. 161f.

Verzeichnis der Abbildungen

Der Nachweis für die Reproduktionsvorlagen wird in Klammern gegeben.

Inhalt

Dokumente und Zeugnisse

Anhang